Elvira Klein

Der Ausflug zu Burgen und Schlössern

Societäts-Verlag

Karten und Zeichnungen von Rudolf Klein

Die hier veröffentlichten Wanderungen sind eine Auswahl der regelmäßig in der Frankfurter Allgemeinen Zeitung/ Rhein-Main-Zeitung erschienenen Artikelserie.

Die Deutsche Bibliothek – CIP-Einheitsaufnahme

Klein, Elvira:
Der Ausflug zu Burgen und Schlössern/
Elvira Klein. [Kt. und Zeichn. von Rudolf Klein. –
Frankfurt am Main: Societäts-Verl., 1996
ISBN 3-7973-0615-6

Umschlag: Wolfgang Krüger
Satz: Fotosatz Janß GmbH, Pfungstadt
Herstellung: Freiburger Graphische Betriebe
Printed in Germany 1996
ISBN 3-7973-0615-6

Inhaltsverzeichnis

Ein Wort zuvor

Burgen und Schlösser üben zu jeder Jahreszeit ihre Anziehungskraft auf die verschiedenen Altersgruppen aus. Mal ist es die romantische Ruine in tiefer Waldeinsamkeit, die den Wanderer lockt, mal die überragende Aussicht eines verbliebenen Bergfrieds an exponierter Stelle, oder für Kinder das gewaltige Mauerwerk einer Festungsanlage, die Abenteuerlust zu stillen, und nicht zuletzt natürlich der klassische Museumsbesuch in einer gepflegten Schloßanlage mit ausgedehntem Spaziergang im Park.

Unser Land ist unendlich reich an architektonischen Relikten weltlicher und kirchlicher Macht vergangener Jahrhunderte. Wenn man bedenkt, daß es in Hessen etwa 300 Burgen und Schlösser gibt, in der Pfalz gar 500, Bayern noch weit mehr besitzt, dazu alle anderen im Umkreis, die in einem Tagesausflug vom Rhein-Main-Gebiet her erreichbar sind, kann lediglich eine kleine Auswahl getroffen werden. Schon das Fassungsvermögen des Buchrückens hat Grenzen gesetzt. Nicht nach dem Prinzip: Schönste, Größte, Besterhaltene wurde für diese Reihe ausgewählt, vielmehr der Versuch unternommen, Beispiele für die baugeschichtliche Entwicklung aufzuzeigen, von der keltischen Ringwallanlage als Schutzburg zu romanischen Kaiserpfalzen, über uneinnehmbar scheinende Festungsanlagen bis hin zur wehrtechnisch begründeten Auflösung in Renaissance-Schlössern oder dem der totalen Lebensfreude zugewandten Barock. Auch speziell auf die hessische Geschichte abgestellt, beginnend mit der hl. Elisabeth als Stammutter des hessischen Landgrafenhauses in Marburg sind die großen prägenden Namen Hessen-Kassel, Hessen-Darmstadt oder Nassau und andere in ihren Bauwerken präsent.

Alle 124 hier aufgeführten Burgen, Schlösser oder Ruinen sind wandergerecht in Rundwege eingebunden und vermitteln über das Historienerlebnis hinaus noch viele neue, örtliche und landschaftliche Eindrücke, besonders von Nordhessen, Thüringen, Rhön, Hunsrück und Pfalz. Diese Burgen- und Schlösserwandervorschläge sind dem in der FAZ Rhein-

Main-Zeitung erscheinenden „Der Ausflug am Wochenende“ entnommen.

Wegemarkierungen, Öffnungszeiten von Museen, Schlössern und Ausflugslokalen entsprechen dem neuesten Stand. Bei Änderungen bitte Nachsicht! Hinweise über Anfahrt und Länge der Wanderung sind im jeweiligen Vorspann vermerkt.

Als Vorwanderin und Autorin wünsche ich viel Entdeckerfreude auf allen Wegen.

Daß auch diese Wanderfolge zu Burgen und Schlössern jetzt in Buchform erscheinen kann, wie die vorangegangenen zehn Ausflugsbändchen, dafür gilt mein besonderer Dank der Geschäftsführung der Frankfurter Allgemeinen Zeitung und dem Societäts-Verlag, die die Herausgabe ermöglicht haben.

Elvira Klein

An der Wiege Hessens

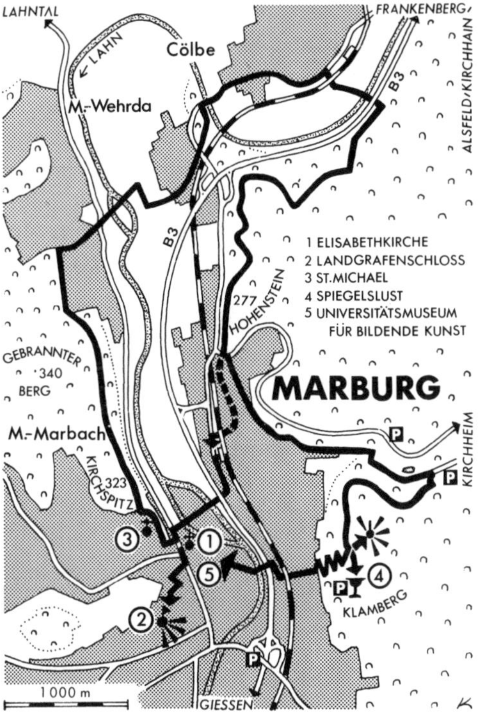

Marburg mit seiner sehenswerten Altstadt, romanischen Ordenshäusern, Museen und der Elisabethkirche ist immer besuchenswert. Zusätzliche Anziehungskraft hat die „Wiege Hessens" durch die Freilegung verschütteter Kasematten am Landgrafenschloß erhalten. Führungen jeweils samstags April bis Oktober ab 15.15 Uhr, Treffpunkt am Haupteingang. Das Universitätsmuseum im Schloß mit seiner großen Sammlung zur Geschichte und Volkskunde Hessens kann täglich außer montags von 10 bis 18 Uhr besucht werden. Ergänzt wird es von der Abteilung für Bildende Kunst in der Innenstadt, Biegenstraße 11 (geöffnet außer montags von 11 bis 13 und 14 bis 17 Uhr).

Die 17(10) km lange Rundwanderschleife zu beiden Seiten der Lahn gipfelt auf dem Aussichtspunkt Spiegelslust. Dort gibt es eine zünftige Einkehr (montags Ruhetag). Marburg liegt an der Bahnstrecke Frankfurt – Gießen – Kassel. – Für Autofahrer: A 5, Dreieck Reiskirchen, A 48, B 3 Marburg.

Marburg ist älter geworden. Seitdem bei den langjährigen Sanierungs- und Grabungsarbeiten im, am und vor allem unter dem Schloß das Fundament eines Wohnturmes aus dem 11. Jahrhundert freigelegt wurde, wird das Alter der ursprünglich thüringschen Gründung auf wenigstens hundert Jahre mehr als die urkundliche Ersterwähnung 1122 geschätzt. Die unverhoffte Entdeckung im Kellerbereich des Westsaales war gewissermaßen nur ein Nebenergebnis bei der Freilegung verschütteter Geschützbastionen und Kasematten. Sie sind soweit gesichert, daß sie gefahrlos im Rahmen öffentlicher Führungen begangen werden können.

Dieses beeindruckende System unterirdischer Gänge und Wehranlagen läßt die Bedeutung erahnen, die Marburg für die hessischen Landgrafen besaß, auch und gerade nachdem die Residenz im 16. Jahrhundert nach Kassel verlegt worden war. Über die strategische Dimension zum Schutz Oberhessens hinaus gab die ideelle Marburg immer einen Sonderstatus. Die Stadt der heiligen Elisabeth und der Reformation, der Keimzelle Hessens und der ersten protestantischen Universität, durfte sich stets der besonderen Fürsorge ihrer Landesherren sicher sein. Noch im 18. Jahrhundert entstanden gewaltige Festungsanlagen, die das Schloß zu einem – fast – uneinnehmbaren Bollwerk machten. Nur die Wasserversorgung blieb problematisch. Die war leicht zu unterbrechen, und so wechselte alleine im Siebenjährigen Krieg die Anlage sechsmal den Besitzer.

Marburgs besonderer Reiz liegt heute in der Nachvollziehbarkeit von Geschichte, seiner sicht- und begreifbaren Bedeutung für die territoriale und kulturelle Entwicklung Hessens. Altdeutsche (Fachwerk-)Beschaulichkeit steht neben modernsten universitären und privatwirtschaftlichen Einrichtungen, die besten Museen zur Landesgeschichte korrespondieren mit der wohlbehaltenen Bausubstanz mittelalterlicher Herrschaftsordnung – neben Schloß und Elisabethkirche das spätgotische Rathaus und die teilweise noch romanischen Gebäude der Orden.

An Elisabeths Grabeskirche wollen wir auch unseren Rundgang beginnen. Die prachtvolle Ausstattung der ersten gotischen Kirche auf deutschem Boden steht in auffallendem

Gegensatz zum Armutsgelübde der 1235 heilig gesprochenen „Stammutter Hessens". Beim Blick in den südlichen Chorarm klärt sich das Mißverhältnis. Dort liegen die bis zum Ausgang des Mittelalters regierenden Landgrafen unter großartigen Grabmälern bestattet. Nicht im Nacheifern, sondern in der sakralen Überhöhung verstanden die Regenten das Vermächtnis ihrer Urahnin. So ist auch das Schloß hoch über der Stadt Stein gewordener Ausdruck des landgräflichen Selbstbewußtseins – mit 481 Quadratmetern besitzt es den größten gotischen Profansaal Deutschlands – heute integraler Bestandteil des auf fünf Etagen in der Residenz untergebrachten Universitätsmuseums.

Ob wir die Besichtigung der umfassenden Sammlung zur hessischen (Kultur-)Geschichte vor oder zum Abschluß der Wanderung einplanen, ist unbenommen. An der Elisabethkirche (Bahnbenutzer kommen die Bahnhof- und Elisabethstraße herüber) haben wir die Wahl, entweder der Ausschilderung zum Schloß durch die Straßen Roter Graben und Renthof hinterher zu klettern oder gegenüber vom Hauptportal des doppeltürmigen Gotteshauses auf ein unscheinbares Treppchen und die Markierung X 13 zu achten. Die ausgetretenen Stiegen führen zum „Michelchen", der gotischen St. Michaels-Kapelle von 1270 inmitten eines Pilgerfriedhofes. Kurz darauf hat das Zeichen bereits seine Schuldigkeit getan, wir lassen uns nun vom L des Lahnhöhenweges über einen angenehm zu gehenden Hangweg bis nach Wehrda begleiten. Es geht geradeaus eine Treppe hinab und weiter ohne Zeichen nach rechts durch Hute- und Mengelsweg bis zur Hauptdurchgangsstraße. Sich nach links wendend, folgen wir ihr auf Bürgersteigen über zwei Lahnarme. Dahinter heißt es gleich rechts auf die Fahrradstrecke in Richtung Marburg achten. Schon am ersten, nach links abzweigenden Weg verlassen wir diese und hangeln uns zwischen einem Einkaufszentrum und Eisenbahngleisen bis zu einer Straßenbrücke weiter. Dahinter stoßen wir auf den Fußweg, der uns zur Kasseler Straße in Cölbe führt.

Für einige hundert Meter laufen wir durch den Ort bis man nach dem Passieren einer Tankstelle mit dem X 1 wieder ein Zeichen gesetzt bekommt. Rechts hinaus hat es rasch den

Ort verlassen und bald ein Stück freies Feld gequert. Wir überschreiten wieder die Lahn, unterschreiten die autobahnähnliche B 3 und halten uns dahinter rechts. Mit weit ausholenden Kurven durcheilt man eine abwechslungsreiche Waldpartie, die noch einmal am Ginseldorfer Weg unterbrochen wird. Wer kürzer treten möchte, hat hier die Möglichkeit, mit dem X 1 zum Bahnhof zurückzulaufen – dann versäumt man freilich den herrlichen Aussichtspunkt Spiegelslust. Zu ihm kommt man wie folgt: Ab Ginseldorfer Weg orientiert man sich an der Ausschilderung „Studentendorf", weiter mit der Straße Fuchspaß und die Geschwister-Scholl-Straße bis zu ihrem Ende am Waldrand. Auf einem unscheinbaren Pfädchen gehen wir geradeaus in den Forst, bis wir die rechterhand verlaufende Pferdekoppel queren können. Drüben stößt man auf einen breiten Forstweg, dem man zunächst nach links mit dem Zeichen A 5 leicht aufwärts folgt. In Höhe einiger Fischteiche wenden wir uns mit ihm rechts und dürfen nun wieder beschwingt durch den (Kiefern-)Wald laufen. Der zunehmende Strom an Ausflüglern kündet von der nahenden Spiegelslust. Unterhalb des nach Kaiser Wilhelm I. benannten Aussichtsturmes teilen sich die Wege: Die einen steuern gleich die etwas abseits liegende Gaststätte an, die anderen erklimmen den 1890 erbauten Turm. Beeindruckend liegt das in die Lahnberge gebettete Marburg vor dem Betrachter, gegliedert von den beiden Bezugsgrößen, der Elisabethkirche unten im Tale und darüber das alles beherrschende Schloß.

Der Rest ist einfach. Zwischen Turm und Lokal sucht man sich auf halbem Wege das Zeichen M X, womit wir über Serpentinen steil abwärts führend das Schlußstück des Fernwanderweges Wartburg – Marburg begleiten. Nach dem Passieren der Schnellstraße bietet sich ein Abstecher zum Universitätsmuseum Bildende Kunst in der Biegenstraße an, oder wir halten gleich auf die Elisabethkirche zu. (Bahnbenutzer können noch vor der Schnellstraße nach rechts geradeaus zum Bahnhof laufen.)

Zu Hessens größter Höhenburg

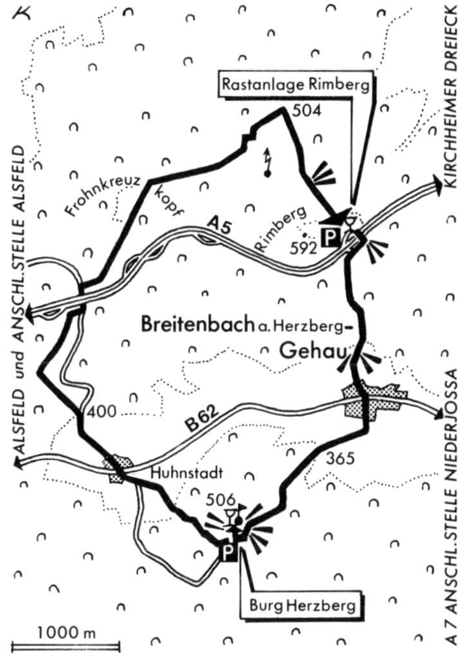

... führt diese etwa fünf Stunden dauernde, 15 km lange Rundwanderung. Gemeint ist Burg Herzberg, die täglich von 9 bis 20 Uhr geöffnet hat, die Burgschänke von 11 bis 21 Uhr (mittwochs Ruhetag), das Burgmuseum ist nur samstags und sonntags zu besichtigen. – Zwei langgezogene Anstiege werden mit vorzüglicher Aussicht belohnt. Die Mitnahme eines Fernglases ist empfehlenswert. – Ausgangsort ist die Autobahnraststätte Rimberg an der A 5 östlich von Alsfeld. Wer nicht wandert und Burg Herzberg direkt anfahren möchte, verläßt die A 5 an der Anschlußstelle Alsfeld-Ost, kommt mit der B 62 Richtung Bad Hersfeld zum Weiler Huhnstadt, die Auffahrt ist hier ausgeschildert; vor der Burg nur wenige Parkplätze.

Ist vom Herzberg die Rede, denkt man unwillkürlich an den knapp 600 Meter hohen Taunusberg mit der Nachbildung eines römischen Wachtturms als Aussichtspunkt. Die Burg Herzberg aber ist nicht im Taunus zu suchen, sondern weiter nördlich auf dem gleichnamigen Herzberg (506 Meter) in der Nähe von Alsfeld. Versteckt im Wald, auch von der nicht allzuweit entfernten Autobahn her nicht einzusehen, gilt sie als die größte Höhenburg Hessens. Zum Schutze der alten Handels- und Heerstraße „Durch die kurzen Hessen“, Verbindung zwischen Frankfurt und Thüringen, in der zweiten Hälfte des 13. Jahrhunderts vom hessischen Marschall Heinrich von Romrod erbaut, wurde sie in der Folge stetig erweitert und bis zur Uneinnehmbarkeit befestigt. Diese Anlage soll unser Ausflugsziel sein.

Ausgangspunkt der Wanderung ist die Raststätte Rimberg an der A 5 östlich von Alsfeld. Entweder stellt man den Wagen am südlichen Parkplatz ab oder fährt über die Brücke, parkt auf der nördlichen Seite und kommt zu Fuß wieder herüber. Damit hat man sich schon in die Route eingeordnet. Sie ist zunächst mit einem weißen Keil (Dreieck) markiert. Das Zeichen weist unterhalb des Autobahndamms abwärts in den Wald. Sobald sich der Weg gabelt, gehen wir links in einen Hohlweg – mehr Pfad als Weg (Schild: Abkürzung) – zum Waldrand. Voraus setzt sich schon der Herzberg ins Bild, der eigentlich Hirschberg heißen müßte, abgeleitet vom mittelhochdeutschen Hirz = Hirsch. Über die Wiese geht es hinunter in das Dorf Gehau. Die B 62 kreuzend, folgt man weiter dem weißen Keil (Dreieck), jetzt bergauf aus dem Dorf hinaus auf einem asphaltierten Weg zum Nadelwald. Die Steigung nimmt zu. Schon in Sichtweite der Burg geht es noch zwischen zwei Weidezäunen hindurch, dann steht man vor dem Eingangstor.

Der Grundriß der Anlage geht auf die zweite Hälfte des 15. Jahrhunderts zurück, als dem kaiserlichen Hofrat Hans von Dörnberg die Burg zu Lehen übertragen wurde. Er umgab unter der Anleitung des hessischen Festungsbaumeisters Hans Jakob von Ettlingen die alte Kernburg mit Wehrmauern, gewaltigen Geschütztürmen und Schießkammern. Sie galt als so sicher, daß selbst ein Teil der Reichskleinodien, die Kaiser Maximilian I. an Hans von Dörnberg verpfändet hatte, hier aufbewahrt wurde. Die Anlage blieb bis heute ununterbrochen im selben Familienbesitz.

In der Kapelle, einzig erhaltenes Gebäude der Kernburg,

stehen zahlreiche Grabsteine und Epitaphien von Angehörigen dieses Geschlechtes. Man kann sich auf dem Gelände frei bewegen, genießt dabei die Fernsicht über die Höhen des Sauerlands, über Westerwald und Rhön bis nach Thüringen. Vor kurzem wurde in einem Trakt ein Museum eingerichtet mit Burg- und Festungsmodellen, Plänen, Rüstungen.

Für den Weiterweg geht es kurz die Zufahrt abwärts, dann mit der Markierung weißes Kreuz halbrechts ab auf einen schattigen Pfad durch Mischwald ins Tal. Links auf einem breiten Feldweg kommt man zum Hof Huhnstadt, der zur Burg gehörte und mit ihr unterirdisch verbunden gewesen sein soll. Man kreuzt die B 62, folgt ein Stück der Straße aufwärts zum Wald. Kurz hinter der Höhe geht es rechts ab auf einen vergrasten Weg zwischen Fichten und Lärchen. Mit der Straße unterquert man die Autobahn und biegt gleich rechts ab. Es geht wieder leicht bergauf. Kurz vor der Höhe schwenkt das Zeichen überraschend halblinks ab, hält im Zickzack abwärts auf einen Forstweg zu, folgt ihm rechts im Buchenhochwald bis zu einer engen Linkskurve. Hier geht man abermals nach rechts auf einem grün verwachsenen Weg und trifft auf den anfangs benutzten weißen Keil (Dreieck). Von ihm läßt man sich nach rechts zu Rasthaus und Parkplatz zurückgeleiten.

Handgeschmiedetes Torschloß in Burg Herzberg

Schloß Plausdorf
Ruine Wenigenburg
Schloßruine Amöneburg

Amöneburgs Spitzenstellung

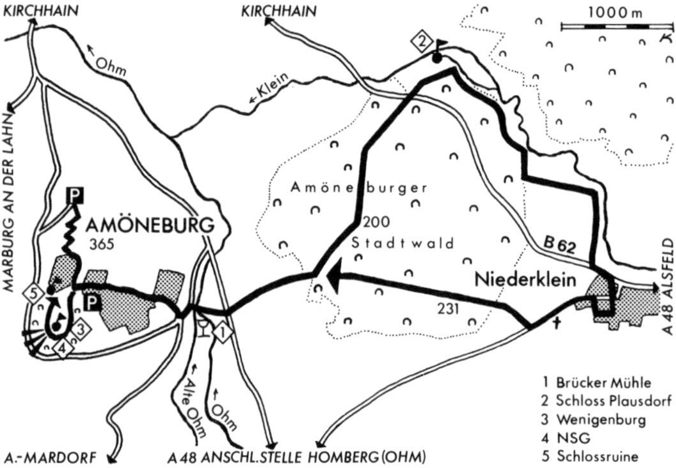

Burgen auf einem ihre Umgebung überragenden Bergkegel sind nichts Ungewöhnliches. Aber eine ganze Stadt? Amöneburg ist es, das auf einem vulkanischen „Basaltpilz" mitten im Ohmbecken diese herausgehobene Stellung einnimmt, geographisch wie historisch. – Die 16 km lange Wanderung beginnt am östlichen Stadtrand, schließt auch den naturgeschützten Grüngürtel ein, der sich an der Flanke des Amöneberges bis zur Spitze hinaufzieht. – Für Autofahrer: A 5, A 48, Richtung Kassel, Anschlußstelle Homberg (Ohm), Richtung Kirchhain/Amöneburg. – Heimatmuseum und Naturschutzzentrum, Schulgasse, haben sonntags von 14 bis 18 Uhr geöffnet. – Die Einkehr Brükker Mühle an der Ohm ist montags geschlossen.

Im wörtlichen wie im übertragenen Sinne nimmt Amöneburg eine herausragende Stellung ein. Die spektakuläre Lage auf einem 365 Meter hohen Basaltkegel, 160 Meter über dem Umland, hebt es geographisch heraus. Auf dem wärmespeichernden Gestein vulkanischen Ursprungs haben sich viele bedrohte Tiere und Pflanzen angesiedelt, die schon seit 1927 die besondere Obhut des ältesten hessischen Naturschutzgesetzes genießen. Auf 31 Hektar umschließt ein grüner Ring aus hohen Laubbäumen, dichtem Buschwerk und Halbtrokkenrasen das historische Stadtbild auf dem Felsplateau. Die Zeitläufte schließlich weisen Amöneburg eine herausragende Bedeutung in der hessischen Landesgeschichte zu.

Hier gründete Bonifatius im Jahre 721 ein Kloster und unternahm seine Missionierung Mitteldeutschlands. Mit dem gesicherten fränkischen Vorposten im Rücken konnte er es wagen, zwei Jahre später bei Fritzlar die Donareiche zu fällen und in großem Stil die hessische Bevölkerung zu taufen.

An das Frühmittelalter erinnern in Amöneburg lediglich die nach Bonifatius und den beiden fränkischen Statthaltern Deorulf und Dettic benannten Straßen. Die Stadt mußte nach den Zerstörungen im Dreißigjährigen Krieg fast vollständig wieder aufgebaut werden. Entstanden sind hübsche Fachwerkhäuser, eine gotisierende Kirche, und in Grundzügen wurde zudem das alte kurmainzische Schloß restauriert. Es steht für den jahrhundertelangen Behauptungswillen des Erzbistums, seine Exklave Amöneburg inmitten der Landgrafschaft zu verteidigen.

Für den Wanderstart hinaus ins weite Ohmer Becken ist man durch das Gassengewinkel schnell draußen und geht am östlichen Stadtrand mit dem Zeichen X 10 die Straße am Brücker Tor hinunter. Schon nach wenigen Metern lenkt eine offen liegende Basaltwand die Aufmerksamkeit auf sich. Gut zu erkennen sind die ziehharmonikaartig aufgefalteten Gesteinsschichten über dem Säulenbasalt. Während des tertiären Vulkanismus gelang es dem Magma nicht, die obere Decke zu durchstoßen. Das Vulkangestein gab im Verein mit der Erosion dem Amöneberg seine herausgehobene Gestalt.

An seinem Fuß fließt die Ohm vorbei. Wir queren sie auf einer alten Sandsteinbrücke von 1722, nicht ohne auf den Obelisken im Hof der benachbarten Brücker Mühle – heute ein gemütliches Lokal – einen Blick geworfen zu haben. Anno 1762 machte Amöneburg noch einmal Geschichte mit einem blutigen Gefecht im Siebenjährigen Krieg. Erbittert wurde zwischen Franzosen und den Alliierten mit hessischer

Beteiligung um den Flußübergang gefochten. Der „Friedensstein“ erinnert an den damals in der Mühle ausgehandelten Waffenstillstand. Das X 10 geleitet über die Ohm und ein Sträßchen hinüber zum Wald. Wir lassen das Zeichen geradeaus ziehen und nehmen den linken Strang der dortigen Weggabelung. Nachdem das Spielchen an einer weiteren Wegeteilung wiederholt wurde, wird man ohne Umschweife hinüber zum Schlößchen Plausdorf geführt. Zu besichtigen ist es nicht. Aber dem Zaungast vermittelt der Blick noch ausreichend vom romantischen Zeitgeist der Jahrhundertwende, der das Gebäude aus dem 16. Jahrhundert mit Fachwerk, Türmchen und tief heruntergezogenen Giebeln im englischen Landhausstil veredelte.

Der vor dem Schloß liegende Tennisplatz weist auf die Abzweigung nach rechts und abermals hinein in den Wald. Es geht unproblematisch weiter ohne Zeichen, bis man, jetzt auf freiem Feld, mit einem roten Andreaskreuz nach Niederklein gewiesen wird. Im Ort taucht das vertraute X 10 auf, dem man rechts entlang der Rüdigheimer Straße ins Freie folgt. Erst nach dem Passieren eines auffälligen Steinkreuzes linker Hand heißt es sich auf einen Richtungswechsel rechts in den Wald einstellen. Der schnurgerade Weg schließt wieder an den ersten Wanderteil an.

Bevor man in den alten Kern Amöneburgs zurückkehrt, lohnt es sich, nach links der Ausschilderung „Mauerrundweg“ zu folgen. Er führt parallel zu einem Lehrpfad durch das Naturschutzgebiet zu Füßen der Stadt bis zur Spitze des Amönebergs. Dort sind nicht nur die Ruinenreste einer zweiten kurmainzischen Burg, der Wenigenburg, konserviert. Dort bietet sich auch eine großartige Fernsicht über die offene Landschaft.

Ruine Naumburg
Ruine Weidelsburg

Zwei Burgen im hessischen Grenzland

Bei der Weidelsburg im Naturpark Habichtswald ist der Superlativ, „größte Ruine Nordhessens" zu sein, fest begründet. Und daß man ob ihrer Lage über das „grüne Meer" bis zum Kahlen Asten im Sauerland schauen kann, ist auch nicht übertrieben. – Wanderbeginn in Naumburg, nordöstlich vom Edersee (Waldeck), mit 20 (25) km muß man rechnen. – Anfahrt: A 5 Alsfeld, B 254 Schwalmstadt, A 49 Wabern, B 253/ B 485 Waldeck, Abzweigung Naumburg.

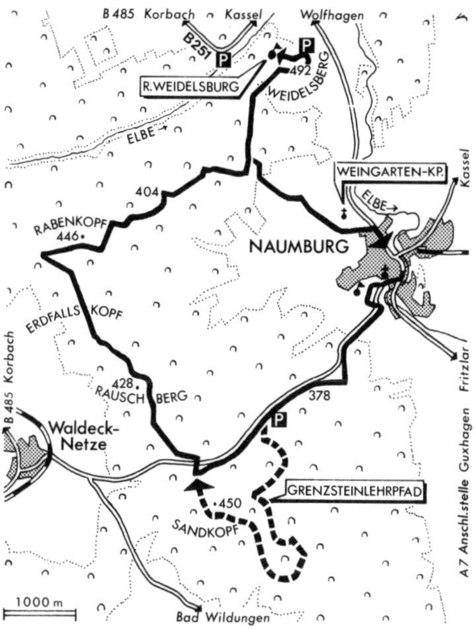

Hessen als politische Einheit besteht in seiner heutigen Form erst seit 1945. Die „Proklamation Nr. 2" der amerikanischen Besatzungsbehörden fügte zusammen, was über Jahrhunderte geteilt, vererbt und niemals glücklich vereint gewesen war. Als Macht von Rang kann nur die Landgrafschaft Hessen angesehen werden, die nach mehreren Erbschaften im 15. Jahrhundert ihre größte Bedeutung zur Reformationszeit unter Philipp dem Großmütigen erlangte, ehe sie mit der unseligen Vierteilung von 1567 wieder in die Bedeutungslosigkeit sank. Im 16. Jahrhundert wurde auch endgültig der größte Rivale der Landgrafschaft, das Erzbistum Mainz, aus dem Land gedrängt. Trotz eines mehr als zweihundertjährigen Ringens mit allen diplomatischen und militärischen Mitteln gelang es Mainz zu keiner Zeit, eine Landbrücke zwischen seinen Besitzungen am Rhein und in Thüringen herzustellen. Am Ende des Alten Reiches blieben nur wenige, bis heute katholisch geprägte Enklaven: Amöneburg, Fritzlar, Naumburg.

In das ehemals hart umkämpfte „Grenzland“ von Mainz und der Landgrafschaft mit der Weidelsburg, die mehrmals den Besitzer wechselte, soll die heutige Wanderung führen. In der Ortsmitte von Naumburg nimmt man das Zeichen weißes X 7 auf, folgt kurz der Bahnhofstraße und zweigt rechts in die Postgasse ab. Vorbei an den dicht an dicht stehenden Fachwerkhäuschen klettert man hinauf zum traditionellen kulturellen Mittelpunkt der Gemeinde: dem von spätgotischer Pfarrkirche, Rathaus und kleinteiliger Fachwerkarchitektur umstandenen Marktplatz. Oberhalb der letzten Häuser verlassen wir kurz die Straße, folgen dem Zeichen über einen kleinen Pfad auf einen Hügel, auf dem noch Reste der Naumburg aus dem 12. Jahrhundert erkennbar sind.

Die Route X 7 führt uns dann zurück zur Straße, der wir noch eine Weile bis in den Wald folgen. Dort zweigt sie nach links auf einen Forstweg ab, ohne jedoch tiefer hineinzuführen. Nach einem „Haken“ kehrt X 7 in die Nähe der Straße zurück und verläuft parallel zu ihr zwischen den Bäumen, bis sie auf einen Wanderparkplatz stößt. Wen nicht noch ein paar weitere Wanderkilometer schrecken, kann sich dort einem historischen Grenzsteinlehrpfad anschließen. Insgesamt sind 20 Steine ausgewiesen, mit denen sich Mainz, die Landgrafschaft und verschiedene ortsansässige Geschlechter „wappneten“. Der gut erläuterte Weg ist mit einem geteilten Ring markiert.

Ob mit oder ohne diesen Abstecher, am Ende des Grenzsteinlehrpfades muß man sich auf einen Zeichenwechsel zum weißen D einstellen. Es kreuzt die Straße und zweigt gleich links in einen unscheinbaren Pfad ab, der bald in einen breiteren Forstweg übergeht. Für viele Kilometer läuft man jetzt auf breiten Wegen durch aufgelockerten Buchenhochwald. Irgendwann gesellt sich zum D die weiße X 13, der wir nach einer Wegekreuzung in Richtung Weidelsburg alleine folgen.

Unsere Wanderung führt durch den Naturpark Habichtswald bis zur Weidelsburg. Von dort hat man Gelegenheit, einmal auch über das „grüne Meer" hinauszuschauen und weiter bis zur freien Kuppe des Dörnbergs bei Kassel und dem Kahlen Asten im Sauerland. Die Erbauer der Weidelsburg, die Grafen von Naumburg, hätten sich mit dem knapp 500 Meter hohen Basaltkegel keine strategisch bessere Position aussuchen können. Sie waren aber gut beraten, es auf keinen Kampf mit dem übermächtigen Mainz ankommen zu lassen und die Feste 1266 zu verkaufen. Keine sieben Jahre später wurde sie zerstört, danach wieder aufgebaut, ehe sie nach mehrfachem Besitzerwechsel mit dem Ausscheiden des Erzbistums aus der hessischen Geschichte im 16. Jahrhundert endgültig zerfiel.

Die heute größte Ruine Nordhessens ist nach umfangreichen Sanierungs- und Sicherungsmaßnahmen auch eine der sehenswertesten. Hinter der fast ein Rechteck beschreibenden hohen Ringmauer aus dem 14. Jahrhundert, mit acht halbrunden Schalentürmen und zwei starken Toren, stehen zwei Wohntürme, die bis 2,30 Meter dicken Mauern aus Basaltstein. Von der großen Plattform des östlichen Turmes (1380–1382) hat man die schon oben beschriebene Nah- und Fernsicht.

Für das Schlußstück geht man zurück zur X 13, die unterhalb der Burg vorbeiführt. Wir folgen ihr bis zu einer Wegekreuzung, wo das Zeichen X 12 uns in Richtung Naumburg leitet. Über offenes Feld wandern wir zu dem reizvoll an einen Hang geschmiegten Städtchen.

Ein Denkmal dem Kurschatten

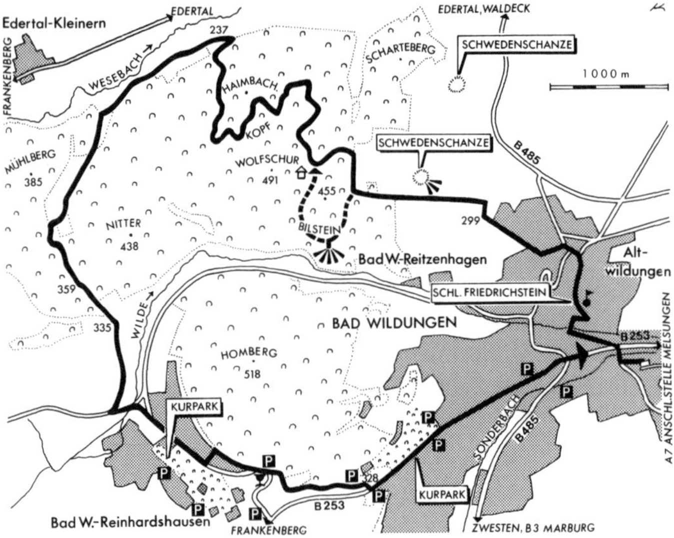

... und vieles andere machen die weite Anfahrt in die Doppel-Kurstadt Bad Wildungen und Reinhardshausen, größtes Staatsbad Hessens, lohnend. Da ist das Barockschloß Friedrichstein mit der reichsten Militaria-Sammlung Hessens (Dienstag bis Sonntag von 10 bis 13 und 14 bis 17 Uhr geöffnet), da ist weiter das Kurmuseum (täglich außer donnerstags von 14 bis 17 Uhr geöffnet), und da ist die Fachwerk-Altstadt, da sind die beiden Kurparks, und da gibt es, was den Ausflügler besonders reizt, die hügelige Waldlandschaft des nordhessischen Berglandes. Über fünf Stunden (17 km) kann man ab dem Bahnhof Bad Wildungen auf den empfohlenen Wegen wandern. – Anfahrt Bahn: Gießen – Marburg – Wabern – Bad Wildungen. – Für Autofahrer: A 5 Alsfeld, B 254 Schwalmstadt, A 49 Wabern, B 253 Bad Wildungen.

Wann genau die heilkräftige Wirkung der (Bad) Wildunger Quellen entdeckt wurde, läßt sich wohl nicht mehr feststellen. Ein „Sauerbrunnen" war jedenfalls schon 1378 mittels einer Holzrohrleitung in das Dorf geleitet worden. Was ursprünglich zur Behebung des Wassermangels gedacht war, zeigte bald ungeahnte Folgen. Beim Kochen wurden die Linsen nicht weich, vielmehr hart und schwarz. Rasch sprach sich auch herum, daß man bei andauerndem Genuß des Quellwassers nicht vom „Blasenstein befallen" würde. Die medizinischen Expertisen ließen dann nicht lange auf sich warten. Nachweislich wurde bereits 1506 der Sauerbrunnen, die heutige Georg-Viktor-Quelle, gegen Nierenleiden und Blasensteine empfohlen.

Unabhängig von seiner balneologischen Bedeutung ist das heute größte Staatsbad Hessens auch für den Tagesausflügler eine Reise wert. Es ist nicht nur hübsch in das bewaldete Hügelland des nordhessischen Berglands eingebettet, es gefällt auch durch seine reizvolle Architektur eines historischen Fachwerkteils und des neueren Kurviertels mit Gründerzeit- und Jugendstilfassaden. Dazwischen gibt es eigenwillige Kunst zu sehen, wie den „Kurschatten-Brunnen" oder die neu gestaltete „Kurgast-Begegnungszone" im Ortsteil Reinhardshausen. 1894 wurde dort ein eigenständiger Badebetrieb aufgenommen.

Nach dem Wanderauftakt am Bahnhof geht es gleich rechts in die Bahnhofstraße. Man quert eine breitere Straße und schwenkt links in die Röhrigstraße, die in den Königsquellenweg überleitet. Nach etwa 500 Metern überschreitet man nach rechts mit dem hier aufzunehmenden Zeichen gelbes W 1 das Flüßchen Wilde. Ein kurzer „Stich", und wir stehen unmittelbar vor den Toren von Schloß Friedrichstein. Von der Burg aus dem 12. Jahrhundert, die für den 1663 unter Graf Josias II. von Waldeck begonnenen Neubau des pompösen Schlosses weichen mußte, ist nur der große runde Turm von 1550 geblieben. Die Pläne konnten wegen Geldmangels nicht zügig verwirklicht werden. Nachdem der Hauptflügel vollendet war, dauerte es noch etwa dreißig Jahre, dann erst führte Graf Friedrich mit dem Anfügen der Seitenflügel den Bau zu Ende. Der dreiseitige Barockbau birgt heute die bedeutendste Militaria-Sammlung Hessens. Die 1980 eingerichtete Außenstelle der Staatlichen Kunstsammlung Kassel weist alles auf, von der Hakenbüchse aus dem 16. Jahrhundert bis zu den Uniformen des 19. Jahrhunderts. Besonders kostbar die sogenannte Türkenbeute – Gewehre, Dolche, Säbel und selbst ein „Türkenzelt" –, vom Kampf gegen die Osmanen von Belgrad 1717/18 von hessischen Heerführern mitgebracht.

Wir laufen weiter durch Altwildungen und verlassen es durch die Straße der Jugend und den Grünen Weg. Nach Passieren einer Reitanlage steuert man geradeaus den Waldrand an, nimmt rechts das gelbe W 7 auf und schwenkt nach kurzem Bergab links in luftigen Buchenhochwald, wo ein hübscher mäandernder Weg hinunter ins Wiesental der Wese führt. Dort halten wir uns scharf links, das kurz darauf erscheinende Zeichen K 4 gibt zunächst die Richtung vor, wird aber schon bald nach links von den Zeichen X 13 und Raute abgelöst. Sie führen nach Queren einer Wiese wieder in den Wald, ihrem Abzweig links an einer großen Wegekreuzung folgen wir nicht mehr. Von dort aus bedürfte es über freies Feld nach Reinhardshausen fast nicht mehr des gelben R 3. Für den Rest des Weges steht am Ortseingang das X 16 bereit. Es führt hinüber zum pagodenartigen „Quellentempel" im Kurgebiet. Die Gesamtgestaltung der Kurgast-Begegnungszone verrät unverkennbar die Handschrift der Grebensteiner Künstlerin Karin Bohrmann, der Bad Wildungen auch den originellen „Kurschatten-Brunnen" im Stadtkern verdankt.

Neben der künstlerischen Analogie soll auch die landschaftliche das Doppelbad verbinden. Ob wir etwas durch den Reinhardshausener Kurpark schlendern oder der Quellenstraße folgen, wir laufen kurz nach links die Gustav-Görner-Allee bis zum Wald und weiter nach rechts mit X 16. Am Parkplatz und Café Reinhardshöhe taucht es noch einmal kurz aus dem Forst auf, um dann weiter durch Mischwald bergab bis nach Wildungen zu führen. Vom Stadtrand aus lassen wir uns nur noch auf der Brunnenallee geradeaus durch das Kurviertel und auf der Brunnenstraße im alten Kern treiben.

Wilhelmshöhe, das achte Weltwunder

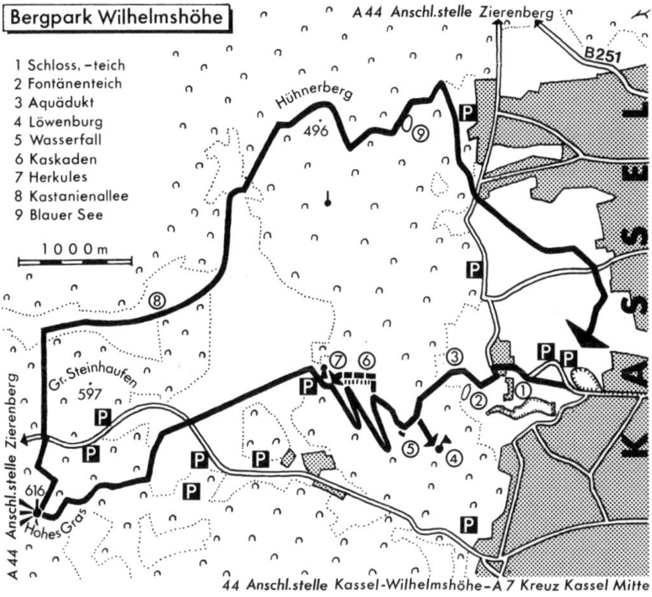

Um in den vollen Besichtigungsgenuß von Bergpark Wilhelmshöhe mit seinen fast unwirklich erscheinenden Wasserkünsten zu gelangen, kann man dort leicht einen ganzen Tag verbringen. Den strammen Läufer werden aber auch die 18 km in den angrenzenden Mittelgebirgswaldungen locken, dazu das grandiose Panorama von Habichts- und Kaufunger Wald, Meißner, Rhön und Thüringer Wald. – Ausgangspunkt: Endhaltestelle der Straßenbahnlinie 1 vom neuen ICE-Bahnhof Kassel-Wilhelmshöhe. – Für Autofahrer: A 7, Kreuz Kassel Mitte, Wilhelmshöhe. Die Wasserkünste sind mittwochs, sonn- und feiertags von 14.30 bis 15.30 Uhr zu sehen. Museen öffnen täglich außer montags

Für manchen ist die westlich von Kassel gelegene Wilhelmshöhe, Europas bedeutendster und größter Bergpark, das achte Weltwunder. Dies kommt von der gelungenen Symbiose aus Natur und Architektur, die trotz gewandelten Stilempfindens und periodischer Baumaßnahmen über 130 Jahre aufrechterhalten wurde.

Die Geländetopographie zwang immer zu individueller Anpassung, den Park während seiner ersten Ausbaustufe bis 1718 im oberen Drittel trotz axialer Symmetrie nicht rein „französisch", noch in der Umbauphase zum Ende des 18. Jahrhunderts „englisch" erscheinen zu lassen. Zudem fühlten sich die Landgrafen, späteren Kurfürsten von Hessen, den baulichen und landschaftlichen Vorgaben stark verpflichtet. Ohne das Alte zu zerstören, wurde das Neue integriert, zuletzt das klassizistische Schloß Wilhelmshöhe und die gotisierende, auf eine vermeintlich „bessere", romantische Zeit verweisende Löwenburg.

Man wird leicht einen ganzen Tag in dem weitläufigen Park mit Besichtigung der Sehenswürdigkeiten verbringen können. Wer es einzurichten vermag, sollte es ohnedies nicht versäumen, an einem Mittwoch oder Sonntag dem einstündigen Lauf des Wassers vom „Herkules" in 530 Meter Höhe über Kaskaden, den Steinhöfer Wasserfall, Teufelsbrücke und den kunstvoll „zerstörten" Aquädukt bis zur 60 Meter hoch aufsteigenden Fontäne 300 Meter tiefer zu folgen.

Unsere Wanderung geht gewissermaßen den umgekehrten Weg, also aufwärts. Nachdem man vom neuen ICE-Bahnhof Kassel-Wilhelmshöhe mit der Straßenbahnlinie 1 bis zur Endstation heraufgekommen ist, muß man sich nur von den Zeichen X 7 und X 13, die mal zusammen, mal einzeln auftreten, durch das insgesamt 240 Hektar große Gelände führen lassen. Zum Schloß Wilhelmshöhe mit seiner großen Sammlung alter Meister (Rembrandt, Frans Hals) und der Löwenburg, deren Exponate älter sind als das Gemäuer, kann man problemlos vom vorgesehenen Weg abweichen. Die Richtung bergan gibt letztlich die von S-förmigen Wegen geschnittene Achse an, die vom „Herkules" in gerader Linie über sechs Kilometer ins Stadtzentrum zielt.

Von oben bietet sich eine großartige Sicht vom Oktogon

über die gesamte Anlage und das breit in eine Fulda-Senke wie hingegossene Kassel. Die einrahmenden Mittelgebirgs-Kulissen, Habichtswald, Meißner und Kaufunger Wald, sind noch besser vom 615 Meter hohen Berg Hohes Gras zu überblicken, den wir nach einer halben Stunde, gerechnet vom „Herkules“, mit der nunmehr solo verlaufenden X 7, erreicht haben. Das Sichtfeld schließt des weiteren die Rhön, den Thüringer Wald und nach Westen das Sauerland ein. Zum Greifen nah erscheint einer der markantesten Erhebungen Nordhessens, der unbewaldete Dörnberg. Er wie die umgebenden „Trabanten“ sind unverkennbar vulkanisch geformt und erinnern in etwa an die Eifel.

Nicht offene Rasenlandschaft, sondern Wald bleibt unser vorherrschender Begleiter im weiteren Wanderverlauf. Am Fuße des Aussichtsturmes auf dem Hohen Gras wechseln wir zur Raute mit der Ziffer 31 über. Sie verläuft leicht abwärts, quert eine Straße und folgt kurz einer „Panzerstraße“, ehe man nach rechts in eine kilometerlange Kastanienallee abbiegt. Vor lauter Wald sollte man allerdings nicht den kurzzeitigen Zeichenwechsel zum umgedrehten T nach rechts versäumen. Es beschreibt durch etwas dichteres Unterholz eine langgezogene Rechtskurve, an deren Ausgang der scharf nach links abgehende Markierungswechsel zum offenen Dreieck steht. Ihm obliegt es, leicht fallend zum versteckt im tiefsten Tann liegenden Blauen See hinabzuführen. Man streift nur das Gewässer und kommt an einem breiten Forstweg heraus. Dort hält sich, nach rechts abgehend, das F bereit. Auch mit diesem Zeichen gibt es keine Schwierigkeiten, den rechten Weg zu finden: weiter bergab bis zum Waldaustritt an der Prinzenquelle und über offenes Gelände hinüber zum Endhaltepunkt der Straßenbahn und den großen Parkplätzen dort.

Wo der „Dietemann" ins Horn bläst

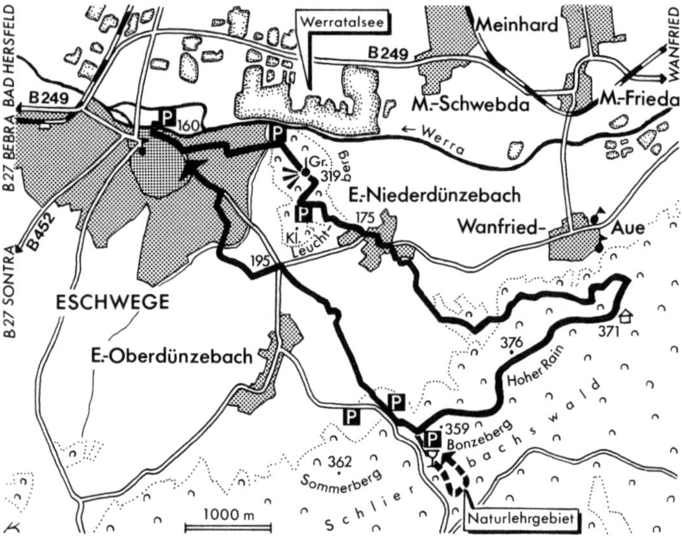

Tradition wird gepflegt im nordhessischen Eschwege, das wird jedem Besucher bewußt, wenn er durch die kopfsteingepflasterten Gassen der von Grund auf sanierten Fachwerk-Altstadt schlendert. Und vom Turm des landgräflichen Schlosses läßt Ritter Dietemann zu jeder vollen Stunde mit einem Hörnerstoß wissen, was die Stunde geschlagen hat. Im Heimatmuseum, Vor dem Berg 14 A, lassen sich manche Eindrücke noch vertiefen. Es ist geöffnet Mai bis Ende September sonntags von 10.30 bis 12.30 Uhr, mittwochs von 15 bis 17 Uhr. – Wanderlänge: 16 (18) km. – Anfahrt über Bad Hersfeld, weiter B 27/452. – Der Bahnhof liegt im Westen der Stadt an der Strecke Bebra–Göttingen. Zum Zentrum fährt man mit Anruftaxi. Zur Einkehr unterwegs: Forsthaus Schlierbach ist montags geschlossen.

„Stadt der Dietemänner“ nennt sich Eschwege in Erinnerung an das Rittergeschlecht derer von Diede, das im Mittelalter – gegen Entgelt – schützend die Hand über den Ort hielt. Das Verhältnis gedieh so einvernehmlich, daß die Eschweger bis heute für jeden sichtbar an der Ostseite des landgräflichen Schlosses das Gedenken an die Ritter wachhalten: Zu jeder vollen Stunde marschiert ein „Dietemann“ um die dort 1650 eingebaute Kunstuhr und bläst kräftig ins Horn. Das brachte den Eschwegern den Spitznamen Dietemänner ein, – Diete = Tute –, was nichts anderes bedeutet als tuten, Signale geben.

Nur mit der Unterstützung und dem Verständnis aller Bürger war es möglich, in einem zwanzigjährigen Kraftakt den gesamten alten Kern der osthessischen Stadt an der Werra zu sanieren. Dutzende von Fachwerkhäusern wurden von Grund auf restauriert. Dicht an dicht säumen jetzt die schwarzen und braunen Fachwerke die engen, noch dem mittelalterlichen Grundriß folgenden Kopfsteinpflastergassen. Die meisten Häuser stammen aus dem 17. und 18. Jahrhundert, nur wenige Steinbauten haben die Zerstörungen im Dreißigjährigen Krieg überstanden – außer dem landgräflichen Renaissanceschloß der besteigbare Nikolaiturm und im Zentrum die gotische Marktkirche. Von der Stadtmauer blieb nur der Dünzebacher Torturm mit seinen drei verspielten Fachwerktürmchen stehen.

Der Torturm bildet den ersten Orientierungspunkt, nachdem man am rechten Werra-Ufer vom großen Parkplatz zur Wanderung gestartet ist. Über eine Fußgängerbrücke wechselt man die Flußseite und steuert den runden Turm an, aber noch bevor man ihn ganz erreicht hat, geht man am Ende des Busbahnhofs nach links in eine Parkanlage Richtung Jugendherberge, wo dann das Zeichen weißer Strich mit Ziffer 27 (tritt auch einzeln auf) zu sehen ist. Der Park und die letzten Häuser Eschweges bleiben zurück, jetzt heißt es über einen kurven- und treppenreichen Weg zum Großen Leuchtenberg hinaufsteigen. Sein Name vespricht nicht zuviel. Groß ist die Fernsicht vom Bismarckturm auf seiner Spitze, eine nicht abreißende Bergkette vom Thüringer Wald bis zum Hohen Meißner „leuchtet“ ringsum. Auf der anderen Bergseite läuft man hinab bis zum aufgeräumten Dörfchen Niederdünzebach, dem sich eine kurze Felderpartie bis zum Waldrand anschließt. Das Zeichen verliert sich hier etwas. Deshalb ist der scharfe Rechtsknick beim Eintritt in den Forst zu beachten sowie kurz darauf der ebenso scharf nach links weisende bis zu einer X-förmigen Wegekreuzung, deren rechte, nach oben zeigende Gabel man wählt. Für etwa eineinhalb Kilometer geht man nun ohne Markierung leicht bergan geradeaus, bis man wieder auf einen Wanderlotsen trifft, ein weißes X 8 nach rechts Richtung „Auerblick". Über mehrere Kilometer folgt der Weg einem Höhenzug durch abwechslungsreichen Laubmischwald.

Eine kleine Exkursion zu den „ökologischen Zusammenhängen" des Waldes im besonderen und der Natur im allgemeinen vermittelt das „Naturlehrgebiet Schlierbach", das vom Wasserwerk aus über einen kurzen Abstecher erreicht wird. Das Musterareal unterscheidet sich in Anlage und Größe erheblich von herkömmlichen Lehrpfaden. Nicht nur einzelne Pflanzen und Tiere werden hier auf Texttafeln beschrieben, mit eigens angelegten exemplarischen Lebensräumen wie Feuchtwiese, Vogelschutzgehölz, Schmetterlingsarten, Tümpel und Sukzessionsflächen wird ihre Bedeutung für den Gesamtkreislauf der Natur sehr anschaulich demonstriert.

Nach dem Gang durch die kleine Arche Noah der heimischen Flora und Fauna lädt das frühere „Forsthaus Schlierbach" zu gemütlicher Einkehr. Zurückgekehrt zum Wasserwerk, nimmt man vorn an der Straße für die zweite Wanderhälfte das Zeichen weißer Strich mit Ziffer 25 auf. Es führt über eine Felderfläche und hält nach Queren einer Straße rechts Kurs auf Eschwege. Das Zeichen endet mitten in einem Neubauviertel, über die Gartenstraße wird man direkt zur Altstadt geleitet und zum Schloß an ihrem nordwestlichen Rand. Der mächtige, burgähnliche Gebäudekomplex wurde im Laufe der Zeit von den hessischen Landgrafen verändert und erweitert, Mauern der 1389 vollendeten Burg sind zum Teil dabei verwendet worden.

Durch das Witzenhausener Kirschblütenmeer

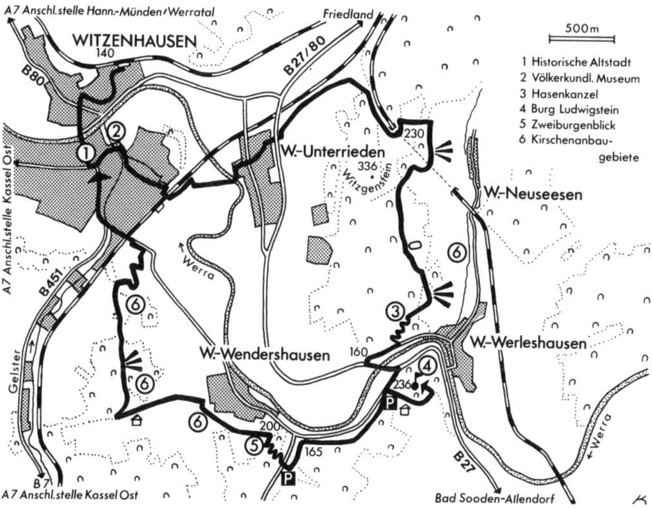

... aber auch durch Wald, insgesamt 16 km, viel Aussicht, Burgenaufenthalt, Museumsbesuch, Altstadtbummel, das alles zusammen macht auch die weite Fahrt, fast zwei Stunden per Bahn aus dem Rhein-Main-Gebiet über Kassel, lohnend. – Einkehr unterwegs auf Burg Ludwigstein. – Das Völkerkundliche Museum ist mittwochs, freitags und samstags von 14 bis 16 Uhr, sonntags von 10 bis 16 Uhr geöffnet. – Für Autofahrer: A 7, Anschlußstelle Kassel Nord, weiter über Niestetal-Nieste zum Ausgangsort Witzenhausen.

Wer ließe sich nicht gerne in ein Paradies locken? In natura das Kirschblütenmeer Witzenhausen, das im Frühling seine volle Pracht entfaltet. Hier an den geschützten Hängen über Werra und Gelster gedeiht die Kirsche vorzüglich, bestimmt gar das Landschaftsbild und den Jahresablauf vieler dort lebender Menschen seit 150 Jahren. Immerhin zählt diese Region heute zu den größten Kirschenanbaugebieten der Bundesrepublik mit etwa 150000 Bäumen. Lassen wir uns von dem Blütenzauber einhüllen, der über dem alten Städtchen Witzenhausen und seiner Umgebung liegt. Ob man als Zugbenutzer die Nordbahnhofstraße und mit der Markierung 5X über die Werrabrücke herunterkommt oder als Autofahrer vom Parkplatz Ermschwerder Straße am Altstadtrand, Schnittpunkt ist Am Markt, dem Herz der Stadt. Die Zeilen der Fachwerkhäuser unterschiedlicher Stile werden überragt von der evangelischen Stadtkirche, die der thüringische Landgraf Ludwig IV. 1225 zu bauen begann.

Unterhalb des Marktes biegen wir in die Steinstraße ein und nehmen dort die Ziffer 21 auf. Wir sind an der Pforte alten und jungen Lebens von Witzenhausen, dem einstigen Wilhelmitenkloster, dessen Mönche durch härteste Arbeit die Voraussetzung für die jetzige blühende Landschaft schufen. Heute lehrt in dem Areal der Fachbereich Internationale Agrarwirtschaft der Gesamthochschule Kassel. Aus der Zeit der Deutschen Kolonialschule baut sich das Völkerkundemuseum auf. Studienzwecken dient das Gewächshaus für tropische Nutzpflanzen. Beide sind der Öffentlichkeit zugänglich.

Die Ziffer 21 lotst uns am Hochschulgelände vorbei und aus dem Städtchen hinaus mit erstem freiem Blick auf Kirschbäume. Wenn nach wenigen Schritten entlang der Gleise die 21 rechts abschwenkt, bleiben wir in der bisherigen Richtung, halten dann quer durch die Felder auf die Werra-Holzbrücke zu. Drüben in Unterrieden kurz links und geradeaus hoch, weiter in der Lindenstraße, reihen wir uns dem weißen E ein, das uns zum Ort hinausgeleitet, auf asphaltiertem Weg aufwärts, über einem Seitental. Der Rücken des Tunneleingangs wird gequert, man gewinnt weiter an Höhe, dabei Blick auf Neuseesen tief unten in der Senke und – hinüber zur Burg Hanstein, einst mächtiger kurmainzischer Außenposten an der landgräflich hessischen Grenze.

Durch Kiefern- und Lärchenwald kommen wir über den Höhenrücken zu einem Sportplatz. Kurz dahinter an der Weggabelung geht es links Richtung Hasenkanzel, nächste Abzweigung leicht abwärts nochmals links zum Felsen mit

Aussicht ins Werratal und auf Burg Ludwigstein, den „feindlichen Bruder“ der Hanstein. Die Markierung E weist auf Serpentinenweg abwärts zur Straße. Ab hier wenden wir uns ohne Zeichen rechts zur Werrabrücke und schlagen unmittelbar jenseits des Flusses auf der Straße die Richtung Wendershausen ein. Nach etwa 200 Metern erwartet uns auf dem Wanderparkplatz die Markierung 5X. Von dieser Stelle aus besteht die Möglichkeit, mit 5X einen Abstecher hinauf zur Burg Ludwigstein zu unternehmen. Sie wurde nach dem Ersten Weltkrieg als Denkmal für Gefallene der Wandervögel zur Jugendherberge ausgebaut, ist eine Bildungs- und Begegnungsstätte europäischer Jugend und ebenso Sitz des Archivs der deutschen Jugendbewegung.

Vom Parkplatz ziehen wir mit der 5X auf einem Saumpfad weiter gen Wendershausen, queren ein Sträßchen, dann heißt es aufwärts klettern. Belohnung oben: der Zweiburgenblick zurück und in das Kirschenmeer voraus. Wir sind oberhalb Wendershausen, einem der Kirschenumschlagplätze in der Hochsaison, die ihren Höhepunkt im Witzenhausener Kespermarkt und Altstadtfest mit Wahl der Kirschenkönigin im Juli findet.

Wald und Kirschen gehen ineinander über. Inmitten der duftenden Blütenwolken bringt die 5X uns bis in die Altstadt Witzenhausens zurück.

Schloß Rotenburg

Worum sich in Rotenburg alles dreht

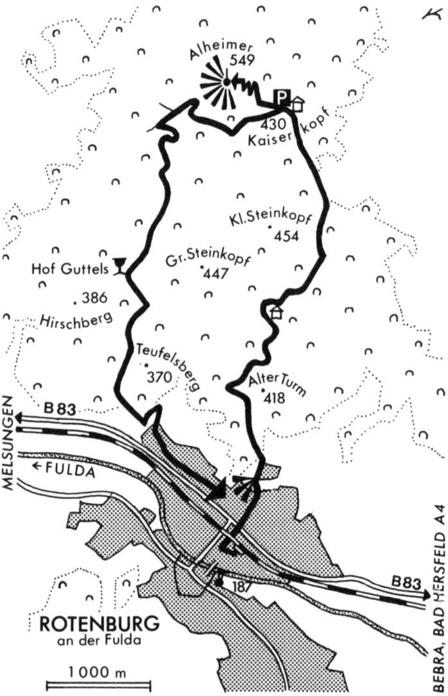

..., in der Adventszeit ist es mit Sicherheit die größte sich drehende Weihnachtspyramide Deutschlands, die selbst der Fachwerkparade ringsum in dieser Zeit die Show stiehlt. Es bleibt noch viel zu bewundern bei einem Bummel durch die einstige Residenzstadt, bei der 14 km langen Wanderung über den Alheimer, blickbeherrschend, soweit das Auge reicht. – Auch ein kleines Heimatmuseum im Schloß erinnert an die große Zeit Rotenburgs (geöffnet mittwochs, freitags und sonntags von 14 bis 17 Uhr). – Rotenburg ist ab Fulda direkt mit der Bahn zu erreichen. – Autofahrer kommen über die A 5, A 4, Anschlußstelle Bad Hersfeld, B 27, B 83 nach Rotenburg.

Das ob seiner altdeutschen Beschaulichkeit immer besuchenswerte Rotenburg an der Fulda hat in der Adventszeit eine zusätzliche Attraktion zu bieten: Inmitten der Stände des Weihnachtsmarkts, umrahmt von spätgotischer Jacobikirche, Renaissance-Rathaus (mit Glockenspiel) und farbenfrohen Fachwerkhäusern dreht sich die größte Weihnachtspyramide Deutschlands. Vom Sockel bis zu den Windflügeln – den Antrieb besorgt ein Elektromotor – mißt sie genau 13,13 Meter. Auf vier Etagen sind 34 eigens für diesen Zweck gedrechselte Figuren verteilt.

Vom Marktplatz des Städtchens ausgehend, läßt sich Gasse für Gasse an einem fast lückenlosen Fachwerkbestand aus dem 17. und 18. Jahrhundert vorbeipromenieren. Zu bewundern sind auch ein spätgotischer Ständerbau (Breitenstraße 39) oder, zwischen dem dominierenden hessisch-fränkischen Stil, selbst niedersächsische Einsprengsel, so die alte Landvogtei von 1555 des landgräflichen Amtmanns Jörg von Ratzeburg in der Steinstraße der „Neustadt".

In diesem „neuen" Teil, am Bahnhof, wollen wir unsere Wanderung starten. Mit der Markierung, dem weißen X 9, unterquert man die Bahngleise, hält sich auf der anderen Seite leicht links und kommt gefahrlos mit einer Brücke über die Bundesstraße. Geradeaus geht es die Straße An der Hohl munter steigend bis zu einem Klinikkomplex bergauf. Von hier oben wandert der Blick noch einmal zurück auf das gefällig in die Fuldaaue gebaute Rotenburg, ehe uns der Wald aufnimmt.

Er begleitet uns bis zur Hütte unterhalb des Alheimers, wie die Rotenburger ihren 549 Meter hohen Hausberg nennen.

Als „Bergführer" für den kurzen, aber steilen Anstieg auf den Gipfel mit seinem Aussichtsturm vertraut man sich dem weißen Punkt an. Bald liegt Nordhessen dem Betrachter buchstäblich zu Füßen. Und darüber hinaus reicht der Blick über das Waldecker Bergland bis zum westfälischen Sauerland, im Norden erkennt man den Habichtswald, und im Osten rückt bei klarer Luft selbst der Große Inselsberg in Thüringen ins Sichtfeld.

Für den Weiterweg laufen wir den Alheimer bis zum „Basislager" an der Schutzhütte hinab und wenden uns mit der weißen Raute nach rechts. Sie folgt zunächst dem Zufahrtssträßchen zum Alheimer. Wenn die Raute geradeaus in einen Forstweg führt, bleiben wir auf dem befestigten Weg, auf dem wir bis zum einsam gelegenen Restaurant Hof Guttels gelangen. Dort nimmt uns die Markierung weißes G in Empfang, mit dem wir das letzte Hindernis vor Rotenburg, den Teufelsberg, überwinden. An den ersten Häusern gesellt sich das X 3 dazu.

Zur Besichtigung des Altstadtkerns benutzt man am besten die Fußgängerbrücke über die Fulda. Dabei fällt der Blick auf eine 400 Jahre alte Schleuse, die von dem weit vorausschauenden Landgrafen Moritz von Hessen-Kassel erbaut wurde, um die Fulda besser als Verkehrsweg nutzen zu können. Hinter der Schleuse erhebt sich am linken Fuldaufer der schönste Steinbau Rotenburgs, das zwischen 1627 und 1834 einer Hessen-Kasseler Nebenlinie als Residenz dienende Schloß.

Zweimal machte der Bau, in dem sich Renaissance-Elemente mit barocken und klassizistischen harmonisch fügen, Geschichte. Hier ging Landgraf Philipp der Großmütige 1540 seine verhängnisvolle Nebenehe ein (im Vorgängerbau), außerdem wurde in den Schloßmauern der dritte deutsche Kanzler (1894 bis 1900), Fürst Chlodwig von Hohenlohe-Schillingsfürst, geboren. Das kleine Heimatmuseum in einem Nebengebäude des Schlosses erinnert an die große Zeit Rotenburgs.

Das ehemalige Landgrafenschloß in Rotenburg a. d. Fulda

Stadtschloß Fulda
Schloß Fasanerie

Garten- und Barockstadt Fulda

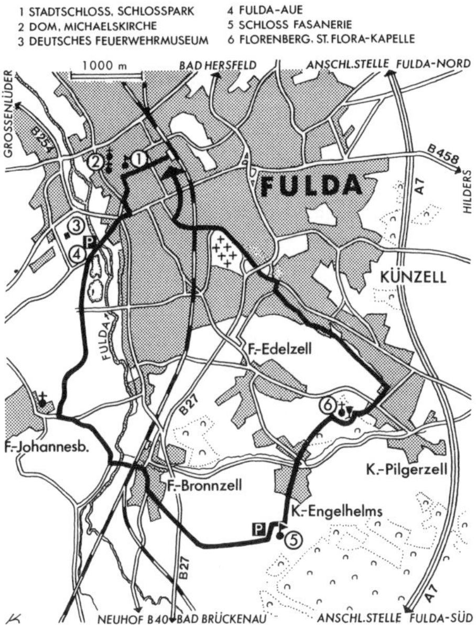

Nach Fulda fahren, heißt schwelgen im Barock: der Dom, das Stadtschloß, die Orangerie, Schloß Fasanerie, die Sommerresidenz der Fürstäbte außerhalb der Stadt mit ihrer Porzellan- und Antikensammlung, die aussichtsreichen Eckpunkte erhöht stehender Klosterkirchen am Rand. – Vieles schließt diese 16-km-Wanderung ein, beginnend am Bahnhof Fulda, für die man sich zum Besuch der zahlreichen Museen viel Zeit nehmen muß. – Öffnungszeiten Schloß Fasanerie: 1. April bis 31. Oktober, dienstags bis sonntags von 10 bis 12 und 13 bis 17 Uhr. Stadtschloß: täglich außer Freitag vormittag von 10 bis 18 Uhr. Dommuseum: ganzjährig außer Sonntag und Montag. Michaelskirche: ganzjährig zu wechselnden Zeiten. Vonderau-Museum zur Stadtgeschichte: täglich außer montags von 10 bis 18 Uhr. Deutsches Feuerwehrmuseum in der Fulda-Aue täglich außer Montag.

Die Stadt Fulda, Mittelpunkt der Christianisierung im östlichen Hessen, hat ihren 1250. Geburtstag gefeiert. Zurückreichend auf die Gründung eines Benediktinerklosters unter Sturmius, dem Weggefährten Bonifatius', im Jahre 744, entstand damit die Keimzelle zu einem der geistigen und kulturellen Zentren des Reiches. Architektonisch erlebte die Stadt ihren Höhepunkt im 18. Jahrhundert, als Dom, Stadtpfarrkirche, Stadtschloß, Orangerie, Paulustor und die für Fulda so typischen Balustraden in ein Gesamtkunstwerk verwandelt wurden. Das Schloß mit seinen verschiedenen Sälen der Fayencesammlung und vor allem dem berühmten Spiegelsaal gilt als die Materialisierung weltlicher Ansprüche der Fuldaer Fürstbischöfe. Nur aus diesem Geist heraus ist zu verstehen, daß sie den großartigen romanischen Ratgar-Dom abreißen und durch einen Barockbau ersetzen ließen. Ein grünes Band bildend, führt eine Reihe von Parks und Gärten an den baulichen Kleinodien vorbei. Mit den weitläufigen Fulda-Auen sind diese Anlagen aus Anlaß des Stadtjubiläums zu einem großen „Blumenstrauß“ der ersten hessischen Landesgartenschau 1994 gebunden worden.

Hält man sich nach dem Wanderbeginn am Fuldaer Hauptbahnhof, von der Bahnhofstraße abgehend, durch die Heinrich- oder Lindenstraße rechts, stößt man bald auf den Eingang zum Schloßgarten. Dort finden sich klassische Gartenthemen zwischen barocken Baukörpern der Orangerie und des Stadtschlosses. Unterhalb davon, im historischen Stadtquartier „Tränke“, steht das denkmalgeschützte Ensemble des Alten Schlachthofs. Man kann hinter dem Hallengelände entlang der Fulda-Aue laufen oder durch die Straße Am Rosengarten vor bis zur Bardostraße (B 458), kurz links und dann rechts in die Johannisstraße, die die Fulda quert.

Doch schon wenige Meter zuvor, an der nach links abzweigenden Olympiastraße, hat sich das Wanderzeichen offener schwarzer Tropfen bemerkbar gemacht. Eingerahmt von den Aue-Weihern links und großzügigen Sportanlagen rechts, nimmt es Kurs auf freies Feld, damit die Türme von Johannesberg ins Visier. Unterhalb der wenigen Häuser des kleinen Fuldaer Stadtteils kann man sich entscheiden: nach rechts den Weg hinauf zur Barockkirche, oder man hält sich links und läuft bis zur Straße. So oder so, nach einigen Metern macht sich die grüne Keilmarkierung bemerkbar, mit der wir weiter über freies Feld, die Fulda kreuzend, durch Bronnzell kommen. Wenn die Bundesstraße B 27 auf einer Brücke gequert ist, zieht der Keil nach rechts seines Weges, wir folgen weiter geradeaus der rund zwei Kilometer langen Allee, die nach einem leichten Linksknick direkt auf Schloß Fasanerie zielt. Für die Besichtigung der zwischen 1737 und 1756 von Fürstabt Amand von Buseck erbauten Sommerresidenz sollte man sich Zeit zur einstündigen Führung nehmen. Aber selbst diese kann nur ausschnittweise die in 50 Räumen versammelte Pracht unterschiedlichster Sammlungen aus zwei Jahrtausenden vermitteln. Zwischen Säulen im Eingang wird man auf die „Kaisertreppe“ eingestimmt, eines der schönsten Beispiele, die das deutsche Barock hervorgebracht hat. Sie blieb unverändert im Innenbereich erhalten, nachdem das Haus Hessen-Kassel, an das Fulda 1815 gefallen war, die klassizistische Ausgestaltung vornahm und die Räume mit den Kostbarkeiten füllte. Von einer großen Antikensammlung römischer und griechischer Arbeiten über eine Gemäldegalerie, Tafelaufsätze, Porzellan, Wandbehänge bis hin zu Biedermeier-Mobiliar spannt sich der Bogen.

Zum Ausgang des Schloßbesuches lenkt man die Schritte durch den 40 Hektar großen Park im englischen Landschaftsstil des frühen 19. Jahrhunderts. Am linken hinteren Ende des Schloßgeländes nimmt man wieder den bekannten grünen Keil auf, der zunächst hinunter nach Engelhelms führt und über einen kurzen Anstieg zum Florenberg. Auf seiner Spitze thront weithin sichtbar die spätgotische St.-Flora-Kapelle. Man läuft die andere Seite des Florenbergs hinunter und am Rande von Pilgerzell entlang, bis linker Hand ein modernes Kirchengebäude auftaucht. Mit ihm ist unübersehbar die Stelle markiert, an der das Zeichen noch einmal wechselt. Nach links (Fellenweg) geht es durch ein Wiesental mit dem schwarzen Tropfen gen Fulda. Mit dem anschließenden Weyherser Weg biegt man kurz nach seinem Ende in die Turmstraße links ein, unterquert die B 27 und folgt der hier beginnenden Künzeller Straße, am Zentralfriedhof vorbei, über die Eisenbahnbrücke und schwenkt rechts in die Heinrichstraße ab zum Bahnhof oder abwärts zum Schloßbezirk.

Neun „Kegelbrüder" im Blick

Burgen muß man suchen in der Rhön, zumal die meisten nur zu Fuß erreichbar sind, nicht anders Ruine Hauneck. Das gut restaurierte Gemäuer aus dem 13. Jahrhundert wartet mit einer großartigen Fernsicht über das offene Land der Kuppenrhön auf. Bezieht man noch die – äußerliche – Besichtigung eines Renaissance-Schlößchens in Eiterfeld-Buchenau mit ein, verlängert sich die Wanderung von 10 km auf 16 km. Die Ausflugs-Gaststätte zu Füßen der Hauneck hat dienstags Ruhetag. Den Ausgangsort Haunetal-Neukirchen erreicht man über Hünfeld (B 27), vor der Anschlußstelle Bad Hersfeld.

Die Rhön hat vieles zu bieten, nur eines ist sie sicherlich nicht – ein Land der Burgen. Zu unwirtlich und abweisend war das Kernland bis zu den großen Rodungen im 15. und 16. Jahrhundert. Erst damals entstand jenes für die Rhön so charakteristische Landschaftsbild der „offenen Weiten". Besiedelt wurde das Mittelgebirge im heutigen Dreiländereck

Hessen, Bayern und Thüringen von den Rändern her. Dort wurde dann auch heftig um Besitz und Macht gerangelt, ohne daß ein Territorialherr sich hätte entscheidend durchsetzen können. Allein im Hünfelder Raum rauften zwölf Rittergeschlechter um das karge Land. Und alle gemeinsam mußten sich gegen ihren ärgsten Feind, die Fuldaer Fürstäbte, behaupten. Außerdem suchten hier die hessischen Landgrafen Fuß zu fassen.

Als einer der wenigen steinernen Zeugen dieser verwickelten Zeiten hat die Burgruine Hauneck am nördlichen Rhönrand die Jahrhunderte überdauert. Sie befindet sich nach umfassenden Restaurierungsarbeiten nicht nur in einem guten Zustand. Sie bietet vor allem eine phantastische Fernsicht über den gesamten osthessischen Raum bis weit nach Thüringen. Zu diesem exponierten Punkt auf dem 527 Meter hohen Stoppelsberg soll unsere Wanderung führen. Wir orientieren uns am Bahnhof von Haunetal-Neukirchen an der Markierung schwarzer Tropfen auf weißem Grund. Ihr folgen wir nach links den Fußweg hinauf in die Ortsmitte und weiter in Richtung Bad Hersfeld. Kurz vor dem Ortsausgang biegt das Zeichen nach rechts ab und führt zum Waldrand, den wir kurz nach links streifen. Kaum haben uns dann die Bäume umfangen, heißt es in Höhe einer Schutzhütte auf den scharfen Rechtsknick des Tropfens achten, zugleich Auftakt für einen kurzen, aber „giftigen" Anstieg und eine längere Passage indifferenten Wegeuntergrunds. Hohes Gras und tiefe Fahrspuren, in denen sich Morast mit allerlei amphibischem Getier gebildet hat, verlangen ein aufmerksames Auge, wohin man den Fuß setzt, und lassen lange Hosen oder Kniestrümpfe angeraten sein. Dagegen braucht es für die Wegeführung keine größere Wachsamkeit – es geht immer geradeaus. Erst wenn man wieder festen Boden unter den Füßen verspürt und sich linker Hand aufgelockerter Baumbestand ankündigt, ist ein Richtungs- und Zeichenwechsel fällig: Mit dem weißen Kreuz kurven wir nach rechts ins Unterholz. Wer möchte, kann von hier aus zur – äußerlichen – Besichtigung eines Renaissance-Schlößchens das Geradeaus beibehalten und hinab bis nach Eiterfeld-Buchenau laufen. Über dem eng ins Tal geschmiegten Dörfchen erhebt sich eine rechtwinklig angeordnete Anlage mit Treppenturm und schönen, volutengeschmückten Giebeln.

Ob mit oder ohne Abstecher, der Wendepunkt bleibt das weiße Kreuz, das nach einem halb zugewachsenen Abschnitt wieder ins Freie tritt. Erstmals haben wir jetzt ungehinderten Sichtkontakt zur reizvollen Landschaftsformation der sogenannten Kuppenrhön oder, wie der Volksmund sagt, dem Hessischen Kegelspiel. Tatsächlich, mit dem weiteren Fortschreiten durch Giesenhain und – nach einer neuerlichen Waldpartie – durch Oberstoppel rücken immer mehr pylonenförmig zulaufende Berge ins Blickfeld. Daß es genau neun „Kegelbrüder“ zwischen 500 und 600 Meter Höhe sind, erkennt man erst vom Bergfried der Burgruine Hauneck. Um sie zu „erobern“, nehmen wir an der Gaststätte zu Füßen des Stoppelbergs das weiße Andreaskreuz auf.

Ihren besonderen Reiz bezieht die im 14. Jahrhundert von den Rittern von Haune erbaute und 1397 von den hessischen Landgrafen erstürmte Burg aus dem basaltenen Untergrund. Die sechskantigen Säulen des Vulkangesteins treten im Burghof offen zutage und bilden das Fundament des Bergfrieds und des gesamten Mauerwerks. Die Berge des Hessischen Kegelspiels verdanken ihre auffällige Formgebung vor etwa zehn Millionen Jahren erloschenen Vulkanen.

Für das letzte Wegdrittel laufen wir mit dem Andreaskreuz zunächst um die Hauneck herum und zielen dann geradeaus abwärts. Zur Umgehung einer Ruhezone für Wild weichen wir weiter unten einmal für einen „Haken“ von der Vertikalen ab, lassen uns ansonsten – zusätzlich begleitet vom roten Dreieck – ohne Umschweife durch einen aufgelockerten Mischwald bis an den Ortsrand von Neukirchen treiben. Nach dem Unterqueren der B 27 gelangen wir über die Johannes-, Mittel- und Hauptstraße wieder zum Bahnhof.

Das ganze Jahr ist Krippenzeit

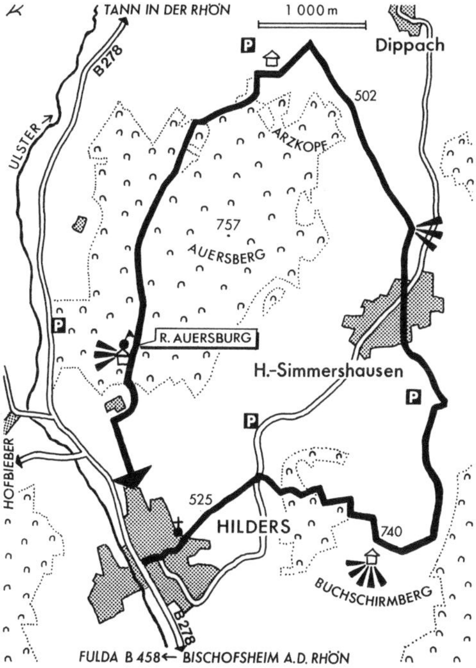

Wandern in der Rhön, dem „Land der offenen Weiten", hat zu jeder Jahreszeit seinen Reiz. Im Winter gibt es in vielen Orten eine zusätzliche Attraktion: handgeschnitzte Krippen. Die schönste, größte und mit dem ungewöhnlichsten kulturellen Hintergrund steht in der Pfarrkirche St. Bartholomäus von Hilders. Besichtigen kann man sie zu Beginn oder am Ende der 15 km langen, aussichtsreichen Wanderschleife, die, sonst eine Rarität in der Rhön, auch eine Burg mit einschließt. Hilders liegt etwa 30 km östlich von Fulda (B 458). Mit öffentlichen Verkehrsmitteln ist Hilders von Fulda per Bus zu erreichen.

Wenn eine Weihnachtskrippe die Aufmerksamkeit von Volkskundlern gefunden hat, muß es eine außergewöhnliche Bewandtnis mit ihr haben: Was alljährlich in der Pfarrkirche St. Bartholomäus von Hilders in der Rhön aufgestellt wird, unterscheidet sich tatsächlich in Größe, Authentizität und mit einer Besonderheit von den verbreiteten Krippendarstellungen. Vor den Hintergrund einer liebevoll gestalteten, sieben Meter langen und zwei Meter hohen Kulisse mit Motiven aus Palästina bleibt es nicht bei der bekannten Szene im Stall von Bethlehem, dem Jesuskind in der strohgefütterten Krippe, gerahmt von Maria und Josef, den Hirten und Tieren. Durch ständig neu arrangierte Bilder wird in Hilders auch das biblische Geschehen „zuvor" und „danach" geschildert.

In den Tagen bis Heiligabend sind es nur wenige Figuren. Man sieht die sorgenvoll in sich gekehrte Maria, den Joseph vor den Toren des überfüllten Bethlehem, über ihnen Erzengel Gabriel schwebend, die Niederkunft von Gottes Sohn verkündend. Nach Weihnachten und dem Dreikönigstag am 6. Januar wird anders als üblich die biblische Geschichte weitererzählt. Von einem Engel gewarnt, flieht die Heilige Familie vor dem Mordplan des römischen Statthalters Herodes nach Ägypten. Dann sieht man den jugendlichen Jesus tief versunken in die Schriften des Tempels und schließlich bei seinem ersten Wunder, der Verwandlung von Wasser in Wein auf der Hochzeit von Kanaan. Mit dem Geschehen am rechten Seitenaltar korrespondiert eine sogenannte Jahreskrippe im Eingangsbereich der Kirche. Wie sonst nur im Alpenraum üblich, werden dort kleinere Miniaturen in Abstimmung mit den Sonntagspredigten zusammengestellt. Über 800 Bilder sind so seit Kriegsende gestaltet worden – jedes dokumentiert und fotografisch festgehalten.

St. Bartholomäus selbst ist ein hübsches Kirchlein des Spätbarock, das mit seinem halb eingezogenen Turm auf den fränkischen Einfluß während der jahrhundertelangen Zugehörigkeit zum Fürstbistum Würzburg verweist. Die Steine für den Neubau 1795 wurden übrigens aus den Resten jener Auersburg gewonnen, die zu erklimmen am Ende unserer Wanderung durch die offenen Weiten der Rhön steht. Welche Anfahrt wir auch wählen, die Pfarrkirche thront unübersehbar über dem Luftkurort Hilders. Von der Ortsmitte zielen Markt- und Kirchenstraße auf das Gotteshaus, das tagsüber jederzeit zugänglich ist. Hinter St. Bartholomäus nimmt uns der grüne Tropfen im Empfang, mit dem es zunächst tüchtig bergauf geht. Die Belohnung für den schweißtreibenden Anstieg läßt nicht lange auf sich warten. Zunächst hat man einen schönen Blick zurück auf das gefällig ins Ulstertal gebettete Hilders, dann, nach dem Durchschreiten einer kleinen Waldpartie, öffnet sich ein herrliches Breitwand-Panorama auf die Nordseiten von Wasserkuppe und Milseburg.

Dort, noch kurz vor dem Erreichen eines kleinen Aussichtsturmes, achten wir auf einen unscheinbaren Linksabzweig und damit auf den Zeichenwechsel zum grünen Winkel. Zwischen zwei Weiden abwärts führend, stellt er die Verbindung zu einem tiefer gelegenen Wirtschaftsweg her. Geradeaus marschieren wir nach und durch Simmershausen und verlassen es ohne Umschweife wieder. Der Weg wendet sich leicht nach links – nach rechts hätte man bis vor wenigen Jahren an dem unüberwindbaren Hindernis der „Mauer“ gestanden. Nichts erinnert mehr daran, daß hier einmal die Landschaft von Sperrzäunen und Minenfeldern zerschnitten war. Lediglich im Wald oberhalb von Tann erkennt man noch eine vegetationsfreie Schneise.

Weit vor Tann nehmen wir einen erneuten Richtungs- und Zeichenwechsel vor: nun nach links mit dem roten Winkel. Er verläßt bald die Feldflur und schwenkt an einem kleinen Freizeitgelände in den Wald ein. In munterem Auf und Ab durcheilen wir lichte Buchenhaine, wie sie typisch sind für die aufgeforsteten Teile der Rhön. Auch der Auersberg, an dessen unteren Rand wir entlang gehen, war bis ins letzte Jahrhundert unbewaldet, die Auersburg, unser Wanderziel, stand einst völlig frei. Vor lauter Bäumen sieht man ihr hohes Gemäuer erst, wenn wir unmittelbar davor anlangen. Auf gute Aussichten über Hilders bis zur Wasserkuppe braucht man nicht zu verzichten. Wie früher, als jede Ecke der fünfekkigen Anlage mit sogenannten Zinnentürmchen besetzt war, kann wieder von einem rekonstruierten Auslug die Fernsicht genossen werden. Von der erhöhten Warte erschließt sich auch der für Rhöner Burgenverhältnisse recht stattliche Bau mit einem Längendurchmesser von siebzig Metern. Der äußere Mauerring wurde vollständig wiederhergestellt, die bei den Restaurierungsarbeiten freigelegten Kellergewölbe sind teilweise zugänglich.

Auch für den Rest des Weges bleibt der rote Winkel maßgeblich. Auf einem unscheinbaren Pfad verläßt er leicht abwärts führend den Wald, umgeht ein Gehöft und weist geradeaus auf Hilders.

Die Wartburg (zu S. 49)

Viele Wege führen zur Wartburg

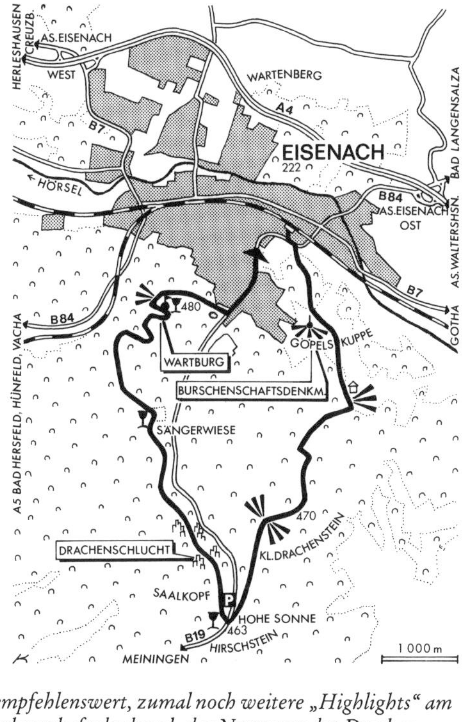

Zur Burg der Burgen! In jeder Hinsicht nimmt die Wartburg über Eisenach eine herausragende Stellung ein: geographisch, historisch, ideell wie konfessionell – erst recht seitdem sie mit ihrer zentralen Lage zwischen Ost- und Westdeutschland, Hessen und Thüringen zum Symbol für die Wiedervereinigung geworden ist. Auf längere Wartezeiten beim Einlaß sollte man sich einrichten (geöffnet täglich von 8.30 bis 16.30 Uhr, von November bis März 15.30 Uhr; verkürzte Besichtigung möglich). Ein zeitiger Aufbruch für die 15 km lange Runde ist empfehlenswert, zumal noch weitere „Highlights" am Wegesrand liegen: Burschenschaftsdenkmal, das Naturwunder Drachenschlucht und ausgiebige Vespergelegenheit bei drei Einkehrmöglichkeiten. In Eisenach sind Lutherhaus (Lutherplatz 8), Bachhaus (Frauenplan 21), das Thüringen-Museum im Schloß (Markt 24) und die Reuter-Villa mit Richard-Wagner-Sammlung zu besichtigen. Erstere haben täglich von 9 bis 17 Uhr, die beiden letzten außer montags von 10 bis 17 Uhr geöffnet. – Eisenach erreicht man mit der Bahn über Fulda – Bebra. – Autofahrer nehmen die A 5, Kirchheimer Dreieck, A 4 Eisenach.

Es gibt viele Wege, sich der Wartburg bei Eisenach zu nähern. Man kann in ihr den Inbegriff einer ritterlichen Burg sehen, wozu sie vor allem das 19. Jahrhundert mit seiner romantischen Rückwärtsgewandtheit gemacht hat. Der architektonische Dekor der Zinnen, Erker und Friese entstammt ebenso diesem historisierenden Zeitgeist wie die Ausmalungen durch Moritz von Schwind und die „byzantinischen" Mosaike in mehreren Räumlichkeiten. Ihre Sujets, der legendäre Sängerwettstreit zu Beginn des 13. Jahrhunderts, der noch in Richard Wagners „Tannhäuser" nachklingt, und das Leben der heiligen Elisabeth verweisen auf eine zweite Ebene, der viele Besucher auf der Wartburg nachspüren – ihrer Bedeutung als eine der großen geistes- und kulturgeschichtlichen Stätten Deutschlands. Wozu natürlich auch – durch die original erhaltene „Lutherstube" präsent – die Erinnerung an den Aufenthalt Martin Luthers 1521/22 und seine epochale Bibelübersetzung gehören.

Drittens schließlich zieht die Wartburg alle diejenigen an, denen der weithin sichtbare Bau das Symbol deutscher Einheit ist. Wo schon 1817 patriotisch gesinnte Studenten die Überwindung der innerdeutschen Grenzen gefordert haben, weht heute das schwarzrotgoldene Banner über dem Bergfried. Daß einmal die Farben der Jenaer Burschenschaft zur Nationalflagge würden, war nicht nur damals jenseits jeder Vorstellungskraft. Keine zwölf Kilometer von Eisenach entfernt verlief die deutsch-deutsche Grenze.

Nähern wir uns dem deutschen Nationaldenkmal, wandern in einem respektvollen Bogen, ohne es aus dem Auge zu verlieren. Immer wieder haben wir während der ersten Wanderhälfte großartige Aussicht auf die langgestreckte Burg, die den schmalen Gipfelgrat des 480 Meter hohen Wartberges einnimmt.

Aus der Talsohle Eisenachs streben wir gen Höhe, nachdem wir uns am Hauptbahnhof 50 Meter nach links gewandt und gegenüber an einem etwas versteckt liegenden Parkplatz den grünen Punkt aufgenommen haben. Er führt uns durch den Stadtpark und eine Kastanienallee weiter oben direkt zum Burschenschaftsdenkmal von 1902. Der 33 Meter hohe Monumentalbau sollte an die gefallenen Kommilitonen der

„Einigungskriege“ erinnern und konnte nur hier, selbstverständlich mit Sichtbezug zur Wartburg, entstehen.

Unterhalb des aus neun Säulen gebildeten Denkmals halten wir uns leicht links und folgen einem Hangweg zwischen Eichen und Buchen bis zur frei stehenden Mosbacherlinde. Hier nehmen wir einen Zeichenwechsel auf das grüne Dreieck nach rechts und die gelbe 1 vor; Holzschilder weisen zudem auf die „Hohe Sonne“. Ein großartiger Bestand alter Eichen eskortiert uns bis zum Wendepunkt der Wanderung, nicht ohne immer wieder zurückzutreten für Blicke auf die Wartburg und das Hessische Bergland einerseits sowie den Großen Inselsberg und den Thüringer Wald andererseits.

Hinter der „Hohen Sonne“, einer einfachen Einkehr an der B 19, halten wir Ausschau nach dem blauen Andreaskreuz am ausgeschilderten Zugang zur „Drachenschlucht“. Ein Name, der nicht zuviel verspricht, auch wenn aus dem Eisenacher Land keine Geschichten um Drachen tötende Georgs überliefert sind. Ein griffiger, natürlich im 19. Jahrhundert geprägter Name mußte es schon sein, um dieses großartige Naturwunder einer tief eingeschnittenen Klamm zu würdigen. Was vor 250 Millionen Jahren mit der Ansammlung von Verwitterungsschutt begann und mit der Aufwölbung des Thüringer Waldes vor 70 Millionen Jahren seine Fortsetzung fand, wurde endgültig durch eiszeitliche Aufbrüche und Auswaschungen geformt – ein wildromantisches, enges Felsental, stellenweise so eng, daß man nur im Gänsemarsch hintereinander gehen kann. Großteils bewegt man sich zwischen dem reizvoll mit Moosen, Farnen und Bärlauch bewachsenen Gestein auf einem Bohlenweg, unter dem ein Bächlein gluckst.

Am Ausgang der Schlucht geht es nach links, weiter mit dem blauen Andreaskreuz kurz und steil bergan zur Ausflugsgaststätte „Sängerwiese“. Dann läuft es sich wieder moderater, wie ohnehin von dieser, der südlichen Seite der Wartburgzugang weniger steil ist als von Eisenach her. Wie gefährdet die Feste von dort aus war, erkennt man kurz vor dem Ziel: Hinweistafeln machen auf eine sogenannte Blidenstatt aufmerksam. Mit einer Abschußvorrichtung versuchte man zu Beginn des 14. Jahrhunderts, von hier die 400 Meter entfernte Burg sturmreif zu schießen. Vergebens.

Noch ein kurzer Serpentinenanstieg, und wir reihen uns ein in die Besuchergruppen der Wartburg. Um die Wartezeiten zu verkürzen, kann man jetzt auch das Innere ohne Führung besichtigen. Dann gibt es allerdings nicht die Ausmalungen und Mosaike zu sehen.

Für den Rückweg nach Eisenach lassen wir uns vom Treppenabgang bis zur „Eselstation“ leiten und folgen dahinter nach rechts dem grünen Quadrat durch Wald zur Reuter-Villa (Museum) am Stadtrand. Wartburgallee und Bahnhofstraße (B 19) schließen den Kreis am Bahnhof.

Vorderburg/Hinterburg/
Schachtenburg/Ottoburg/
Schloß Hallenburg

Wie der Stern von Bethlehem

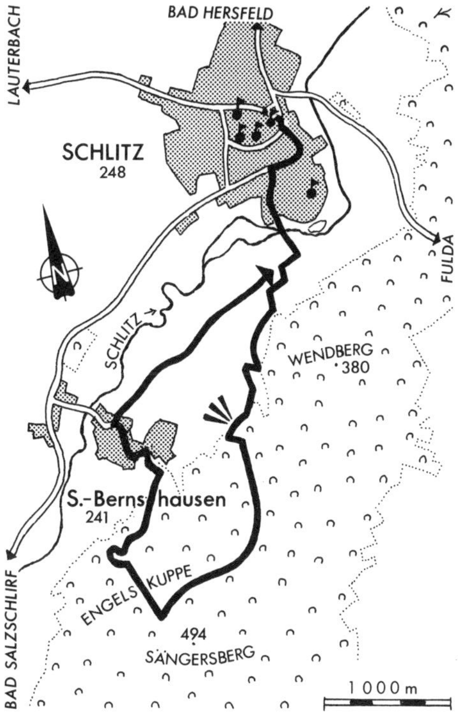

Stolz nennt sich Schlitz „5-Burgen-Stadt". Davon sind nicht alle als solche auf Anhieb zu erkennen, aber durch die exponierte Lage – dabei von der Stadtmauer umgeben – wirkt das Städtchen im östlichen Vogelsberg wie eine einzige trutzige Festung. Besonders anziehend ist der Stammsitz der Schlitzer Grafen zur Adventszeit, wenn ein Bergfried in eine riesige Weihnachtskerze verwandelt wird. Auf der zweiten Hälfte der 10 km langen Wanderung weist die „Flamme" stimmungsvoll den Heimweg. – Das Heimatmuseum in der Vorderburg ist Samstag und Sonntag von 14 bis 16 Uhr geöffnet. – Anfahrt: A 66, B 40 Fulda, B 254 Richtung Lauterbach, Abzweigung Schlitz.

„Advent, Advent, ein Lichtlein brennt ..." Was im Vogelsbergstädtchen Schlitz zur Weihnachtszeit „angezündet" wird, hat nichts mehr mit Lichterglanz in der trauten Stube zu tun. Hier kam man auf die Idee, den 40 Meter hohen

Bergfried der Hinterburg mit 1200 Quadratmetern rotem Stoff zu verhüllen, als sei es ein Werk des Verpackungskünstlers Christo. An der Spitze bildet ein acht Meter hoher Lampenbogen die „Flamme". Diese „größte Weihnachtskerze der Welt" setzt der Stadt weithin sichtbar ein Licht auf, illuminiert den Weihnachtsmarkt zu ihren Füßen. Darüber hinaus, mit einem Lift kann man sich sogar zur Spitze hinaufbringen lassen. Und das nicht nur zur Weihnachtszeit, der Bergfried mit Fahrstuhl – die einzige Einrichtung dieser Art in einer hessischen Burg – ist auch nach den Feiertagen zugänglich.

Aus der Vogelperspektive läßt sich das Burgenstädtchen in seiner mittelalterlichen Geschlossenheit überblicken. Nicht nur eine Burg, gleich vier, die Vorder-, Hinter-, Schachten- und Ottoburg – etwas außerhalb gibt es noch eine fünfte – hocken auf und hinter wehrhaften Mauern und bilden mit sich dazwischendrängenden Fachwerkhäusern die einmalige Silhouette einer aus vergangenen Jahrhunderten unversehrt überkommenen Städteansicht. Darüber hinaus schweift der Blick ins Schlitzer Land, das ehemalige kleine Territorium, das sich die Herren, späteren Reichsgrafen von Schlitz, im Laufe der Jahrhunderte aufgebaut hatten, zu den Höhen des Vogelsbergs, der Rhön und des Knüllgebirges. Es macht deutlich, daß man hier, in dieser Ecke, „weit weg vom Schuß" war:

Außer der Hinterburg zieht besonders das große Renaissance-Gebäude der Vorderburg das Augenmerk auf sich. Es bietet ausreichend Platz sowohl für ein Hotel als auch das Heimatmuseum. Bäuerliche und bürgerliche Wohnkultur werden dort ebenso präsentiert wie die im Schlitzer Land einst weitverbreitete Leinweberei und nicht zuletzt die kunstvollen Stickereien und Perlenarbeiten der Schlitzer Tracht.

Vom Marktplatz inmitten der hochgelegenen Altstadt wollen wir ins Schlitzer Umland ausschwärmen. Wir wählen das schmale, von einem Café und Schreibwarenladen eingerahmte Treppengäßchen zwischen Vorder- und Hinterburg. An Fachwerkhäuschen vorbei geht es steil über Kopfsteinpflaster bergab bis zur Salzschlirfer Straße. Ihrem langgezogenen Rechtsbogen folgen wir zum Mühlweg. Dort steht als erste Markierung das blaue Kreuz bereit. Wenig später überspringt es zwei Arme der Schlitz, schlängelt sich durch Wiesen bis zu einer Wegegabelung (jener nach einer auffallenden Rechts-links-Kombination). Wir wählen den linken Strang, gehen zunächst gemächlich zum Waldrand, dann nach Waldeintritt kräftiger bergan im lichten Buchenforst.

Kaum ist der Scheitelpunkt nach dem Anstieg erreicht, darf man sich auch schon wieder nach rechts wendend abwärts treiben lassen. Dafür eilt uns das weiße Kreuz bis Bernshausen voraus. Durch die Kirch- und Schulhausstraße sowie die Straße Zu den Eichen haben wir das Dörfchen rasch hinter uns gelassen. Noch zwischen den Häusern hat sich das neue Zeichen rotes K bemerkbar gemacht. Für den Rückweg geradeaus über freies Feld bedürfte es kaum noch einer Markierung. Der befestigte Weg findet bald Anschluß an der schon bekannten Wegegabelung. Im übrigen weist die „Flamme“ auf der Hinterburg wie der Stern von Bethlehem dem Heimkehrer zur Weihnachtszeit den Weg.

Schlitz, der Burgenblick

Durchs Ronneburger Hügelland

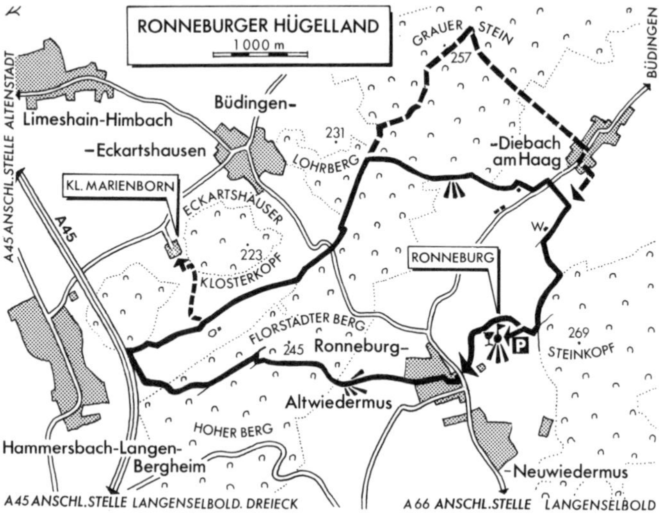

Hügelauf und hügelab, durch Feld und Wald, das heißt vier bis fünf Stunden (13 bzw. 15 km) voller Abwechslung durch die Natur wandern und zum Schluß einkehren in der an Historie so reichen Ronneburg und die teilweise eingerichteten Räume und Gemächer besichtigen. – Der Ausgangsort Altwiedermus hat Busverbindung mit Hanau ab Freiheitsplatz. – Autofahrer kommen über die A 66, Anschlußstelle Langenselbold. – Die Burg Ronneburg ist Dienstag bis Freitag von 10 bis 17 Uhr, Samstag und Sonntag von 10 bis 18 Uhr geöffnet, das Hotel-Restaurant Ronneburg ist Montag und Dienstag geschlossen.

Wer sich am Anblick einer in ihrer Bausubstanz fast unverändert erhaltenen spätmittelalterlichen Höhenburg erfreuen, die Stimmung der Räumlichkeiten aus jener Zeit anhand von Architektur und Einrichtung nachempfinden möchte, braucht nur Blick und Schritt der Ronneburg am südlichen

Vogelsbergrand zuzuwenden. Auf einem 240 Meter hohen Basaltkegel ragt die 1258 erstmals urkundlich genannte Ronneburg über das umgebende, heute nach ihr benannte Hügelland bis hin zur Mainebene hinaus. In staufischer Zeit begonnen, diente die Anlage ursprünglich dem Schutz der in unmittelbarer Nähe vorbeiführenden Frankfurt-Leipziger Straße, ging dann nach mehrfachem Besitzerwechsel 1476 endgültig an das Haus Ysenburg-Büdingen über. Aus der wehrhaften Burg wurde im Laufe der Jahrhunderte ein gräfliches Residenzschloß und mit Beginn des 18. Jahrhunderts eine „Freistätte des Glaubens“ für religiös Verfolgte. Als letzter suchte 1736 Graf von Zinzendorf aus Sachsen mit seiner „Herrnhuter Brüdergemeine“ auf der Ronneburg Zuflucht, ehe man 1842 geschlossen nach Amerika auswanderte.

Während einer fünfstündigen Wanderung wird die Ronneburg immer wieder im Blickfeld sein, bevor man sie am Ende durch das mächtige Tor betritt. Wanderbeginn ist zu Füßen der Burg an der Bushaltestelle eingangs Altwiedermus. Die Zeichen liegendes grünes und stehendes gelbes Kreuz führen auf der nahen Ronneburgstraße an schmucken Fachwerkhäusern vorbei sofort rechts durch die Diebacher und gleich links die Häuserwaldstraße entlang ins freie Feld hinaus zum Waldrand.

Ein Blick zurück über ein breites Landschaftsbild mit den fernen Höhenzügen des Spessarts, den näheren des Vogelsberges und im Zentrum die Ronneburg, dann umfängt uns Laubwald mit hohen silbrigen Buchenstämmen. Wenn sich die beiden Zeichen trennen, folgen wir dem grünen Kreuz nach rechts, beachten sogleich den scharfen Linksknick und nur kurz darauf die Abbiegung nach rechts auf einen Grasweg zwischen Hecken und Unterholz, der später holperig und stark ausgefahren wird. Auf dem anschließenden festen Weg kommen wir rechts schnell hinaus ins Freie, wo leuchtendgelbe Rapsfelder fast blenden. Am Rande der Autobahn geht es abwärts zur Unterführung (dem X, das vorher über eine Brücke führt, nicht folgen!), hier orientieren wir uns an der rot weißen Markierung, die rechts am Waldrand entlangführt und den Wanderer nach etwa 100 Metern wieder in die Felder hinauszieht und sogleich den Weg halb links auf einen asphaltierten Weg weist. Längere Zeit bleiben wir auf dem Höhenrücken (wenn rechts unten ein Fischteich sichtbar wird, könnte man nach links einen Abstecher zum ehemaligen Zisterzienserinnenkloster Marienborn unternehmen, das 1559 aufgehoben, zu einfachem Schloß umgestaltet und 1737 von der Herrnhuter Brüdergemeine gepachtet wurde; heute Gutshof), nähern uns allmählich dem Waldrand, überqueren eine Straße, gehen drüben weiter – beachten den Linksrechts-Knick – und im Wald leicht bergan und bergab.

Am Telegraphenmast Nr. 16 ist eine Entscheidung zu treffen: Wer die Wanderung ausdehnen möchte, steigt mit dem rot-weißen Zeichen nach etwa zwei Kilometern über die Erhebung Grauer Stein, nimmt den Zeichenwechsel zum weißen Strich vor, gelangt rechts durch das kleine Dorf Diebach am Haag und fädelt sich später wieder in die Route der anderen ein, die ab Mast Nr. 16 ohne Zeichen nach rechts laufen. Am Waldende tritt die Ronneburg erneut dominierend ins Bild. Der Ansturm kann beginnen. Zunächst kommen wir an die schon vorher gesichtete Straße, gehen den Parallelweg neben ihr links hinauf, überqueren an seiner Einmündung das Asphaltband, drüben weiter geradeaus, dann rechts ab auf den Feldweg. Mit der nächsten Möglichkeit nach dem Wasserwerk nehmen wir einen Richtungswechsel linker Hand vor, erreichen den Waldrand des Steinkopfes und hier auch die Markierung weißer Strich. Der letzte Anstieg in angenehm kühlem Schatten bringt uns zum letzten Zeichenwechsel: Mit dem gelben Kreuz nach rechts zur Burg, passieren wir mächtige Tore und Türme, kommen am Brunnenhaus mit dem noch 96 Meter tiefen Brunnen vorbei zum Innenhof, wo der Rundgang durch die Räume beginnt. Besonderen Eindruck wird wohl bei groß und klein der zentrale Versorgungsturm hinterlassen: die Küche mit dem riesigen Kamin, das Backhaus, der Vorratsraum, die Lakaienstube. In den sich anschließenden Bauten sind Herren- und Frauengemächer zu besichtigen, der Betsaal erinnert an die religiöse Nutzung der Burg. Die Historie ist jeweils beschrieben, darüber hinaus mit Zinnfiguren-Dioramen in einem Raum dargestellt.

Die Zufahrtsstraße abwärts kommt man zum Ausgangspunkt zurück.

Keltische Fürstengräberfunde

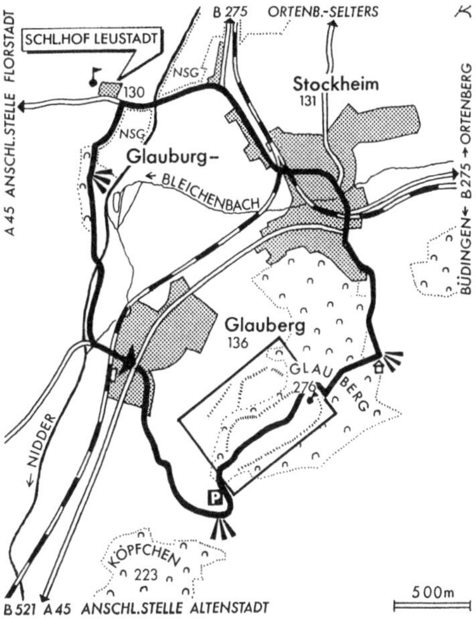

Faszinierend können auch die Reste keltischer Burgen und ihre Ausgrabungsstätten sein wie auf dem Glauberg im Vogelsberg. Eine 9-km-Wanderung, beginnend im Dorf Glauberg, führt hinauf auf den Berg und schließt das kleine Museum im Ort ein, zu erreichen von Bad Vilbel mit Bahn oder Bus. – Das Museum in Glauberg hat von März bis Oktober jeweils am 1. und 3. Sonntag im Monat von 14 bis 16 Uhr geöffnet. Nach telefonischer Anmeldung können auch außerhalb dieser Zeit Kleingruppen die Sammlung besichtigen (Tel. 06041/8813 oder 0641/727).

Eigentlich wollte man die langjährige „Grabungskampagne“ auf dem Glauberg 1994 abschließen: Aufregende Funde waren nicht mehr zu erwarten, nachdem man in den dreißiger Jahren und zuletzt seit 1987 das Bodendenkmal archäologisch erforscht hatte. Dabei gelang der Nachweis einer fast lückenlosen Besiedlung über rund 4000 Jahre von der

Jungsteinzeit über die Kelten und Alemannen bis zu einer staufischen Reichsburg aus dem 13. Jahrhundert.

Über das Verbliebene und die historische Entwicklung informiert ein kleines Museum in Glauberg. Zur Krönung ihres langjährigen ehrenamtlichen Einsatzes würden die Mitglieder des örtlichen Geschichtsvereins dort auch gerne den Fund ausgestellt sehen, der den Glauberg endgültig zu einem Kulturdenkmal von überregionalem Rang gemacht hat. Bei einem Erkundungsflug beobachtete der Vorsitzende des Vereins, Werner Erk, auf dem Getreidefeld nahe dem Zugang an der Enzheimer Pforte unterschiedliche Reifegrade der Frucht. Die Vermutung einer anderen Zusammensetzung des Erdreiches erwies sich als Volltreffer. Zur allgemeinen Überraschung entdeckte man dort zwei keltische Fürstengräber, die nach bisherigem Wissensstand hier nicht zu erwarten waren und schon gar nicht mit einer solch prachtvollen Ausstattung. Bis das Wiesbadener Landesamt für Vor- und Frühgeschichte den Fund ausgewertet hat, werden freilich noch Jahre vergehen. Aber schon jetzt steht der freigelegte goldene Halsring eines keltischen Stammesfürsten ohne Parallele da. Damit muß auch die Ansicht korrigiert werden, nördlich des Mains hätten die Kelten nur eine Art Schutzzone unterhalten.

Ob Bus- oder Bahnreisende, die Hauptdurchgangsstraße in Glauburg-Glauberg verlassen wir sogleich mit dem Düdelsheimer Weg, der, in freies Feld übergehend, die Richtung auf den Glauberg weist. (Autobenutzer können sich diesen Anstieg sparen und direkt bis zum Parkplatz an der Enzheimer Pforte fahren.) Dort ist die Hauptöffnung für den Gang quer über das langgestreckte Plateau. Zum Einstieg gibt eine Tafel einen historischen Überblick und erläutert die wichtigsten Fundorte. Manches erschließt sich nur noch in der Phantasie – der besseren Übersicht wegen war der Berg beispielsweise vegetationsfrei –, anderes, wie der Verlauf der inneren Ringwälle und die vorgelagerten Annexwälle, ist noch gut zu verfolgen. Von den einstmals bewohnten Bauwerken ist naturgemäß die mittelalterliche Substanz am besten erhalten. Die Fundamentreste einiger eng zusammenstehender Handwerkerwohnungen sind ebenso erkennbar wie Rudimente

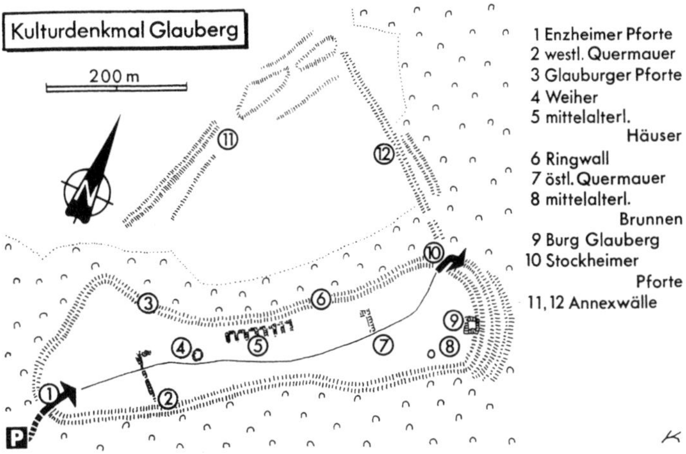

einer im 13. Jahrhundert urkundlich nur zweimal genannten und vermutlich in den Wirren des Interregnums untergegangenen Reichsburg.

Ohne feste Wegführung durchstreift man das Terrain von West nach Ost. Durch die Stockheimer Pforte verlassen wir es mit den schon zuvor gesichteten Markierungen weißer Ring und Punkt. Sie übersteigen die mächtigen Aufschüttungen der inneren Mauer und führen durch den Wald abwärts. An einer Schutzhütte lassen wir den Forst hinter uns und zielen über freies Feld auf das nahe Stockheim. Nach dem Bahnübergang geht es mit dem weißen Ring geradeaus in den Ort, und fast am Ende tauschen wir ihn in Bahnhofsnähe gegen Kreuz und Strich aus. Jene typische Landschaft der Wetterau aus Feld, Wald und Wiesen empfängt uns. Wasser nicht zu vergessen – zweimal überschreiten wir die am Hoherodskopf entspringende Nidder. Nach dem ersten Mal stoßen wir fast bis an den historischen Hof Leustadt, schwenken aber noch davor links ab, und nach dem zweiten Mal sind es nur noch wenige Meter bis zum Ziel. Zwischen beiden Nidderquerungen öffnet sich immer wieder der Blick zum 276 Meter hohen Rücken des Glauberges auf der anderen Talseite. Seine buchstäblich herausragende Bedeutung für die Herrschaftssicherung erkennt man erst aus dieser distanzierten Position.

Von der Bastion zum Malerwinkel

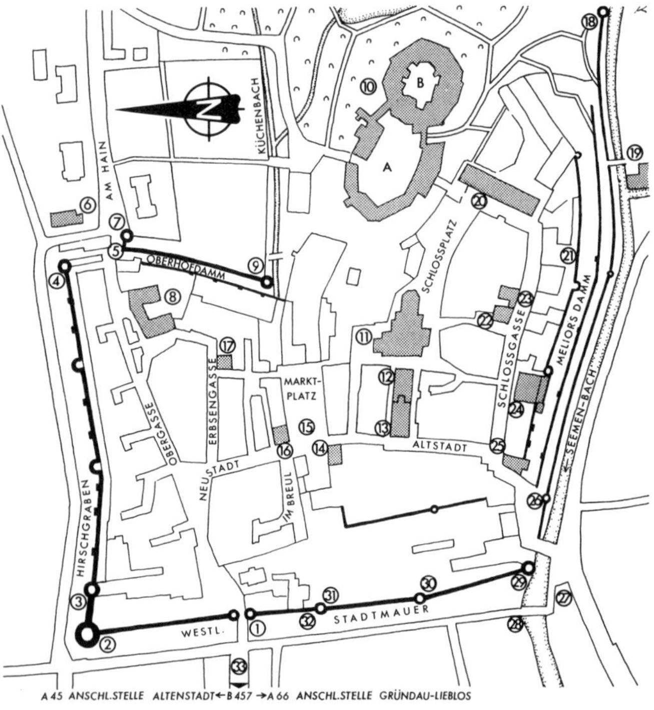

Büdingen ist in seinem Kern heute noch so, wie es immer war mit seinem Schloß und Befestigungsring. Für einen Stadtrundgang benötigt man etwa 1½ Stunden ohne Schloßführung oder Museumsbesuch. – Das Fürstliche Schloßmuseum bietet täglich von Mitte März bis Dezember Führungen um 11.30, 14.15 und 16 Uhr. Das Heuson-Museum, Rathausgasse 6, ist geöffnet Dienstag bis Freitag von 10 bis 12, Mittwoch und Samstag von 15 bis 17, Sonntag von 10 bis 12 und 15 bis 17 Uhr. – Büdingen ist über Gelnhausen mit Zug und Bus zu erreichen. Für Autofahrer von der A 66, Abzweigung Büdingen B 457.

Kartenbeschriftung zu Alt Büdingen

1 Untertor (Jerusalemer Tor), 1503
2 Großes Bollwerk
3 Hexenturm, 1390
4 Dicker Turm (Folterturm)
5 Betzenloch, 1420
6 Bandhaus, 1529. Vorbau 1572
7 Obertor, Oberpforte
8 Oberhof, 1569
9 Küchenbachbastei, 1500
10 Schloß, A Vorburg B Kernburg
11 Marienkirche, Stadtkirche
12 Das ältere Rathaus
13 Altes Rathaus. jetzt Heuson-Museum
14 Gasthaus „Zum Schwan", vor 1500
15 Marktbrunnen
16 Ehem. Gasthaus „Zur Krone", vor 1490
17 Büdinger Urhaus
18 Pulverturm
19 Webismühle
20 Marstall
21 Frühgotische Wehrmauer, vor 1353
22 Rektoratshaus
23 Der Luckische Hof
24 Amtsgericht, ehem. Luther. Kirche, 1770–74
25 Steinernes Haus, um 1500, Mühlpforte, 1353
26 Schlaghaus (Brückenhaus), 1353
27 Malerwinkel
28 Lohstegbrückchen
29 Meliors Turm
30 Grüner Turm
31 Roter Turm
32 Küchenbach „Mäusfall", 1503
33 Vorstadt, zwischen 1712 und 1724 angelegt

Eine Fahrt nach Büdingen kommt einer Reise in die Vergangenheit gleich. Es ist tausendjährige Geschichte, die mit einer staufischen Wasserburg der Herren von Büdingen im Dienste der nahen Kaiserpfalz Gelnhausen begann. Das Ende dieses Stamms 1245 läutete auf dem Erbwege die Ära des Geschlechts der Ysenburger ein, in ununterbrochener Reihenfolge bis heute als Fürsten zu Ysenburg und Büdingen hier ansässig.

Die Entwicklung der Stadt ist untrennbar mit diesem Herrscherhaus verbunden. Westlich der auf einer Insel im Seemenbach erbauten Burg entstand früh ein befestigter Marktflekken, der schon 1321 Stadtrechte besaß. Als dieser aus allen Nähten platzte, wurde nördlich davon die Neustadt angesiedelt, ebenfalls mauerumwehrt. Das Festungswerk, das heute noch Alt-Büdingen umgibt, ist ein dritter Verteidigungsring, den Graf Ludwig II. von Ysenburg (1461–1511) um beide Stadtteile zusätzlich legte, groß genug, um auch für die Bevölkerung der umliegenden Dörfer Schutz dahinter zu bieten.

Von der Bahnhofstraße her kommen wir zur Vorstadt, eine Neugründung schon außerhalb der Mauer, 1712 für Hugenotten und Waldenser angelegt. Und dann steht man unvermittelt vor der Baugruppe, die als Symbol der Stadt schlechthin gilt: das Untertor, besser bekannt unter dem Namen Jerusalemer Tor. Mit seinen beiden flankierenden dicken Türmen, ihrer filigranen Brüstung, den Erkern und Wappen, ein Gesamtkunstwerk der Verteidigungstechnik und baulichen Gestaltung. In unmittelbarer Nachbarschaft steht das viergeschossige Bollwerk, dies über einen Wehrgang wiederum verbunden mit dem Hexenturm, in dem sich der Wahn der Hexenverfolgung im 16. Jahrhundert austobte.

Wo Büdingen am schönsten ist, darüber muß wohl jeder selbst sein Urteil beim Durchstreifen der engen, fachwerkgesäumten Gassen fällen. Die Bezeichnung Malerwinkel beispielsweise an der Südwestecke der Stadt vom Mühltor her spricht für sich. Nicht nur hier sind die Sehenswürdigkeiten wie Steinernes Haus, Lutherische Kirche mit erläuternden Tafeln versehen, dies gilt für alle historischen Gebäude im Altstadtbereich.

Vertiefen und abrunden läßt sich der Streifzug in die Büdinger Vergangenheit im Heuson-Museum Altes Rathaus (1458), selbst ein Teil des Gesamt-„Freilichtmuseums“. Urkunden, Karten, Bilder, Modelle führen die Geschichte der Stadt im Erdgeschoß vor Augen, während im oberen Stockwerk Einblick in die ausgestorbenen Gewerbe der Altvorderen gegeben wird. Schloßleben, vergangenes und gegenwärtiges, wird dem Besucher während der eindrucksvollen Führungen im Fürstlichen Schloßmuseum vor Augen geführt, das Ambiente prächtiger Räume mit kostbarer Ausstattung, darunter das spätgotische Chorgestühl der Schloßkapelle, freigelegte Wandmalereien und womit sich die Vorfahren so alles umgaben. Der besondere Reiz: nicht nur ein Rundgang durch frühere Jahrhunderte, sondern Tür an Tür zum fürstlichen Alltag heute, selbst mit gedeckter Festtafel in der Hofstube.

Im Schloß Büdingen

Mittelalterliche Burgenbaukunst

... ist par excellence an und in der Münzenburg zu bewundern. Dazu gewinnt man während des 11 km langen Rundweges (etwa 4 Std.) auch einen guten Eindruck von der Fruchtbarkeit der „Goldenen Wetterau" und versteht jetzt, daß es deshalb „zu ihrem vollen Stolz an Wald und Holz" fehlt, wie ein altes Sprichwort beschreibt. Für den Ausflügler kann dies bedeuten: viel Sonne, wenig Waldschatten. – Der Ausgangsort Rockenberg hat Busverbindung mit Bad Nauheim. – Die Ruine Münzenburg ist täglich – außer Montag – von 10 bis 12 und 13 bis 17 Uhr geöffnet.

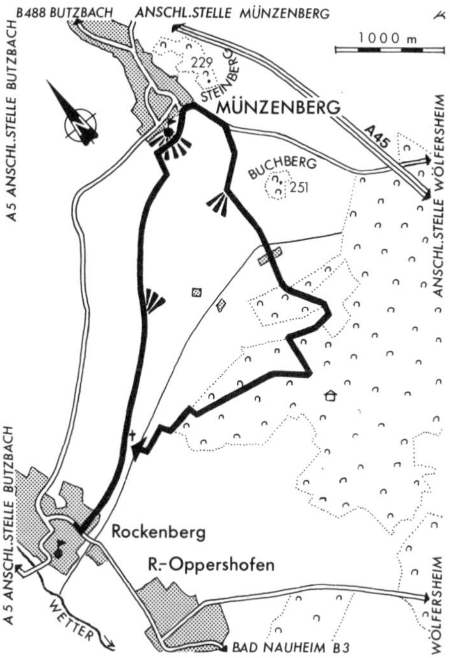

Wie ein gestrandeter Ozeandampfer erhebt sich Burg Münzenberg über der Wetterau – weithin sichtbar beherrschen ihre beiden runden Bergfriede den fruchtbaren Landstrich. Vor allem abends, wenn die langgestreckte Ruine effektvoll angestrahlt wird, ist dieses Monument staufischer Burgenbaukunst grandios anzuschauen.

Die Münzenburg stellt eines der am besten erhaltenen Beispiele aus dem Mittelalter dar, wie mit Mitteln der Architektur Herrschaftsabsicherung betrieben worden ist. Nicht nur durch Größe und Standortwahl: Ungewöhnlich reich, wie beispielsweise auch in Gelnhausen, sind die Schmuckformen der profilierten Fensterarkaden und die variantenreich gearbeiteten Kapitelle und Säulchen. Selbstbewußt kündeten hier die als Reichsministerialen eingesetzten Münzenberger von ihrer Machtstellung als staufische Kronlandverwalter in der Wetterau. Nach ihrem Aussterben 1255 wurde das Erbe geteilt. Nur so erklärt sich der Bau eines zweiten Bergfrieds und eines weiteren Palas, nun schon in gotischen Formen.

Später kamen – noch gut erhaltene – Batterietürme hinzu. Mit dem Verlust strategischer Burgenbedeutung verfiel auch die Münzenburg seit dem 16. Jahrhundert, ohne daß sie je erobert worden wäre. Da auch ein Umbau zum Schloß unterblieb und man die Ruine vom romantischen Zierat des 19. Jahrhunderts verschonte, erwartet den Besucher unverfälschtes Hoch- und Spätmittelalter.

Zur Münzenburg wollen wir in Rockenberg starten. Von der Bushaltestelle Rathaus laufen wir kurz zurück in Richtung Bad Nauheim und verlassen die Hauptdurchgangsstraße geradeaus in den Wohnbacher Weg. Dieser geht ohne Bruch in einen befestigten Feldweg über. Einer Markierung bedarf es auf dieser ersten Wanderhälfte nicht, wir brauchen uns nur geradeaus zu halten, nachdem wir links an einem Bildstock vorbeigegangen sind und eine Hochspannungsleitung unterquert haben. Im übrigen geben die Bergfriede der Münzenburg deutlich die Richtung an, auch wenn sie zunächst nur knapp hinter den Mais- und Zuckerrübenfeldern hervorschauen. Aus dieser „flachen“ Perspektive erkennt man gut, warum der Volksmund die Zwillingstürme „Wetterauer Tintenfaß“ nennt: Der eine Turm für die Tinte, der andere für den Löschsand, wie das früher gebräuchlich war. Die rückwärtige Sicht auf die Burg bietet noch eine Überraschung. Anders als die bekanntere Nordansicht sieht man jetzt den arkadengeschmückten Südpalas in seiner ganzen Pracht und Ausdehnung. Kurz vor der Burg macht der Wirtschaftsweg einen leichten Linksknick, und gleich darauf folgen wir dem blauen Andreaskreuz nach rechts durch ein gotisches Tor bis unmittelbar vor den Burgzugang.

Das gesamte Gemäuer darf auf eigene Faust durchstreift werden. Die Palasse und Wirtschaftsgebäude sind noch ebenso gut erhalten wie der Wehrgang vor den mächtigen Buckelquadern der Umfassungsmauern. Zum krönenden Abschluß steht man auf der Spitze des älteren Bergfrieds und genießt den Blick hinunter auf die Steinmasse der Burg und darüber hinweg weit in die Ebene der Wetterau bis an den Nordrand des Gießener Beckens.

Mit Burgweg und Wohnbacher Straße gelangen wir zum Ortsrand von Münzenberg. Wir nehmen dort die Markierung blauer Ring auf und folgen kurz der Landstraße Richtung Berstadt. Bald geht es rechts in freies Feld und weiter nach einem langgezogenen Linksbogen geradeaus mitten durch einen Aussiedlerhof zum Wald. Nicht lange währt das Vergnügen, unter dem schützenden Laubdach zu laufen. Nach rechts abzweigend, begleiten wir ein Felderintermezzo, um erneut links in den Wald abzuknicken. Nach etwa 500 Metern, an der ersten großen Wegkreuzung, verlassen wir den Ring. Uns nimmt jetzt der schnurgerade, rechts abgehende Weg gewissermaßen an die Hand und läßt uns erst wieder los, wenn der Waldrand erreicht ist. Wir begleiten den Forstsaum über einige Ecken und sehen dann schon das vertraute Terrain vom Hinweg vor uns. Nach dem Queren eines Baches wenden wir uns nach links in Richtung Rockenberg.

Burg Friedberg
Wasserburg Ockstadt

Weiße Blütenwolken in der Wetterau

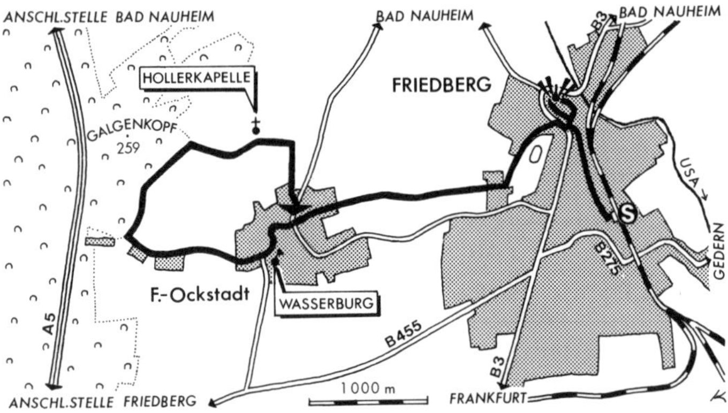

... überblickt man am besten vom Adolfsturm der Friedberger Burg, oder läßt sich von ihnen umwehen während des etwa vierstündigen Rundweges (12 km). Dabei sind auch die Reste der Wasserburg in Ockstadt zu sehen. – Vom Ausgangsort Bahnhof Friedberg (S-Bahn) führt der „Historische Rundweg" zum Wetterau-Museum in der Haag Straße 16 (Dienstag bis Freitag von 9 bis 12 und 14 bis 17 Uhr, Samstag von 9 bis 12 Uhr und Sonntag von 10 bis 17 Uhr geöffnet), weiter zum Judenbad, Judengasse 20 (gleiche Öffnungszeiten), zur Liebfrauenkirche (Dienstag und Donnerstag von 14.30 bis 16 Uhr, am Sonntag von 14 bis 16 Uhr geöffnet) und in die Burg, eine der großräumigsten Deutschlands.

Drei Türme bestimmen die Silhouette Friedbergs: der Adolfsturm auf der äußersten Spitze des Burgberges und die beiden unvollendet gebliebenen der Liebfrauenkirche, die eigentlich beim Bau in freien reichsstädtischen Zeiten den Bergfried an Höhe übertrumpfen sollten. Doch Burg und Stadt waren Rivalen, die Burgmannen witterten Gefahr durch Beschießen von oben und erreichten bei König Ruprecht 1410 den Stopp des Weiterbaus.

Burg und anschließende Siedlung waren unter den Staufern, vermutlich Friedrich Barbarossa, angelegt worden. Nach dem Aussterben dieses Herrschergeschlechts entwikkelten sich die beiden Gemeinwesen selbständig weiter. Die getrennte Anlage von Stadt und Burg ist noch heute deutlich erkennbar, ebenso der staufische Grundriß der Altstadt mit langer, breiter Marktstraße (Kaiserstraße, 30 m breit, 600 m lang) und parallel verlaufenden Seitengassen. Ein wahres Schatzkästlein. Steigen wir hinein und schauen uns zu Beginn der Wanderung nach Ockstadt ein wenig um.

Vom Bahnhof Friedberg geht man kurz geradeaus und biegt rechts in die Bismarckstraße. Bald entdeckt man die Hinweisschilder „Historischer Rundweg", die uns auf dem Abschnitt zur Burg durch die malerischen Gassen zu den jeweiligen Glanzpunkten einweisen: das Wetterau-Museum, die frühgotische Liebfrauenkirche, das Judenbad in 25 Meter Tiefe von 1260. Sobald der Aufgang zur Burg erreicht ist, sollte man sich zunächst zum Burggarten und auf diesem außen herum leiten lassen, dann vom Adolfsturm her durch das Burgareal mit seiner Architektur der verschiedensten Stilepochen zum Eingang an der Südseite zurückkommen. Der besteigbare Adolfsturm bietet eine hervorragende Ringsumsicht – Taunus, Bad Nauheim, Wetterau und Vogelsberg – vermutlich gäbe es ihn nicht, wenn die Burgmannen im Jahre 1347 in einer Fehde den Grafen Adolf I. von Nassau nicht gefangengenommen hätten. Mit dem Lösegeld konnte dann der neunstöckige, 58 Meter hohe Bergfried gebaut werden, im untersten Geschoß das Verlies.

Wir queren die B 3, gehen die Straße mit dem Namen „Vorstadt zum Garten" einen Häuserblock abwärts, biegen gegenüber dem Dicken Turm links in den Fußweg ein und kommen in das Naherholungsgebiet Seewiese unterhalb der einstigen Stadtmauer. An der Schmalseite der Wiesenfläche entlang hält man rechts auf die St.-Georgs-Kapelle zu und setzt unterhalb im Abstand zum See den Weg fort, der schließlich durch das ausgedehnte Schulgelände führt, an dessen Ende vor dem Sportplatz links zum Seebach und neben ihm durch Felder und Wiesen ins bäuerliche Ockstadt.

Ockstadt hat außer Ackerbau noch etwas anderes, was aus

dem Wetteraurahmen fällt: Es betreibt Obstanbau, großflächig und professionell, und das seit mehr als 200 Jahren, eingeführt gemeinsam mit der Kartoffelzucht durch den weisen Landesvater Gottfried von Franckenstein. Dieses Geschlecht regierte unabhängig von Burg und Stadt Friedberg in nächster Nähe die Herrschaft Ockstadt seit 1521, nachdem ihm die ehemalige Wasserburg der Herren von Cleen zugefallen war. Diese hatten sie schon 1490 zu einem Schloß umgestaltet, behielten die vier runden Ecktürme bei, von denen einer noch gut erhalten ist, ebenso ein Rundturm, der wahrscheinlich der Bergfried war.

Wir kommen zur Durchgangsstraße, laufen drüben in der Pfarrgasse weiter, die einen Halbkreis um die neubarocke Pfarrkirche zieht und wieder in die bogenschlagende Hauptstraße mündet, jetzt gegenüber der Schloßanlage. Ihr Verfall begann seit dem Wegzug der Franckensteiner von Ockstadt 1765. Rechts aufwärts die Bachgasse und ihre Fortsetzung, die Usinger Straße, kommt man zunächst an einer kleinen Neubausiedlung vorbei, dann am Gebäudekomplex der Behindertenwerkstätten. Am beginnenden Wald schwenken wir rechts auf ein Asphaltband ein und laufen nun an der Grenze zwischen Wald und Obstplantagen mit freier Sicht über Tausende von Blütenbäumen hinüber nach Friedberg und sein Hinterland.

Nach etwa einem Kilometer kündigt sich links ein militärisches Gelände an. Auf der Höhe der grünen Gebäude zweigt rechts an der Pappelgruppe ein Weg ab, hier biegen wir ein und am nächsten Weg links. Er weist mitten hinein in die weißen Wolken der blühenden Obstbaumoase. Nach links halten wir auf die Hollerkapelle zu, die an das im Dreißigjährigen Krieg untergegangene Dorf Hollar in dieser Gemarkung mahnt. Im Bogen ausholend, bringt der Weg uns am Ende der Plantage nach Ockstadt zurück. Wir überqueren die Straße, drüben weist unübersehbar ein Schild „Zum Äppelwoiweg“. Es ist der, den wir am Seebach entlang herkamen.

Auf historischem Wetterauboden

Am Ausgangsort Echzell gibt es ein kleines Barockschloß und unterwegs in Bingenheim eine mittelalterliche Wasserburg anzusehen – aber nur von außen, beide werden für schulische Zwecke genutzt. – Ein dreistündiger Spaziergang (10 km) durch schattenlose Wetteraufelder, auch als Spazierfahrt per Rad geeignet. – Das Heimatmuseum Echzell ist sonntags von 10 bis 12 und 14 bis 16 Uhr geöffnet, die evangelische Kirche ist täglich zugänglich. – Echzell liegt an der Bahnstrecke Friedberg – Hungen und hat Busverbindung mit Friedberg. Autofahrer nehmen ab Friedberg die B 455, Abzweigung Echzell.

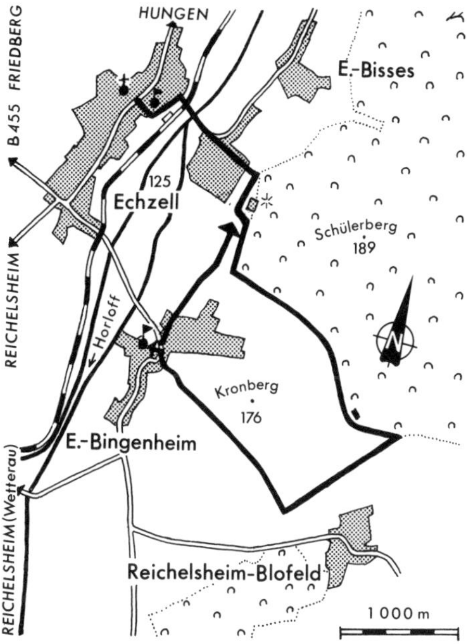

„Wo Tauben sind, fliegen Tauben hin", sagt ein Sprichwort. Übertragen auf den alten Wetterau-Ort Echzell bedeutet dies: einmal besiedelt, immer besiedelt. Für diesen Raum ist das nahezu lückenlos nachweisbar seit der Jungsteinzeit von etwa 5000 v. Chr. an – anhand von Funden der verschiedenen Kulturen, der Bandkeramischen und Rössener bis zur

Bronze- und Eisenzeit (achtes bis fünftes Jahrhundert v. Chr.). Anschließend kamen die Römer. Der strategischen Bedeutung des Limesgrenzorts entsprechend, errichteten sie ein Kastell für 1000 berittene Soldaten. Heute erhebt sich über dem hadrianischen Kastellbad die evangelische Kirche, deren Anfänge bis in die Karolingerzeit zurückreichen.

Der Bahnhof von Echzell liegt etwas außerhalb, der Bus hält an der Hauptstraße des alten Ortskerns. Auch mit dem Auto von Friedberg her kommt man dort vorbei. Die Kirche steht erhöht darüber. Zu Fuß sind es nur wenige Schritte durch die Lindenstraße mit ihren restaurierten Fachwerkhäusern und Adelshöfen dorthin. Ins Auge fällt die Hofreite der Edelleute von Geismar und Nordeck zur Rabenau mit rundbogiger Hofeinfahrt. Dahinter, mit Zugang durch ein Rosengärtchen, das Heimatmuseum, in dem die Geschichte des Orts anhand von Bodenfunden belegt wird. Nebenan auf dem Kirchenvorplatz wurde durch besondere Pflasterung der Grundriß von einem Teil des Römerbads verdeutlicht. Restaurierungsarbeiten im Inneren der Kirche brachten Fresken aus dem 14. Jahrhundert zutage. Zwischen ihr und dem Museum steht das alte Rathaus; als Beinhaus im 15. Jahrhundert erbaut, zählt es zu den ältesten Fachwerkhäusern der Gemeinde.

Zurück zur Hauptstraße. Noch ein Blick gegenüber auf das barocke Schloß über den Grundmauern einer mittelalterlichen fuldischen Wasserburg – heute Internatsschule –, dann biegen wir nebenan in die Bahnhofstraße ein, folgen ihr geradeaus an den Gleisen links zur Station.

Durch die Gänswirthsgasse kommt man zur Bisseser Straße, biegt rechts ein, die Horloff querend, und folgt der Straße weiter am Neubaugebiet entlang. An der Gabelung kurz vor Waldbeginn nehmen wir den rechten Strang, der zum „Forsthaus" führt. Als solches wurde der Gebäudekomplex unter dem hessischen Landgrafen Ludwig VIII. zusammen mit dem Schloß 1742 erbaut. Seit 1888 gehört er zur Internatsschule.

Am Parkstreifen vor der Anlage geht man bis zum Waldsaum und schwenkt vor dem einzelnstehenden Haus rechts ab auf den Grasweg. Man zieht an der Feld-Wald-Grenze, häufig von Eichen gesäumt, entlang, wandert auch mal auf einem Pfädchen hinter der Baumriege und umrundet so im weiten Bogen Bingenheim in der Ferne. Das Signal für die Kehrtwende gibt ein einzelnstehendes Haus. Etwa 800 Meter nach dessen Zufahrt weiter leicht bergab, stößt man auf einen befestigten Weg, biegt rechts ab, unterschreitet die Hochspannungsleitung und hält weiter geradeaus durch die Wetteraufelder.

Nach etwa einem Kilometer, am zweiten kreuzenden Weg, ändern wir die Richtung nach rechts. Es ist der Limesweg, wie es sich kurz darauf an dem Turmsymbol erweist. Dieses Zeichen begleitet uns bis nach Bingenheim hinein, einen ebenso alten Ort wie Echzell, durch Karl des Großen Gnaden zur Fuldischen Mark gehörend. Wahrzeichen ist das Schloß, sein Wohnturm ein Musterbeispiel mittelalterlicher Wasserburgen. Andere Teile wurden durch Landgraf Wilhelm Christoph von Hessen-Bingenheim im 17. Jahrhundert umgestaltet. Er war auch mit der Schaffung einer Lateinschule der Begründer des Echzeller Rufs als Schulort. Selbst die gesamte Schloßanlage Bingenheim wird schulisch genutzt für praktisch Bildbare mit angeschlossener Klinik.

Kron- und Schloßstraße führen mitten hinein in den alten Teil des Dorfs. Am Ende des Bogens beginnt jenseits der Durchgangsstraße der Landgrafenweg. Durch das Neubaugebiet und weiter den befestigten Feldweg halten wir direkt auf das „Forsthaus“ zu.

Vom Schloß zur Abtei

Die Wegeverbindung der beiden historischen Westerwaldpole Hachenburg und Kloster Marienstatt beträgt hin und zurück 9 km. Es bleibt damit genügend Zeit zur Besichtigung der noch mit Mönchen besetzten Zisterzienserklosteranlage, für das Landschaftsmuseum Westerwald in Hachenburg (geöffnet Dienstag bis Sonntag von 10 bis 12 und 14 bis 17 Uhr) und vor allem das zauberhafte Städtchen selbst. – Anfahrt: A 3, Anschlußstelle Limburg Nord, B 49/B 54 Rennerod, B 414 Bad Marienberg – Hachenburg.

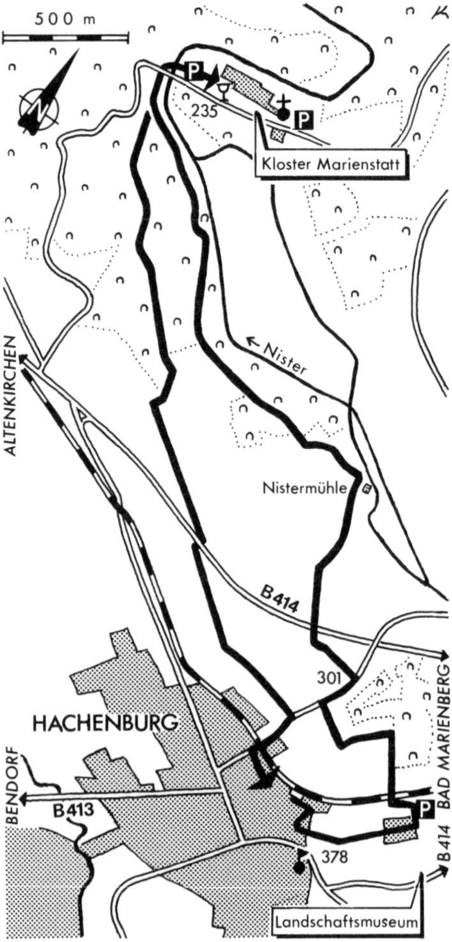

Ora et labora – bete und arbeite! Nach dieser benediktinischen Regel leben und wirken seit mehr als 750 Jahren Zisterziensermönche in der Abtei Marienstatt bei Hachenburg im Westerwald. Die Abtei entstand zu einer Zeit der stärksten Ausbreitung und Macht des Ordens, als es hieß: Wer von Stockholm nach Konstantinopel reist, kann jede Nacht in einem Zisterzienserbett schlafen. Rund 1800 Klöster sollen es gewesen sein.

Der Abgeschiedenheit des Nistertals mag es zu verdanken sein, daß die Anlage, 1222 mit ihrer Kirche als erstes frühgotisches rechtsrheinisches Bauwerk begonnen, die Jahrhunderte politischer und religiöser Machtkämpfe ohne Schaden überdauert hat; und das unweit der Residenz der mächtigen Grafen Sayn-Hachenburg, deren früher Sproß Graf Heinrich III. von Sayn zwar den Mönchen die Grundherrlichkeit Nistria als Siedlungsland geschenkt hatte, für die jedoch in der Nachfolge das Kloster ein Dorn im Auge blieb, nach der Reformation. Der Dornzweig im Wappen der Abtei hat damit jedoch nichts zu tun, er deutet auf die Legende hin, nach der das Gotteshaus dort errichtet worden sei, wo mitten im Winter ein Rosenstrauch in voller Blüte stand.

Die Abtei Marienstatt im stillen Waldtal und Hachenburg mit Schloß auf einer fast 400 Meter hohen Basaltkuppe gehören historisch untrennbar zusammen. Als Orientierungspunkt soll das Landschaftsmuseum Westerwald, Am Burggarten, eingangs Hachenburg gelten. Von hier ist man in wenigen Minuten durch den Park am Schloß und Marktplatz, umgekehrt auch talwärts auf dem Weg zur Abtei.

Vom Parkplatz am Burggarten entlang, aus dem Straßenknick geradeaus, geht es am Bauernhof links über die Bahn und weiter mit Blick voraus auf die hügelige Wald-Wiesen-Landschaft des Nistertales. Mit Links-rechts-Schwung durch ein Waldstück kommt man zur Nisterstraße, folgt ihr kurz abwärts und biegt am Hinweis Nistermühle links ab in die Felder. An der Straßenbrücke der B 414 sind die Zeichen H 11, 12 zu sehen, lotsen hinunter zur Nistermühle. Sie wurde als Saynscher Besitz bereits 1234 genannt und ist in jüngerer Vergangenheit als Adenauer-Versteck während der Nazizeit bekannt geworden.

Die Erinnerungstafel ist für uns Richtpunkt, links abzubiegen (vor der Nisterbrücke ohne Zeichen). An der Pferdekoppel entlang treten wir in Hochwald ein, der uns bis zum Kloster einschließt. Es ist ein Hangweg über der Nister. Wenn von links oben die Zeichen K, H 10, 11 herunterkommen, sollte man sie für den Rückweg registrieren. Jetzt ist das Kloster ganz nah, nach rechts über den Parkplatz und die alte Steinbrücke betritt man den Klosterbezirk. Während die Klostergebäude im Barock neu erstanden, beeindruckt die kreuzgewölbte Basilika in ihren klaren frühgotischen Formen und Farben, außen schlichter Bruchstein und wie alle Zisterzienserkirchen ohne Turm.

Wir gehen zurück über die Brücke, treffen auf die Markierung K, H 10, 11, steigen damit aufwärts im Wald, werden an seinem Rand das letzte Stück entlanggeführt, um dann links abzuschwenken auf die Straßenunterführung zu und weiter durch die Felder. Etwas weiter oberhalb als am Anfang kommt man in die Stadt zurück. Die Zeichen weisen zum Bahnhof. Folgt man der Bahnhofstraße, betritt man den Marktplatz vom untersten Rand her. Biegt man in die Burgbitz links ein zurück zum Burggraben, kommt man durch den Park direkt zum Schloß. Das Schloß in seiner jetzigen barocken Gestalt (heute Fachoberschule) entstand ab 1717 anstelle einer Burg, die die Grafen von Sayn mit Stammsitz am Rhein am Ostrand ihrer Grafschaft zum Schutze der Köln-Leipziger Straße auf der 390 Meter hohen Basaltkuppe des Westerwaldes um 1200 zu bauen begannen. Hachenburg blieb bevorzugte Residenz des Sayner Grafengeschlechtes über Jahrhunderte. – Die Stadt, die sich unmittelbar neben der Burg entwickelte, konnte ihr historisches Ortsbild unverändert bewahren, allem voran der wundervolle Marktplatz mit seinen Fachwerk- und Renaissancehäusern im Geviert, in die sowohl die spätgotische evangelische Pfarrkirche als auch die katholische ehemalige Franziskanerklosterkirche eingebunden sind. Und beherrschend in der Mitte des Platzes der goldene Saynsche Löwe auf dem Marktbrunnen.

Fürstliches Museum in Braunfels

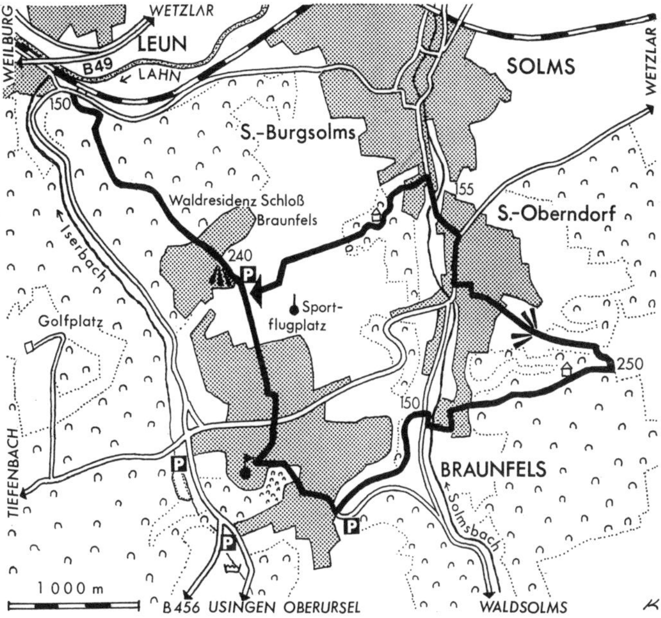

15 km vom Lahntalbahnhof für Zugbenutzer oder wahlweise 10 km für Autofahrer, die weiter oberhalb parken können, sind für diese Wanderung vorgesehen. Dazu eine große Führung im Schloß Braunfels – und nicht zu vergessen ein Bummel durch das hübsche Fachwerkstädtchen selbst – das ist einen Ausflugstag füllend. – Der Bahnhof Braunfels/Leun (Lahntalbahnhof) liegt an der Strecke Gießen – Koblenz. – Autofahrer nehmen die B 456 über Usingen, B 49 nach Braunfels. – Schloß Braunfels ist täglich von 8 bis 17 Uhr geöffnet.

Über Braunfels, dem kleinen Städtchen im östlichen Hintertaunus, prangt eine mittelalterliche Burg, deren pittoreske Silhouette mit Türmen, Toren, Erkern und Giebeln fast zu schön ist, um „echt“ zu sein. Ist sie echt, mag sich mancher fragen, wie sie da auf einem 280 Meter hohen Basaltkegel zwischen dem Solms- und Iserbach emporragt, einem Thron, den die beiden Flüsse auf ihrem Weg zur Lahn freigespült haben? Die Herzen der Burgenromantiker werden höher schlagen – steht die Anlage doch seit 800 Jahren auf festem Fundament. Ein Castellum Bruninvels wird 1246 erstmals genannt, das die Grafen von Solms an dieser Stelle gegen die von Westen herandrängenden Nassauer errichteten. Schon 1280 wird es Wohnburg und von 1384 an Hauptsitz der Grafen und späteren Fürsten zu Solms und bleibt es in ununterbrochener Reihenfolge, mit Nebenlinien, bis heute.

Alle Generationen haben der Burg durch An- und Umbauten ihre Siegel aufgedrückt. Zweimal brannte sie nieder, 1679 mit der Stadt, die danach ihr noch heute bestehendes Bilderbuch-Fachwerkgesicht erhielt. Das der dreitorigen Burganlage ist jünger. Ihre letzte Formgebung war 1885 vollendet.

Zum Anblick von Burg und Stadt Braunfels und zum Einblick in die achthundertjährige Geschichte, präsentiert im Schloßmuseum, kommt man vom Lahntalbahnhof Leun herauf. Autofahrer steuern wegen dort geringer Parkmöglichkeit besser gleich die Stadt an und finden sich am Marktplatz ein. Die beiden schwarzen Zeichen Andreaskreuz und Zeiger führen uns sogleich vom Bahnhof in den Wald hinauf. Der breite geschotterte Weg ist die alte Verbindungsstraße Braunfels nach Leun und dem Lahntal. Unmittelbar an der Braunfels vorgelagerten Siedlung endet der Wald. Als „Erholungsgebiet“ ist sie auf Landkarten verzeichnet, nennt sich in natura aber „Waldresidenz Schloß Braunfels“, wie am hohen Eingangstor zu lesen steht.

Voraus also, erhaben das Schloß auf hohem Fels. Wir gehen auf die vorgelagerte, einst in einen doppelten Befestigungsring einbezogene Stadt zu, die Winterburgstraße hinunter, durch die Borngasse die Fachwerkparade hinauf zum einheitlich nach dem Brand angelegten Marktplatz vor dem Schloßzugang.

Von hier lassen wir uns museal in die Geschichte des gräflichen und fürstlichen Hauses Solms-Braunfels entführen. Dazu gibt es die Möglichkeit einer großen Führung, einer kleinen und einer ohne Führung durch das Fürstliche Familienmuseum. Allein die Gemäldesammlung umfaßt etwa 1000 Exponate. Im Rittersaal reihen sich Rüstungen und Kriegsgerät, im Jagdzimmer eine Vielzahl von Trophäen. Sakralen Kult- und Kunstgegenständen ist viel Raum gewidmet, ebenso familiengeschichtlichen Zeugnissen, Porzellan, Glas, Mobiliar. Höhepunkt im wahrsten Sinne des Wortes ist das Ersteigen des Bergfrieds zum Blick über Taunus und Westerwald, ins ehemalige Solmser Land.

Die Historie entläßt uns durch die von zwei Türmen flankierte „Untere Pforte" wieder auf den Marktplatz in die Gegenwart. Mit dem neuen Zeichen „L" und Dreieck, beide schwarz, laufen wir geradeaus hinunter, rechts weiter den Treppenabgang durch die von hohen Mauern eingefaßte „Kirschenhohl", die eine Seite des ehemaligen Schloßparks begrenzen. „Unten" geht es links in die Attenbachstraße und am Ortsausgangsschild wiederum links auf geschottertem Weg, mehr ein Pfad, durch das Wiesental.

Am Bahnhofsgebäude der stillgelegten Nebenstrecke Wetzlar–Usingen und am Steinlagerplatz vorbei wird die Straße Waldsolms–Wetzlar gekreuzt und mit einem Rechts-links-Knick das Oberndorfer Industriegelände umgangen. Der Straßenabschnitt setzt sich mit der Egerlandstraße und „Zur Schmelz" fort. Durch Nadel- und Laubwald steigt der feste Weg leicht an. Wenn die Bäume an der Schranke enden, enden für uns auch die Wanderzeichen. Die für den weiteren Rückweg benutzten Radfahrwege sind nicht markiert. Wir wenden uns links dem abwärtsführenden Asphaltband zu und werden bald von einem breiten Aussichtsfächer überrascht: nochmals Schloß Braunfels, voraus Oberndorf und Burgsolms, die beginnenden Westerwaldberge über dem Lahntal.

Mit Erreichen des Ortsrands von Oberndorf geht es den Weidfelsweg hinunter, links in die Wolfsgasse (Name erst später), an der Ampel rechts in die Hauptstraße, von der großen Gabelung links (Schild „Taunushalle") in die Oberndorfer

Straße. Nahtlos verschmelzen die beiden Solmser Ortsteile Oberndorf und Burgsolms. Wir queren den Solmsbach und biegen sogleich nach dem ehemaligen Bahndamm links in die Mainbachstraße, auch das Schild „Restaurant Waldblick“ gibt die Richtung an. Kurz vor Ende der Straße, am Haus Nummer 22, führt halbrechts ein befestigter Schlängelweg durch ein Waldstück aufwärts, der sich durch Wiesen fortsetzt. Der Turm zur Linken auf der Anhöhe, mal Bismarckturm, mal Kaiser-Wilhelm-Warte genannt, ist zum Sportflugplatz-Tower umfunktioniert. Dann treffen wir wieder vor dem Tor der „Waldresidenz“ ein.

Burg Runkel über der Lahnbrücke von 1488 (zu S. 81)

Burg Runkel
Burg Schadeck

Lahnwanderung durch Jahrhunderte

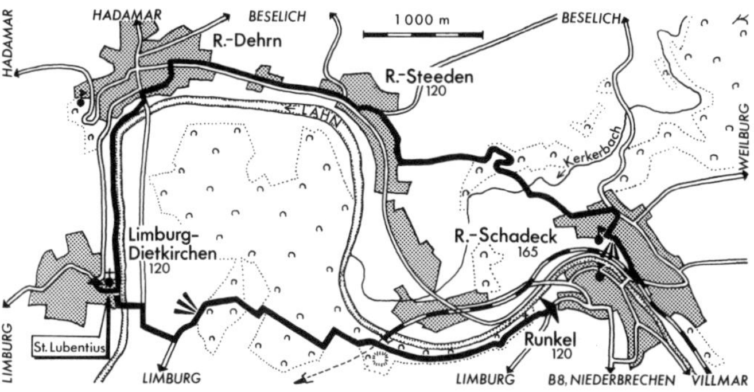

Gleich nach dem Start am Bahnhof Runkel (Strecke Gießen – Koblenz) zur 15 km langen, fünfstündigen abwechslungsreichen Wanderung die erste Herausforderung: 200 Treppenstufen hinauf zur bewohnten Burg Schadeck. Erst am Ende steht die Besichtigung von Burg Runkel an. – Unterwegs mehr Sonne als Schatten. – Autofahrer benutzen die A 3 Richtung Limburg bis Anschlußstelle Bad Camberg, dann die B 38 über Niederbrechen nach Runkel. – Das Museum Burg Runkel ist April bis Oktober täglich außer Montag von 11 bis 16 Uhr geöffnet, Führungen.

Von jeher war das Limburger Becken mit dem vom Süden einmündenden fruchtbaren Goldenen Grund begehrter Siedlungsboden. Schon früh entstanden zu Schutz und Verteidigung dieses Raumes mächtige Burgen, wehrhafte Klöster und Kirchen. Runkel, östlich von Limburg auf einem Felsen hoch über der Lahn, ist eine der eindrucksvollsten Burgen. Kaiser Friedrich Barbarossa ließ sie 1159 durch die Herren von Runkel erbauen.

Die Lahnhöhenwege beiderseits des Flusses erschließen gerade dem Wanderer besonders eindrucksvoll den Reiz dieser Landschaft und ihrer überragenden Baudenkmäler. Das kann man schon auf dem kleinen Abschnitt nachempfinden wie hier zwischen Runkel und Dietkirchen.

Wir beginnen am Bahnhof Runkel, im Stadtteil Schadeck auf der Westerwaldseite des Flusses, schwenken rechts ab, laufen bis kurz vor die Alte Lahnbrücke, deren steinerne Bogen seit 1440 dem Druck des Verkehrs, des Wassers und des Eisganges standhalten. Drüben, über der schmalen Häuserzeile, reckt die gewaltige Feste Runkel ihre drei kantigen Türme empor. Das Bollwerk mit seiner sechs Meter dicken Schildmauer war bis zum Dreißigjährigen Krieg uneinnehmbar, blieb nach der Eroberung durch Kroaten Ruine, während die Wohngebäude in den folgenden Epochen wieder aufgebaut worden sind.

Hüben auf steilem Fels über uns Burg Schadeck, in einem Jahrhunderte währenden Familienzwist als Trutzburg zur Runkel gegenüber entstanden. Der Aufgang muß mit 200 Treppenstufen überwunden werden. Das schwarze L des Lahnhöhenweges, mit dem wir vor der Brücke rechts und nach dem Bahnübergang links eingebogen sind, klettert voran. Geradeaus aufwärts geht es weiter, links in die Heerstraße und fast am Ortsende halb rechts ab auf festem Weg zwischen Feldern und Wiesen ins Kerkerbachtal. Ein Waldstreifen schiebt sich ins Freiland, nach einigen Kurven hält das L geradeaus auf Steeden zu. Die Straße abwärts, hinter dem alten Kirchlein vorbei zur Hauptstraße, geht es rechts weiter nach Dehrn, angesichts der riesigen Steedener Kalksteinbrüche, wo immer wieder frühe Siedlungsfunde gemacht werden, denen aber auch altsteinzeitliche Kalksteinhöhlen zum Opfer gefallen sind.

Eingangs Dehrn folgt das L einem Links-rechts-Knick, biegt links in die Brückenstraße und kommt endlich ans Lahnufer. Noch ein Blick auf Schloß Dehrn über dem Ort, dann tauchen voraus schon die Doppeltürme von St. Lubentius über Dietkirchen auf. Wir bleiben auf dem Uferweg, bis man unvermittelt vor dem Kalkfelsen steht, aus dem die Kirche herausgewachsen zu sein scheint, die Landschaft beherrschend. Die ehemalige Stiftskirche eines 841 erstmals genannten Kollegiatstiftes war die Mutterkirche des gesamten Lahngaues. Die jetzige Pfeilerbasilika stammt vermutlich aus dem

11. Jahrhundert. Kostbarster Schatz, das silbervergoldete Kopfreliquiar des heiligen Lubentius.

Nach dem Kirchenbesuch gehen wir wieder zur früheren Übersetzstelle hinunter, weiter lahnabwärts zum Fußgängersteg über die Lahn, der längsten, an zwei Pylonen hängenden Holzkonstruktion dieser Art in Deutschland. Elegant schwingt sie über den Fluß, und wir mit ihr. Drüben hält man auf den Straßenbogen zum nahen Eschhofen zu, trifft am nächsten Straßenknick wieder auf das L und schließt sich diesem geradeaus in die Felder an, Richtung Wald. Nach Durchqueren zweier Eichenwaldstücke kommt man zum steil abfallenden Prallhang der Lahn, der sich fast bis Runkel hinzieht, gegen Ende durch das NSG Runkeler Laach mit einigem Auf und Ab bis zur Straße nach Runkel hinein. Jetzt haben wir Gelegenheit, Burg Runkel zu besichtigen. Der Aufgang ist ausgeschildert. Durch ein mittelalterliches Doppelturmtor und auf der Fallbrücke über den früher viel tieferen Halsgraben gelangt man in den malerischen Innenhof mit der efeubewachsenen Unterburg. In ihr sind Wohnräume und das Museum untergebracht. Im Ahnensaal Porträts der früheren Burgherren, in den anderen Räumen eine interessante Waffensammlung und vieles mehr. Man sollte nicht versäumen, den viereckigen Bergfried in der Kernburg zu ersteigen und die Aussicht ins Lahntal und hinüber auf Burg Schadeck zu genießen, oder tief hinab in die Gewölbe klettern. Da steht noch die große alte Kelter und kündet von der Zeit, da hier der Runkeler „Rote" in die Fässer floß. 1634 eroberten Kroaten unter Graf Isolan Burg und Stadt, hausten wüst und zerstörten beide. Die Kernburg blieb Ruine, während 1642 die Unterburg wieder aufgebaut wurde.

Schloß Oranienstein
Burg Diez

Mit militärischer Eskorte zum Ehrenhof

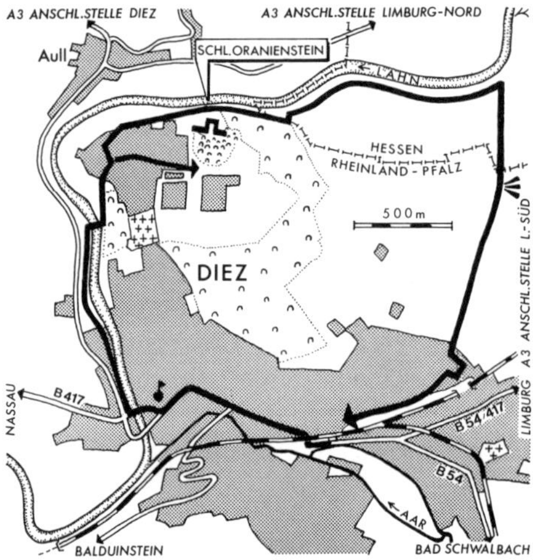

..., das wird einem Wanderer im allgemeinen nicht zuteil, es sei denn, er bewegt sich auf Bundeswehrgelände zur Schloßbesichtigung wie hier in Oranienstein bei Diez. 9 km sind es vom alten Stadtkern an der Vorgängerburg vorbei, entlang der Lahn zum Barockschloß und zurück. – Diez liegt an der Bahnstrecke Gießen – Koblenz und ist über Niedernhausen – Limburg gut zu erreichen. Autofahrer kommen über die A 3, Anschlußstelle Limburg Süd – Die Öffnungszeiten von Schloß Oranienstein sind Dienstag bis Freitag von 8.30 bis 12 Uhr, jeden 1. und 3. Sonntag im Monat von 9.30 bis 11.45 und 14 bis 17 Uhr.

Eine der schönsten deutschen Barockanlagen, Schloß Oranienstein bei Diez an der Lahn, ist im allgemeinen Bewußtsein wenig präsent, kaum ein populärer Kunstführer verzeichnet es. Wer vermutet ein solches Kleinod auch hinter dem hohen Zaun einer Bundeswehrkaserne. In der Nachfolge einer preußischen Kadettenanstalt hat dort die Kommandantur einer Panzerbrigade ihren Sitz. Dennoch ist der um einen Ehrenhof gruppierte Bau nicht ganz den Blicken der Öffentlichkeit entzogen. Einige der Gemächer und die Schloßkapelle dürfen besichtigt werden. Nach dem Abschluß langjähriger Restaurierungsarbeiten ist dies jetzt wieder ein besonderes Erlebnis: Das stimmungsvoll aufeinander bezogene Gelb und Weiß der Außenfassade verströmt ein heiteres Flair, und im Inneren erstrahlen schöner denn je die herrlichen Stuckierungen und Deckenfresken.

Neben der Denkmalpflege leistet der Bund als Eigner von Oranienstein mit dem Bewahren des barocken Kleinods, seiner vielleicht schönsten „Kaserne“, auch einen Beitrag zur deutsch-niederländischen Freundschaft und ihrer Ahnenpflege. Auf die Diezer Linie des Hauses Nassau geht unmittelbar das bis heute regierende Königshaus von Holland zurück. Ein Blick ins Gästebuch Oraniensteins zeigt, daß das von Fürst-Regentin Albertine Agnes von Nassau-Diez-Oranien von 1672 bis 1684 erbaute und von ihrer Schwiegertochter Amalie von Anhalt-Dessau seit 1696 barock umgestaltete Schloß ebenso zu den Pflichtpunkten traditionsbewußter Niederländer auf den Spuren der Oranier gehört wie Dillenburg, Siegen oder Wiesbaden. Der prominenteste Eintrag erfolgte 1971, als Königin Juliane und ihr Gemahl Prinz Bernhard auf Oranienstein weilten und als „Hausherren“ einen Empfang zu Ehren des Bundespräsidenten gaben.

Die enge Verbundenheit der „Oranienstadt“ Diez mit den Niederlanden und ihrer Geschichte ist auf Schritt und Tritt greifbar. Kaum haben wir den Bahnhof und den Bahnhofsweg (nach links) hinter uns gelassen, stoßen wir auf die Wilhelmstraße. Sie erinnert an Fürst Wilhelm von Nassau-Oranien, der 1568 das Fanal zum achtzigjährigen Befreiungskampf der Niederlande von den Spaniern gegeben hatte. Die Wilhelmstraße führt durch die sogenannte Neustadt, jenen Teil von Diez, der unter Fürstin Amalie Ende des 17. Jahrhunderts planmäßig zur Ansiedlung von vertriebenen Lutheranern und Waldensern angelegt worden war. Das Fürstentum Nassau-Diez bestand aus kaum mehr als einer Handvoll Dörfer und der Hauptort aus einer dunkel dräuenden Burg, um die sich einige halbkreisförmig verlaufende Gassen legten. So wie die Neusiedler den alten Kern aufbrechen sollten, wollten auch die Fürstregentinnen das Mittelalter in Gestalt der Burg hinter sich lassen und schufen Schloß Oranienstein als neue Residenz. Durch die Altstadtstraßen kommen wir unmittelbar bis vor die Tore der schon im 11. Jahrhundert genannten Burg. Eine Besichtigung muß wegen dringender Sicherungsmaßnahmen derzeit ausfallen, ein Blick vom Burghof über das Gewinkel der Fachwerkgassen und die Stiftskirche zu Füßen der Burg ist gestattet. In einer Seitennische des gotischen Gotteshauses aus dem 13. Jahrhundert, an der wir beim Abwärtsgehen durch die Altstadt vorbeikommen, liegt die 1726 verstorbene Fürstin Amalie in einem prächtigen Marmorsarkophag bestattet.

Von der Stiftskirche sind es nur wenige Schritte bis zur Lahnbrücke. Auf der anderen Flußseite halten wir uns gleich rechts und laufen auf einem schmalen Uferweg lahnaufwärts. Die seit Jahrhunderten wenig veränderte Altstadtsilhouette von Diez lassen wir langsam hinter uns, passieren ein Wehr und kommen in den neueren Teil. Wir queren abermals die Lahn auf einer Straßenbrücke, um links die Oraniensteiner Straße hinaufzugehen. Sie endet vor den Toren der Kaserne. Auch zu den regulären Öffnungszeiten des Schlosses muß man sich bei der Wache anmelden. Mit Eskorte wird man zum Ehrenhof und weiter von der Museumsführerin individuell durch die Gemächer geleitet. Fachmännischer Erläuterung bedarf es auch, um die tiefere Bedeutung der reichen Stukkaturen zu erfassen. Jeden Raum schmückt ein anderes Bildwerk. Im Treppenhaus symbolisieren vier lebensgroße Figuren Ruhm, Weisheit, Stärke und Fleiß. Im Empfangszimmer fällt neben Apollo, Diana und Chronos Theodissa auf, die mit Mauerkrone und Schlüssel als Sinnbild für die Stadt Diez steht. Dionysische Lebensfreude herrscht im Festsaal: Musizierende, essende und trinkende Putten korrespondieren mit allegorischen Figuren der vier damals bekannten Erdteile. Gekrönt wird das von den Tessiner Stukkateuren Antonio Genone und Eugenio Castelli in dreijähriger Arbeit bis 1709 geschaffene Meisterwerk der Deckenzier von der Ausstattung der Schloßkapelle.

Über wandhohen Pilastern rahmt das alttestamentarische Stuckrelief „Passahmahl“ ein von Jan von Dyck gemaltes Deckenfresko „Das Pfingstwunder“.

Für den Fortgang laufen wir die Oraniensteiner Straße etwas zurück bis zur Straße Zum Mühlchen. Mit ihr verlassen wir Diez und schlendern, vorbei am Felssockel des Schlosses, hinunter zur Lahn. Mit dem hier für uns kurzzeitig interessanten L für den Lahnhöhenweg folgen wir auf dem Uferweg einem leichten Linksbogen, bis wir zum Flußkilometer 35 kommen. Ohne das L heißt es hier nach rechts wenden und geradeaus über freies Feld wieder leicht an Höhe gewinnen. Durch die Straße In der Ruhestatt, weiter durch Felke- und Taunusstraße und den Bahnhofsweg kommt man wieder zum Ausgangsort.

Das ehemalige Landgrafenschloß in Diez

Zum Stammsitz der Nassauer

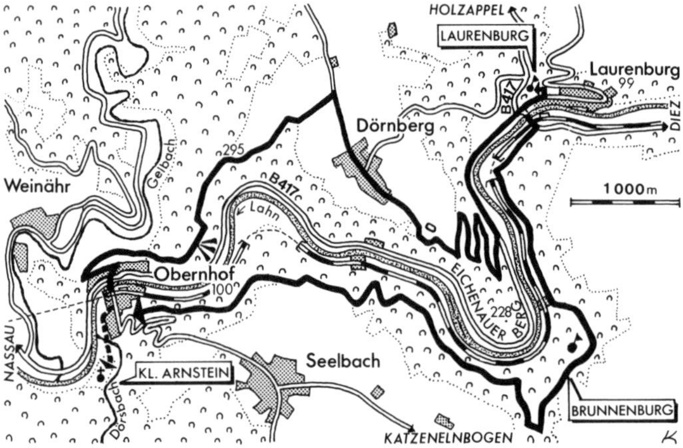

Viel Natur und Historie hat die etwa sechsstündige Tour (19 km) auf den Lahnhöhenwegen beiderseits des Flusses zur Wiege der Nassauer zu bieten. Und wer zusätzlich das Kloster Arnstein besuchen möchte, muß noch eine Stunde länger rechnen. – Die Laurenburg ist dienstags geschlossen. – Der Ausgangsort Obernhof liegt an der Bahnstrecke Gießen – Koblenz (Zustieg in Limburg über Niedernhausen). – Autofahrer nehmen die A 3, Anschlußstelle Limburg, B 417 nach Obernhof.

Auch große Geschlechter haben einmal klein angefangen: Die seit etwa 1100 nachweisbaren, bis 1866 regierenden und noch heute neben anderen im niederländischen Königshaus fortlebenden Nassauer nahmen ihren Anfang mit einem bescheidenen Sprengel rund um die Laurenburg an der Lahn. Erst als es im Verlauf des 12. Jahrhunderts gelang, weiter lahnabwärts in Nassau Fuß zu fassen und sich durch Allianzen, Erbschaften und eine geschickte Heiratspolitik territorial bis an Rhein und Sieg auszudehnen, begann der Aufstieg zu einer der wichtigsten Mächte im Reich – gipfelnd im Königtum Adolfs von Nassau 1292 bis 1298.

Für eine wirklich bedeutende Rolle im Konzert der Mächte stand sich das Haus freilich selbst im Wege: Auf Dauer schwächte es sich durch eine Unzahl von Teilungen und konfessionellen Spaltungen. Zahlreiche Burgen und Schlösser von Wiesbaden über Weilburg, Diez, Dillenburg bis Siegen stehen für diese Zersplitterung. Die steinernen Zeugen der verästelten Linien Nassaus sind alle in einem hervorragenden Erhaltungszustand. Doch ausgerechnet der Wiege des Geschlechtes, der immer im Besitz des Hauses verbliebenen Laurenburg, drohte noch bis vor wenigen Jahren wegen Baufälligkeit der Abriß. Private Initiative hat das in letzter Minute verhindert, und man kann den restaurierten Wohnturm heute besichtigen.

Vom Bahnhof in Obernhof laufen wir zunächst über die Lahnbrücke in den alten Teil des Ortes und lassen uns von der dort aufzunehmenden Ziffer 4 bergan wieder hinausführen. Weiter oben stoßen wir auf die Alte Poststraße, der man kurz nach rechts folgt, bis man Anschluß an das Zeichen L hat. Dieser zu beiden Seiten die Lahn von der Quelle im Siegerland bis zur Mündung in den Rhein begleitende Höhenweg zeigt uns den Fluß mit seinem schönsten Abschnitt. Vom Hangweg eröffnen sich großartige Aussichten in die tief eingeschnittenen, wie mit grünem Samt überzogenen Uferberge – und gegenüber auf Kloster Arnstein. Einer Krone gleich sitzt die viertürmige, effektvoll weiß und gelb gefaßte Abteikirche über der Lahnschleife bei Obernhof. Dann reißt erst einmal der Sichtkontakt zum Fluß ab. Jetzt tauchen wir in lichten Niederwald ein, der uns zwar bald wieder freigibt, aber deutlich entfernt von der Lahn. Wir haben eine bewirtschaftete Hochebene und nach einem Stück Landstraße das Dörfchen Dörnberg erreicht, durchmessen es in seiner ganzen Länge, passieren einen Friedhof, weichen einem Sportplatz rechts aus, und der Wald hat uns wieder. Dort achte man zunächst auf einen Links-, dann Rechtsknick, ehe es über Serpentinen hinunter auf Flußniveau geht. Das L erspart dem Wanderer nicht einen Abschnitt entlang der vielbefahrenen Uferstraße. Der Blick zum Treiben auf der Lahn – hier ist eine Wasserskistrecke ausgewiesen – und voraus auf den hellen Wohnturm der Laurenburg versöhnt jedoch etwas mit dieser nicht zu umgehenden Durststrecke.

Die Markierung führt in den Ort Laurenburg und kraxelt dann links hinauf zur gleichnamigen Burg. Über Leitern, wie es im „Illustrierten Lahnführer" von 1901 heißt, müssen Anlage und Bergfried dank der Instandsetzungsarbeiten des Burgpächters und -bewohners Horst Wienberg nicht mehr betreten werden. Gefahrlos kann man über eine Wendeltreppe den Turm besteigen. Auf der Aussichtsplattform wird deutlich, wie überlegt die Nassauer, alias Laurenburger, den Burgenstandort ausgewählt hatten: Nach drei Seiten war das Gemäuer faktisch unangreifbar, dabei nah genug an der Lahn, um das Geschehen auf dem Fluß und dem dortigen Übergang zu kontrollieren. Im mittleren Turmzimmer hat der Hausherr eine kleine Militariasammlung und eine nassauische Gedenkstätte eingerichtet. Da fehlen auch keine Erinnerungsstücke an den größten Sohn des Hauses, Wilhelm von Nassau-Oranien, der 1568 das Fanal zum jahrzehntelangen Ringen um die Befreiung der Generalstaaten von den Spaniern gegeben hatte. Wie im Gästebuch die zahlreichen Eintragungen durch holländische Besucher zeigen, ist die Erinnerung daran bei unseren Nachbarn ebenso lebendig, wie die Laurenburg quasi als Geburtsstätte der Niederlande im allgemeinen Bewußtsein verankert ist.

Für den Rückweg gehen wir, wie gekommen, in den Ort Laurenburg zurück und queren ohne Zeichen auf einer Straßenbrücke die Lahn. Drüben halten wir uns gleich rechts und folgen dem holprigen Waldweg aufwärts, bis wir nach wenigen hundert Metern wieder Anschluß an das bekannte L haben, nun auf dem links der Lahn verlaufenden Weg. Kaum hat man erneut an Höhe gewonnen, wird man von der ganz eigenen Vegetation der Lahnberge umfangen: Eichenniederwald beschattet den üppigen Bodenbewuchs der Gräser, Moose, Beeren und Sträucher. Nur gelegentlich teilen sie sich für einen Blick hinunter auf das silbrig glänzende Band der Lahn. Nach einem scharfen Rechtsknick treten wir nur einmal kurz an einen Felderrand, um anschließend in leichtem Wechsel von Auf und Ab die Wanderung ausklingen zu lassen. Vor oder nach der großen Schleife sei noch die Besichtigung von Kloster Arnstein empfohlen, einem beeindrukkenden Beispiel für den Übergang der Kirche von der Romanik zur Gotik.

Burg Nassau (zu S. 92)

Schloß Stein
Burgruine Stein
Burg Nassau

Wie der Burgwächter über Nassauer Land

Diese 13 – von und zum Bahnhof Nassau – 15 km lange Wanderung hat es in sich wegen ihrer steilen Auf- und Abstiege an den zerklüfteten Hängen des Lahneinschnittes. Die Mühen werden jedoch durch stetig abwechselnde Aussichts-Panoramen belohnt. – Nassau liegt an der Bahnstrecke Gießen – Koblenz, zu erreichen über Niedernhausen – Limburg. – Autofahrer kommen über die A 66 und B 260 (Bäderstraße). – Die Burggaststätte ist dienstags geschlossen.

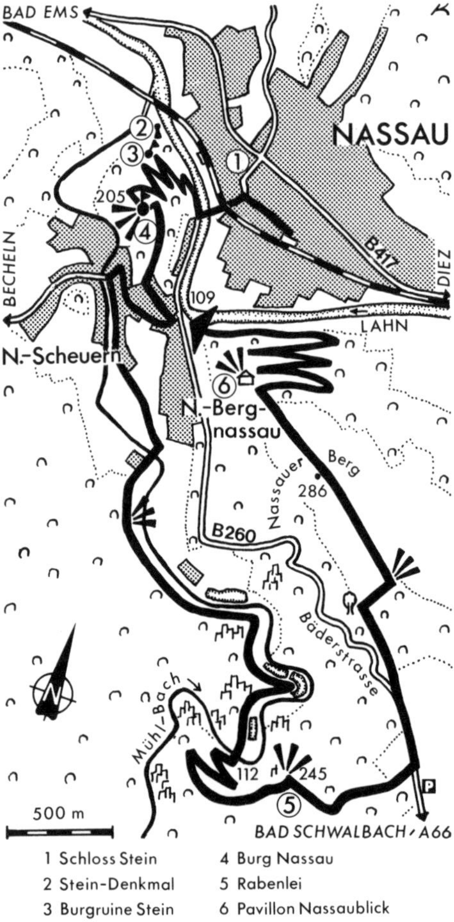

1 Schloss Stein
2 Stein-Denkmal
3 Burgruine Stein
4 Burg Nassau
5 Rabenlei
6 Pavillon Nassaublick

Nassau, ein großer Name, ein weitgespannter Begriff. Alljährlich begeben sich niederländische Touristen auf die Reise zu den Ursprungsstätten ihres Königshauses Oranien-Nassau nach Dillenburg, Beilstein, Diez und natürlich nach Nassau, wo das Herrschergeschlecht, von Laurenburg kommend, als Lehnsherren des Erzstiftes Trier seinen Anfang nahm.

Vom Bahnhof Nassau her überqueren Zugreisende die eiserne Lahnbrücke und wenden sich unmittelbar nach rechts. Autofahrer können ihren Wagen schon diesseits des Flusses parken. Das Augenmerk gilt am Lahnufer dem Hinweis „Stein-Denkmal“ und „Burggaststätte“, und sogleich beginnt mit dem Zeichen L des Lahnhöhenweges der Aufstieg. In Serpentinen weist es den steilen Burgberg hinan.

In der dritten Kehre stößt man bereits auf eine Ruine, die der Burg Stein; unweit davon, mit Blick zum Stammsitz derer vom und zum Stein, die Statue des Freiherrn Friedrich Karl (1757–1831), letzter Sproß dieser nassau-treuen Dynastie über Jahrhunderte. Burg Stein, 1234 erstmals als Lehen der Grafen von Nassau genannt, war bis ins 17. Jahrhundert bewohnt, als die Reichsfreiherren es vorzogen, ein Schloß unten in der Stadt zu bauen. Es steht im Zentrum, nahe dem Adelsheimer Hof, dem prächtigen dreistöckigen Fachwerkbau, heute Rathaus.

Wieder an der Ruine vorbei, die leider immer mehr verfällt, geht es weiter bergauf. In der fünften Kehre schwenkt der L-Weg via Bad Ems, ein Seitenstrang zeigt zur Burg Nassau. Nach der achten Schleife ist sie endlich erreicht. Was wir heute hier vorfinden, ist mühevolle Aufbauarbeit, begonnen in den siebziger Jahren mit dem Bergfried, der nach alten Stichen originalgetreu wie zur Zeit seiner Erstentstehung vor 1124 durch die Herren von Laurenburg, die sich nach 1159 Grafen von Nassau nannten, wiedererstellt werden konnte. Schwieriger wurde es mit dem romanischen Palas daneben. Für ihn gab es keine frühen Unterlagen, bis der Zufall zur Hilfe kam in Form eines freigelegten romanischen Fensterrundbogens und der dazugehörigen Kapitelle. Es entstand ein Meisterwerk handwerklichen Könnens. Im Palas wurde eine Gaststätte eingerichtet. Auf den Bergfried kann man hinaufklettern und sich in den vier Wichhäuschen beim Blick über altes nassauisches Land als Burgwächter fühlen.

Wir laufen zurück zum kleinen Parkplatz am Fuß des Gipfelfelsens, rechts die gepflasterte Zufahrt hinunter nach Scheuern, Teil von Bergnassau und wie dieser Ort einst in den Gesamtbefestigungsring einbezogen. Das Straßenschild Becheln gibt die Richtung an, es weist ins Mühlbachtal hinunter, zu einem der wildromantischsten Bachläufe, die sich, durch Felsen mäandernd, ihren Weg zur Lahn gebahnt haben. Vor der Brücke biegt man links in die Brückenstraße, findet nach wenigen Metern die Markierung N 14 und folgt ihr zwischen Bungalows und Kleingärten bachaufwärts. Blaues Dreieck und blauer Strich kommen hinzu, ebenfalls den Bach querend zum Eintritt in den Wald. Schieferfelsen fast senkrecht stehender Schichtung wechseln mit klaren Fischweihern ab, auf deren Oberfläche sich die umgebende Landschaft spiegelt, weiße See- und gelbe Teichrosen schwimmen; Wehre bändigen die Wasser.

Erneuter Szenenwechsel, der schwarze Ring kündet ihn an – gelegentlich unterstützt von der S 8 – mit Überschreiten des neuen Holzsteges und jenseitigem Bergauf im Wald über langgezogene Serpentinen. Rabenlei heißt der nächste Höhen- und Aussichtspunkt. Noch immer leicht steigend, erreichen wir die B 260, folgen ihr nach links zum Waldanfang und gliedern uns dort aus der abfallenden Linkskurve S 8 und blauem Strich geradeaus auf den breiten gekiesten Weg ein. Von der stattlichen Maleiche übernehmen N 12 und N 13 die Führung für den letzten Wegabschnitt. Im Rechts-links-Knick steuern wir über den Nassauer Berg durch Felder den abschließenden Aussichtspunkt dieser Wanderung an, Pavillon Nassaublick. Am felsigen Waldhang geht es kurvenreich hinunter zur Lahn.

Zwei Burgen im Aartal

Im Bad Schwalbacher Stadtteil Adolfseck – Ausgangsort trifft man die erste Burgruine an, von der aber weniger erhalten ist als später von Burg Hohenstein, in deren hohem Mauerwerk man nach Herzenslust herumklettern kann. Das Restaurant Waffenschmiede innerhalb des Burggeländes ist montags und dienstags geschlossen. – Es geht etwa fünf Stunden (15 km) durch überwiegend schattige Wälder, ein kräftiger Anstieg in Hohenstein ab Adolfseck. – Nur für Autofahrer, ab Wiesbaden B 54 Richtung Limburg.

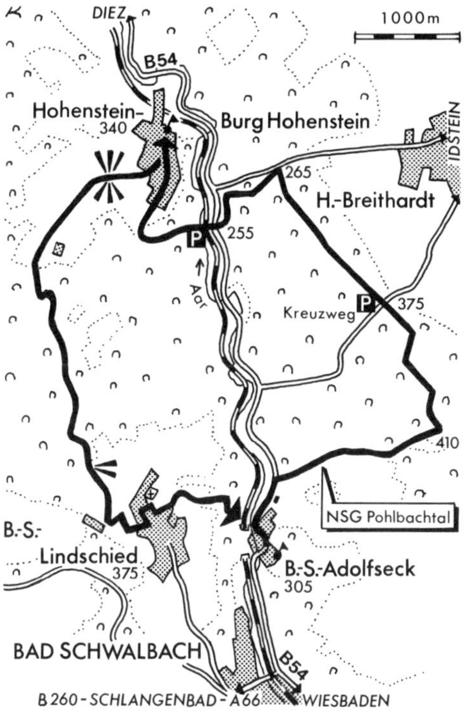

Landschaftliche Gegensätze kennzeichnen den Lauf der Aar auf ihrem Weg durch den Taunus zur Lahn. Bevor das Flüßchen gemächlich der Mündung zustreben kann, muß es sich im Abschnitt Bad Schwalbach durch ein wildromantisches Felsental zwängen. Diese Lage für strategische Zwecke zu nutzen, bot sich schon früh an. So entstanden gleich zwei

Burgen in direkter Nachbarschaft nebeneinander: die Burg Hohenstein der Katzenelnbogener im 12. Jahrhundert und die Burg Adolfseck der Nassau-Idsteiner im 14. Jahrhundert. Beide haben unübersehbare Spuren hinterlassen. Unser Wanderbogen spannt sich von der einen zur anderen mit Beginn in Adolfseck.

Durch das Felsentor, das das Tal als angestauter Halsgraben abriegeln konnte, winden sich heute Straße und Fluß. Auf der Spitze einer ins Aartal vorspringenden Bergnase ist die Ruine der bis zum Dreißigjährigen Krieg uneinnehmbaren Burg Adolfseck noch erkennbar. Unser maßgebliches Zeichen Limesturm wird erst weit außerhalb des Ortes sichtbar, wenn es gilt, von der Straße (B 54, Richtung Limburg) weg nach rechts ins Naturschutzgebiet Pohlbachtal abzubiegen. Bald gesellt sich die rote Schnepfe zum Turm, beide Zeichen ziehen am Waldrand aufwärts, ein Blick zurück auf das hochgelegene Lindschied, durch das wir am Schluß herunterkommen.

Sobald der Limesturm rechts verschwindet, folgen wir der Schnepfe geradeaus weiter in den Wald, nach einem Linksknick weiter leicht steigend bis zur Straße, und stehen jenseits auf dem Parkplatz Kreuzweg. Hier nehmen wir die Fährte des Rotfuchses auf, die zunächst geradeaus noch leicht steigt, dann abwärts von hohen Lärchen, Fichten und Kiefern flankiert. Wenn der Fuchs links abschwenkt, behalten wir die Geradeausrichtung ohne Zeichen bei und laufen den fichtenbestandenen Bachgraben hinunter bis an die Straße nach Breithardt. Von hier an nimmt man, noch immer ohne Zeichen, den links ansteigenden sandigen Weg, der schließlich steil zur B 54 abfällt. Straße, Gleis und Aar werden überschritten, und hinauf geht es die Zufahrt nach Hohenstein-Burg Hohenstein. Am Ende der Neubausiedlung weist das große Schild „Burg 300 m“ die Richtung.

Die Lage der Burg auf einem nach drei Seiten steil abfallenden 200 Meter hohen, von der Aar umflossenen Felsgrat ist faszinierend. Nicht minder die Masse Mauerwerk der verbliebenen Türme und Wehrmauern, einer 2,50 Meter starken Schildmauer, Fortifikationen, die im Laufe der Jahrhunderte stetig verstärkt und erweitert wurden. Über die Burggeschichte berichtet die „Hessische Cronica“ aus dem Jahre 1604: „Hohenstein ist ein altes Schloß, so von den Graffen von Catzenelnbogen auff einem spitzigen felsen erbawet und bewohnet worden.“ Dieses Geschlecht zählte auf seinem Höhepunkt im 15. Jahrhundert innerhalb seines Territoriums 225 Dörfer, neun Städte und elf Burgen oder Schlösser. Wie die Hohenstein ausgesehen hat, wissen wir heute ganz genau nach den Zeichnungen von Wilhelm Dillich, die er Anfang des 17. Jahrhunderts angefertigt hat und erhalten sind. Zwei gewaltige Schildmauern deckten gegen feindlichen Beschuß von der Bergseite her ab: die zweieinhalb Meter dicke äußere zwischen Tor- und östlichem Eckturm, die innere, teilweise aus dem Felsen gehauene Schildmauer zwischen dem fünfeckigen Westturm und Bergfried zum Schutz der Kernburg. Auch kleinste Mauerteile sind mit behauenem Schiefer sauber aufgeschichtet, so daß alles wie aus einem Guß erscheint. Plünderungen und Feuer während des Dreißigjährigen Krieges leiteten das Ende ein, nach schwerem Beschuß mußte sich die Besatzung 1647 ergeben. Seitdem verfiel Hohenstein, ist aber dennoch eine der größten und eindrucksvollsten Burgruinen im Taunus. Heute betreut das Land Hessen die Ruine, in der man frei herumklettern kann. Das integrierte Hotel-Restaurant Waffenschmiede hat nur beschränkte Raumkapazität.

Für die zweite Wanderhälfte heißt es zurück zum Burghinweisschild, halb links in die Straße Schloßbrücke einbiegen und Ausschau halten nach den drei gebündelt auftretenden Zeichen: schwarzes liegendes U, roter Rhombus und rotes Dreieck. Das Dreiergespann zieht hinaus auf eine Felderhöhe, über Weidewiesen zum Wald. Wenn sich die Zeichen scheiden, ist für uns der Rhombus das richtige bis zum Waldende. Dort am Zaun der ehemaligen Villa Lilly, die der in Mainz-Kastel 1839 geborene und in den USA zum „Bierkönig“ aufgestiegene Adolphus Busch für seine Frau 1891 erbauen ließ und die beiden als herrschaftliche Sommerresidenz diente, dort also lassen wir den Rhombus zurück, nehmen den Limesturm auf und biegen sofort mit ihm links ab hinunter nach Lindschied, das schon nach Bad Schwalbach orientiert ist.

In Lindschied schlägt das Zeichen einige Haken und zieht dann wieder hinaus, anfangs auf asphaltiertem, später sandigem, von Büschen gesäumtem Weg, an Pferdekoppeln vorbei abwärts, nochmals kurz durch Wald und schon angesichts der Häuser von Adolfseck unter dem Aarbahngleis hindurch rechts in den Ort.

Burgruine Hohenstein

Gestern und heute in Wehen

Eine dreistündige Rundwanderung (9 km) im Hintertaunus, die erste Hälfte sonnig und aussichtsreich, die zweite im Waldschatten. – Am Ausgangsort Wehen, Ortsteil von Taunusstein, hat das regionale Museum im Schloß dienstags, mittwochs und freitags von 10 bis 13 Uhr, mittwochs und sonntags von 14 bis 17 Uhr geöffnet. – Einkehr unterwegs in der Aarmühle (freitags Ruhetag). – Fahrtverbindung: ab Wiesbaden Hauptbahnhof mit Bus, auch ab Idstein. Für Autofahrer B 275, ab Anschlußstelle Idstein.

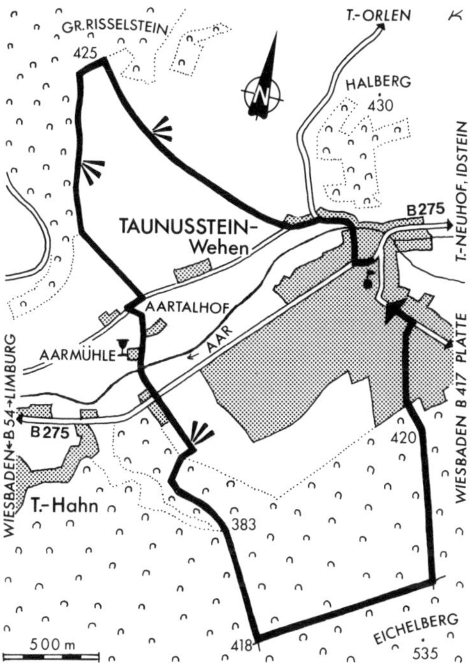

Welten trennten die Dorfbewohner am Nordrand des Taunus in ihrem mühevollen Alltag noch bis weit ins 20. Jahrhundert hinein vom Glanz der nahen Residenz- und Badestadt Wiesbaden. Daran hatte auch nichts geändert, daß sie ebenfalls zum Territorium der früheren Grafschaft und des späteren Herzogtums Nassau gehörten. Nur auf Wehen fiel zeitweise ein kleiner Schimmer, wo unter der Nassau-Weilburger Linie schon um 1330 ein Schloß entstanden war, das von 1593 bis 1655 als Witwensitz diente. Unter späterer Nutzung – auch als Amtsgericht – ging allerdings das Bewußtsein vom eigentlichen Ursprung der Anlage in der Bevölkerung fast verloren. Heute ist man stolz auf sein Schloß in Wehen, jetzt Stadtteil von Taunusstein im Verwaltungsverbund von zehn einst selbständigen Gemeinden mit 27500 Einwohnern.

Vor geraumer Zeit haben die Renovierungsarbeiten am Schloßkomplex begonnen. Ein Abschnitt, in dem das ehemalige Heimatmuseum untergebracht war, öffnete vor kurzem wieder seine Türen unter der neuen Konzeption „Regionale Geschichte und Volkskunde", beginnend mit dem Ausstellungsthema „Vom Acker in die Küche", die Lebenswelt dieser Region zwischen 1900 und 1925.

Aus welcher Richtung man auch nach Wehen kommt, die Wanderung beginnt in der Nähe des Schlosses auf der von der B 275 abzweigenden Straße nach Orlen. Am ehemaligen Rathaus geht es um die Ecke, und wenn die Straße zur scharfen Rechtskurve ansetzt, verlassen wir sie und laufen vom Scheitelpunkt geradeaus weiter, um am Ende des Villenviertels, nach Passieren einer alten Lindenallee, an der Wegegabelung rechts aufwärts einzuschwenken. Noch verdeckt der Hohlweg die Sicht, doch dann tritt man hinaus in die heitere Feld-Wiesen-Landschaft. Wir halten im leichten Anstieg auf den Waldstreifen voraus zu. Fast auf der Höhe, wenn die schon angekündigte Schranke sichtbar wird, biegen wir am Waldrand links ab und wandern auf dem Feld-Wald-Randweg weiter, auch seinen Linksschwung nachvollziehend, wobei der Blick in die Ferne schweift und schließlich Fixpunkte an Funktürmen in Gestalt von Betonnadeln findet, in der Nähe auf der Hohen Wurzel und – entgegengesetzt und weit entfernt – auf dem Großen Feldberg.

Im Weitergehen haben wir uns inzwischen in die Route des roten Striches eingefädelt. Von der nächsten Waldecke an nimmt er Kurs halb links durch ausgedehnte Viehkoppeln, kommt zum Verbindungssträßchen Wehen–Hahn und hält nach einem Rechts-links-Knick durch eine Birkenallee abwärts auf den Aartalhof und die Aarmühle im Wiesengrund zu. Die hier noch als schmales Bächlein plätschernde Aar wird gequert, ebenso die B 275, und jenseits geht es mit dem roten Strich wieder hinan und oberhalb rechts in den Wald.

Etwas unklar ist die Stelle, an der das Zeichen links in einen schmalen Trampelpfad weist. Er stellt die Verbindung zu einem breiten Forstweg her, auf dem es nochmals leicht steigend weitergeht bis zum Ende eines stark sturmgeschädigten Forstbereichs. Wenn hier der rote Strich nach rechts abdreht, wenden wir uns ohne Markierung nach links und treffen wenig später auf das Rundwegzeichen grüne Tanne, dem wir uns zunächst geradeaus anschließen und halten mit dem übernächsten Weg links direkt auf Wehen zu. Vom Waldrand führt der Eichelberger Weg geradeaus durch die Neubausiedlung, am Markt nach links, hinunter ins Zentrum um das Schloß, überragt vom verschieferten Kirchturm der evangelischen Kirche.

Das regionale Museum hat seinen festen Platz im Untergeschoß des Schlosses, Weiherstraße 6, während das Obergeschoß für Wechselausstellungen vorgesehen ist.

Schloß Neuweilnau
Burgruine Altweilnau

Hoch über dem Weiltal

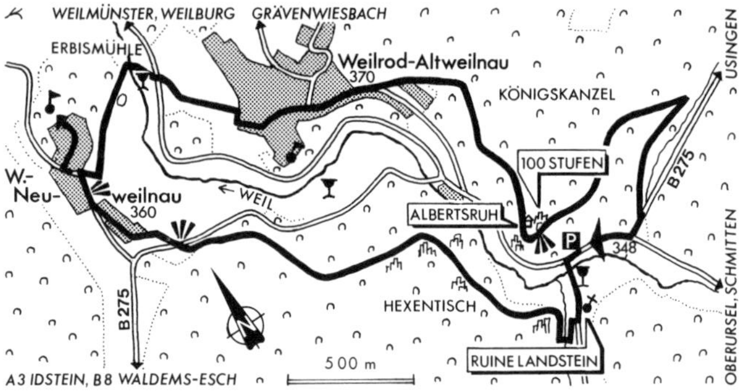

Auch der Hintertaunus hält landschaftlich Schönes und historisch Interessantes bereit, was während einer fast dreistündigen Wanderung (8 bis 9 km) überwiegend durch Wald zu erleben ist. – Ausgangspunkt ist die Haltestelle Landsteiner Mühle der Busse ab Hohemark (Endstation der U 3) Richtung Weilrod, oder ab Bad Homburg, Bahnhof. – Einkehr unterwegs in der Landsteiner Mühle (donnerstags Ruhetag) oder in Neu- und Altweilnau. – Das Neuweilnauer Schlößchen kann nur von außen betrachtet werden. – Bis zur Rückkehr geht es zweimal leicht bergauf und bergab.

Auf seinem schlängelnden Lauf von der Feldberghöhe durch den Hintertaunus zur Lahn hat das Flüßchen Weil ein außerordentlich reizvolles Tal in das Gebirgsmassiv modelliert. Ganz besonders im Mittelabschnitt, wo es sich streckenweise den Weg durch Felspartien bahnen mußte, entstanden Burgen obenauf wie Alt- und Neuweilnau und im Wiesental Mühle an Mühle. In dieser „Ecke“, die zum 13 Ortschaften umfassenden Großraum Weilrod gehört, soll sich unsere Wanderung bewegen. Wir beginnen an der Landsteiner Mühle.

Vom Parkplatz oder der Bushaltestelle an der B 275 vor der Landsteiner Mühle quert man die Straße und hält über die Weilbrücke auf das heutige Restaurant zu. Eine schon im 15. Jahrhundert vorhandene Kornmühle mit Gasthaus ging im Dreißigjährigen Krieg unter. Das wüst gewordene kleine Dorf wurde nicht mehr besiedelt; aber Ende des 17. Jahrhunderts entstand die Korn-, Öl- und Schneidemühle wieder, jetzt ein beliebtes Ausflugslokal.

Mehr als das Fachwerkgeviert fällt die dahinter aufragende Kirchenruine Landstein ins Auge. Die Kirche, Ende des 13. Jahrhunderts errichtet, war noch bis zur Reformation als Wallfahrtsort bekannt. Nach dem verheerenden Krieg wurde die große Glocke im Brandschutt gefunden und nach Oberursel verkauft. Wir laufen kurz entlang dem ansteigenden Sträßchen weiter, treffen auf die Markierung schwarzer Ring, biegen mit ihm rechts ab, überqueren das Tälchen des Niedgesbachs und sind sofort im Wald. Der Ring zieht nun auf einem Hangweg hoch über der Weil weiter, gewaltige aufgefaltete Felsmassen rücken stellenweise nahe heran. Es wird lichter, sobald man sich Neuweilnau nähert. Wie ein riesiger Halsgraben trennt der Weileinschnitt die erhaben thronenden Alt- und Neuweilnau voneinander. Nach Waldende wird die B 275 gekreuzt, der Ring hält geradeaus auf Neuweilnau zu.

Dem schwarzen Ring folgen wir noch durch die Randsiedlung bis „Zur Schönen Aussicht". Um das Renaissance-Schlößchen – heute Forstamt – von außen zu besichtigen, das Graf Ludwig I. von Nassau-Weilburg 1506–1513 auf der Höhe des Rödelnberges über dem Dorf erbaute, gehen wir geradeaus weiter, kommen aber wieder zurück und schließen uns rechts abwärts auf einem Pfad dem schwarzen Keil an, der bald nach links in den sich verbreiternden Wiesengrund der Weil einschwenkt. Hier liegt die Erbismühle. Sie gilt als die älteste in diesem Raum, wird bereits 1213 im Zusammenhang mit einem Kloster im Westerwald genannt. Seit der Jahrhundertwende ist sie ein gastronomischer Betrieb. Am Ende des Tennisplatzes queren wir die Weil, laufen am Hotel entlang zur Straße und drüben nach Altweilnau hinauf, jetzt mit der grünen „Rundweg-Markierung". An den ersten Häusern schlägt das Zeichen einen Rechts-links-Haken und lenkt durch das Neubaugebiet mitten hinein in den alten Ortskern, der schon sehr früh am Fuße einer um 1200 erbauten Burg der Grafen von Diez entstand und sogar für kurze Zeit Stadtrechte erhielt.

Das Rundwegzeichen weist auf der Weilnauer Straße angesichts des verbliebenen viereckigen Torturmes als Rest der Stadtbefestigung aus dem 14. Jahrhundert und des runden Bergfrieds wieder zum Burgdorf hinaus. Fast am Ende biegt es, jetzt gemeinsam mit dem schwarzen Hirschkäfer, links in die Straße „Königsholz", von hier am Wald abermals links ab und sofort bei Teilung auf den rechten Strang, „Zu den 100 Stufen" laut einem Schild. Gemeint ist damit der Aussichtspunkt hoch oben auf einem Fels. Ein schöner Hangweg im Buchenforst hält darauf zu. Zum Aufstieg zur ersten Station, der Schutzhütte Albertsruh, sind es 50 Stufen, von da geht es mit kaum erkennbarem Pfad zu einer aussichtsreichen Felsplatte mit Bank. Über 100 Stufen kommt man wieder auf den Hangweg hinunter. Wenn sich Käfer und grünes Zeichen trennen, verbleiben wir beim Hirschkäfer, ziehen noch eine Schleife im Waldschatten und erreichen entlang der Straße den Parkplatz.

Das Schloß als weiße Krone

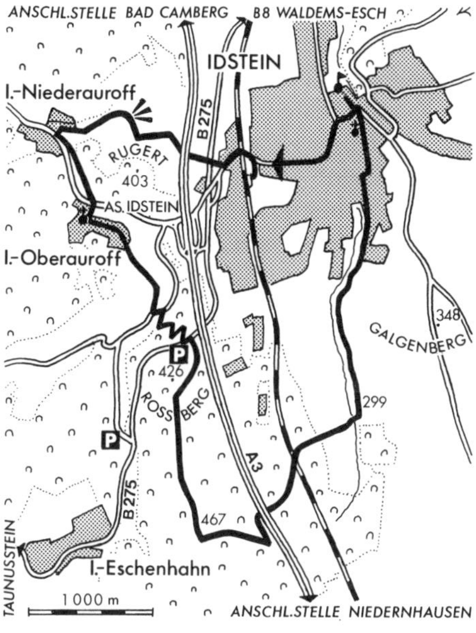

Nicht nur Schüler dürfen in das Schloß zu Idstein, auch für den Ausflügler gibt es außer den als Gymnasium genutzten Räumen genug zu sehen: den mächtigen „Hexen-(Aussichts)-Turm", in der Stadt das Fachwerkprunkstück Killingerhaus, die historisch wie künstlerisch bedeutende Unionskirche. Auch im Stadtteil Oberauroff steht eine ausgemalte Dorfkirche. Daran führt die vierstündige Wanderung (13 km) – überwiegend im Waldschatten – vorbei. Idstein als Ausgangsort liegt an der Bahnstrecke Frankfurt – Niedernhausen – Limburg und an der A 3. – Öffnungszeiten für das Heimatmuseum im Killingerhaus: Montag bis Donnerstag 8 bis 12, 14 bis 16 Uhr, Sonntag 15 bis 17 Uhr; dort kann auch der Schlüssel für die Unionskirche ausgeliehen werden.

Es gibt Orte, da lohnt das häufige Wiederkommen, auch wenn man sie zu kennen glaubt. Idstein ist einer jener historischen Flecken, die durch das Fortschreiten der Altstadtsanierung ihre Attraktivität Jahr für Jahr gesteigert sehen. So komplettierten in letzter Zeit das vollständig überholte Renaissance-Schloß am einen Ende der Altstadt und der Höerhof am anderen das herrliche Fachwerkensemble um den König-Adolf-Platz in der Ortsmitte. Beide, das seit 1992 wieder zugängliche, als Gymnasium genutzte Schloß und der im vergangenen Jahr mit der Fassadenplakette der Stadt für vorbildliche Sanierung ausgezeichnete Höerhof, stehen zudem in engem zeitlichen und architektonischen Zusammenhang. Ihr Bauherr heißt gleichermaßen Heinrich Heer (= Höer). Erst schuf er seit 1613 für Graf Ludwig II. von Nassau-Weilburg das Residenzschloß anstelle der alten Burg, dann baute sich Heer sein eigenes Traumhaus auf einem Grundstück, das ihm der Landesherr als Dank für die großartige Leistung zur Verfügung gestellt hatte.

Obwohl Idstein natürlich längst über den alten Kern hinausgewachsen ist, beherrscht noch immer das hoch aufragende Schloß die Stadtsilhouette. Wie eine weiße Krone thront es über den Häusern. Dieses imposante Bild eröffnet sich schon bald nach dem Wanderbeginn – wir brauchen uns nur umzudrehen. Wenn wir vom Bahnhof hinüber zur Wiesbadener Straße gelaufen sind, dort den roten Punkt nach links aufgenommen sowie Gleise über- und die Autobahn unterquert haben, kann der Blick zurückreichen auf das einstige Residenzstädtchen einer Nassauer Nebenlinie. Wie so oft, der beeindruckende Schloßbau stand dabei in auffallendem Mißverhältnis zur bescheidenen Größe des Herrschaftssprengels.

Dörfchen wie Nieder- und Oberauroff gehörten dazu. Sie haben wir bald erreicht, nachdem der Scheitelpunkt des anfänglichen Bergaufs überschritten ist. In Niederauroff wenden wir uns kurz vor dem Erreichen der Durchgangsstraße nach links und schlendern durch einen offenen Wiesengrund hinüber zum Namensvetter Oberauroff. Aufmerksamkeit erregt sofort die Architektur der kleinen evangelischen Pfarrkirche. Wie bei einigen anderen Beispielen, etwa in Alsfeld oder Frankfurt-Höchst, ist auch hier der Chorraum bedeutend höher als das Langhaus. Vermutlich war schlicht das Geld beim Umbau 1310 vom romanischen Vorgängerbau zu einem gotischen Kleinod ausgegangen. Noch vor der Pfarrkirche halten wir uns mit dem neuen, aber schon zuvor hinzugekommenen Zeichen, dem schwarzen liegenden Y, nach links. Einige Fischteiche begleiten durch die Wiesen zu einem Sträßchen, auf dem wir kurz links und wieder nach rechts einem Wiesensaum folgen. Nicht lange, und die Markierung klettert über enge Windungen nach links den Berg hinauf, bis sie die B 275 erreicht hat. Auch auf der anderen Straßenseite bleiben wir in der leichten Aufwärtsbewegung, nun auf einem breiten, geradeaus führenden Forstweg. Das Grün des Laubwalds schirmt uns, bis wir nach links mit dem Zeichen stilisierter Wachtturm abzweigen. Das schwarze Türmchen eilt den Abhang voraus, unterläuft die Autobahn und überspringt die Eisenbahngleise. Jetzt tritt das Zeichen bald ins Freie, seinem scharfen Rechtsknick nach dem Queren eines Bächleins folgen wir aber nicht mehr. Dafür hält man sich hier links und neben Kuhweiden in die Außenbezirke von Idstein.

Man hat die Wahl, über die Straßen Im Rauental, Kirmesseweg und In der Ritzbach direkt zum Bahnhof zu laufen oder über den Taubenberg und die Seelbacher Straße in die Altstadt. Wie zur Begrüßung steht hier oben der zum Hotel-Restaurant umgebaute Höerhof. Das kräftige Türkis seiner Gefache und die kunstvollen Einlegearbeiten stimmen ein auf das farbenprächtige Fachwerkrund mit dem berühmten Killingerhaus am König-Adolf-Platz, das der gräfliche Amtsschreiber Johann Conrad Killing für sich und seine Frau als dreigeschossiges Fachwerkhaus mit großem Erker und reicher, symbolischer Schnitzkunst erbauen ließ. Hartnäckig hielt sich die Geschichte, es hätte ursprünglich in Straßburg gestanden, wäre in Einzelteile zerlegt, rheinabwärts bis Wiesbaden verschifft und in Idstein wieder aufgestellt worden. Das gilt heute als eindeutig widerlegt. Im Killingerhaus sind Heimatmuseum und Verkehrsverein eingezogen. Hier erhält man auch den Schlüssel für die Unionskirche, zu der man in der Obergasse einige Schritte zurückgeht. Mitte des 14. Jahrhunderts als gotische Hallenkirche errichtet, stammt ihre heutige Gestalt und reiche Innenausstattung zumeist aus dem 17. Jahrhundert.

Zum Schluß steigen wir die Stufen zur Schloßbrücke – einst Zugbrücke – hinauf und gelangen durch den Torturm (1497) in die großräumige Burg. – Vom Wahrzeichen Idsteins, dem Hexenturm, 1355 als Bergfried erbaut, hat man eine herrliche Rundsicht, vorausgesetzt, die Turmfalken brüten nicht gerade im Gebälk und wollen nicht gestört werden. Noch ein Blick auf das Rathaus, 1698 über dem Trockengraben der Burg mit Straßendurchfahrt erbaut. Die Wiesbadener Straße hinauf gelangt man zum Ausgangspunkt.

In der Burg Idstein

Elegante Welt im „Klaa Ländche“

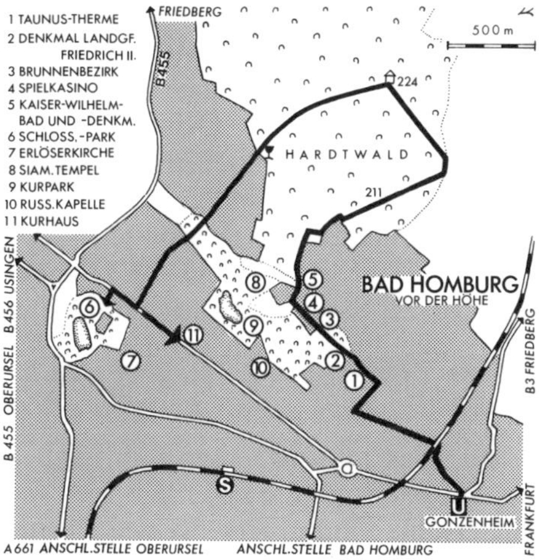

Badeorte haben ihr eigenes, unverwechselbares Flair, auch wenn ihre „große Zeit“ schon geraume Zeit zurückliegt. In Bad Homburg, Mittelpunkt des „Klaa Ländche“ des Landgrafen von Hessen-Homburg, ist der einstige Glanz noch immer spürbar, im Schloß, dem angrenzenden Kurpark. Dort und in den anschließenden Waldungen ergeht man sich während dieser 8-km-Wanderung. Sie beginnt an der Endstation der U 2. – Das Schloßmuseum bietet täglich außer Montag von 10 bis 16 Uhr jeweils zur vollen Stunde Führungen an, letzter Einlaß 15 Uhr.

Der Kurpark von Bad Homburg zählt mit der 44 Hektar umfassenden Fläche zu den größten Europas, und mit seiner Gestaltung durch Peter Josef Lenné 1854 sicher auch zu den schönsten. Die Geschichte der Kuranlagen begann allerdings schon 1840 mit einem Vertrag, in dem sich die Brüder François und Louis Blanc verpflichteten, als Gegenleistung für die Konzession zur Eröffnung eines Spielkasinos ein Kurhaus zu bauen und einen englischen Garten anzulegen. Er erstreckt sich heute mit seinem Bestand von 2000 Bäumen auf annähernd zwei Kilometer in die Länge und an manchen Stellen einen Kilometer in die Breite. Nicht inbegriffen in dieser Ausdehnung ist der angrenzende Hardtwald. Wem es über die Kurparkgrenzen hinaus nach mehr Spazier- und Wanderkilometern zumute ist, ohne gerade den Großen Feldberg erstürmen zu wollen, der findet im Hardtwald ein ideales Erholungsgebiet. Auch wir wollen ihn im Bogen „mitnehmen“.

Von der Endhaltestelle der U 2 in Bad Homburg-Gonzenheim geht man den gegenüberliegenden Haberweg hinauf, unterquert nach rechts die Bahngleise und läuft jenseits auf der Kaiser-Friedrich-Promenade weiter, bis rechts der Seedammweg hinunter in den Park abzweigt. Hält man sich auf der rechten Seite der Anlage, gelangt man unmittelbar in den Brunnenbezirk. Sieben Quellen sprudeln aus dem Erdinneren, von denen der Elisabethenbrunnen, in einen Rundtempel gefaßt, am bekanntesten ist.

Vom hohen Denkmalsockel schaut Landgraf Friedrich II. (1633–1708), Kleists „Prinz von Homburg“, auf Schloß und Stadt herab, die er erbaut hatte, und über das Bad, zu dessen glanzvoller Entwicklung er durch die Wiederinbetriebnahme der Quellen nach dem Dreißigjährigen Krieg den Grundstock gelegt hat.

An Spielbank und Kaiser-Wilhelm-Bad vorbei gelangt man zur Kisseleffstraße und verläßt hier vor den Tennisplätzen nach rechts den Kurpark. Wenige Schritte links auf dem Paul-Ehrlich-Weg, rechts über den ersten Bachsteg, und schon ist man im Wald auf dem hübsch geführten Sülzertalweg. Zunächst geradeaus, ein großes Privatgrundstück halb umrundend, dann rechts am Hang unterhalb eines Klinikgebäudekomplexes entlang. An dessen Ende nimmt man von einer Wegekreuzung den rechts abzweigenden Pfad und läuft oben, vor den Häusern, nach links auf der Zufahrtsstraße weiter.

Sobald das Wasserwerk erreicht ist, geht man links daran vorbei geradeaus weiter, bis der Wald aufreißt und den Blick über Streuobstwiesen in Richtung Seulberg und entferntere Dörfer freigibt. Ein verwittertes Holzschild zeigt den Fasanenweg an, hier biegen wir links ein, münden in einen Forstweg und folgen diesem schnurgerade im Hochwald. Es ist die Seulberger Grenzschneise, wie sich erst später herausstellt, an einer großen Kreuzung, an der rechts die Friedrich-Christian-Schmidt-Schutzhütte steht. Sie gibt das Zeichen, aus der bisherigen Richtung in die Schneise links abzuschwenken und geradewegs auf die Hardtwaldsiedlung zuzuhalten mit der Möglichkeit zur Einkehr im Hardtwald-Restaurant. Philosophenweg heißt die Straße, der wir jetzt zwischen den Villen hinunter zum hier allmählich auslaufenden Park folgen. Der schmale Streifen wird durchquert, drüben geht es die Gymnasiumstraße und Haingasse hinauf. Damit findet man sich inmitten der Altstadt und nach rechts am Aufgang zum Schloß und dessen Park. Die Geschichte des Schlosses ist die Geschichte des Mannes mit dem silbernen Bein, wie Friedrich II. wegen seiner Prothese genannt wird. Auf den Grundmauern einer spätmittelalterlichen Burg, von der nur der Bergfried, der „Weiße Turm“, erhalten ist, ließ der Landgraf die weiträumige, fünfflügelige Anlage erbauen. Sie wurde im folgenden Jahrhundert erweitert und durch elegante Salons bereichert, als Homburg sich anschickte, das mondäne Bad der Könige und Kaiser zu werden. In allen Einzelheiten erfährt man die Geschichte des Landgrafen von Hessen-Homburg, dem „Klaa Ländche“, bei einer Führung im Schloßmuseum. Durch die Fußgängerzone der Louisenstraße kommt man zum Kurhaus, hier halten die städtischen Busse, die über den Bahnhof zur S 5 oder nach Gonzenheim zur U 2 bringen.

Ritter Gottfried weist den Weg

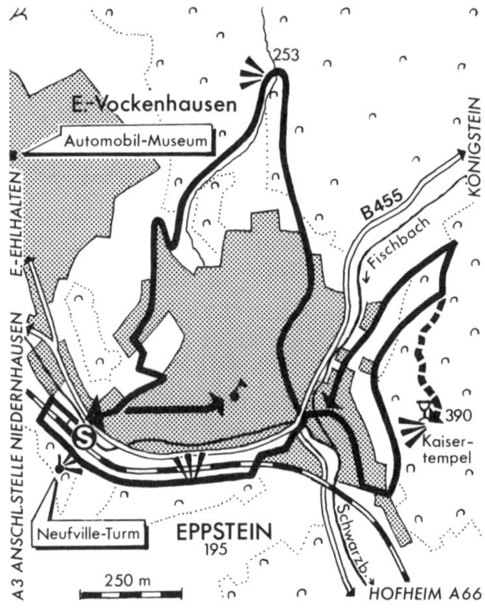

... auf dem dreistündigen Spaziergang (8 km) um das Burgenstädtchen Eppstein. Besondere Kennzeichen: drei kräftige Steigungen, prächtige Aussicht, Einkehr unterwegs in der Gaststätte am Kaisertempel, Abstecher zum Neufville-Aussichtsturm, Abstecher zum Automobil-Museum im Stadtteil Vockenhausen. – Ausgangspunkt: Bahnhof Eppstein an der Linie S 2 ab Frankfurt. – Öffnungszeiten: Gaststätte am Kaisertempel: ab 12 Uhr, dienstags ab 18 Uhr, montags Ruhetag, Januar und Februar nur samstags und sonntags geöffnet. Neufville-Turm 1. April bis 31. Oktober samstags und sonntags von 10 bis 18 Uhr. Museum in der Burg Eppstein, 1. April bis 15. Oktober samstags von 14 bis 17 Uhr, sonntags von 11 bis 12 und 14 bis 17 Uhr, nur Burg und Turm 1. November bis 31. März samstags und sonntags von 11 bis 15 Uhr. Burgfestspiele Ende Juni bis Anfang Juli. Automobil-Museum in E.-Vockenhausen, Hauptstraße 130, samstags und sonntags von 10 bis 18 Uhr. Bus ab Bahnhof Eppstein.

Wer in Eppstein, dem Burgenstädtchen im Taunus, als Wanderer Ausschau nach Wegemarkierungen hält, wird neben den bekannten bunten Punkten, Kreuzen, Strichen des Taunusklubs, den Pflanzen und Tieremblemen der Naturparks ein völlig aus diesem Rahmen fallendes Zeichen entdecken: den kleinen schwarzen Ritter, das Banner hoch aufgerichtet in der Hand. Einheimischen ist der lustige Geselle schon lange vertraut, sie wissen auch, daß er Gottfried heißt und als Symbolfigur natürlich auf den geschichtlichen Hintergrund des Ortes anspielt, genau, die Stadtrechtverleihung im Jahre 1318 unter der Herrschaft Gottfrieds IV. von Eppstein (1298–1342). Die Privilegien gingen zwar verloren, konnten aber 1950 wieder erneuert werden. Alt-Eppstein, das sich wie eh und je an den Burgberg schmiegt, überragt von der mächtigen Burgruine, ist in seinem Kern nahezu unverändert geblieben. Jeglicher Versuch, sich ausdehnen zu wollen, mußte ohnedies an der Eigenart der geographischen Lage des Ortes scheitern. Eppstein liegt am Schnittpunkt von vier kleinen Tälern, Schwarzbach und Fischbach, Dais- und Dattenbach. Die Gewässer haben sich tief in die Felsen gegraben, die Landschaft mit steil abfallenden Flanken geformt. Dies wiederum macht heute den besonderen Reiz des Städtchens aus. Ihn will Gottfried, der kleine Ritter, dem Besucher als Lotse rund um die Stadt auf einem Panoramaweg nahebringen. Allerdings fordert er gehörig dabei heraus: Es heißt dreimal auf die Höhe klettern und dreimal wieder hinunter in den Talkessel.

Am Bahnhof in Eppstein hält Gottfried sich bereit. Vor dem Bahnhofsgebäude folgt man der Aufforderung, links über den Parkplatz zum Wald zu laufen, dort vor dem Tunneleingang die Gleise am Hinweis Panoramaweg zu queren. Jetzt oberhalb der Bahnanlage geht es, rasch an Höhe gewinnend, im Wald weiter Richtung Stadt. Die unbelaubten Bäume gewähren schon von hier aus einen Durchblick auf das Städtchen und seine überragende, wuchtige Burg. Von den salischen Kaisern vermutlich um 1100 zum Schutze eines Taunuspasses angelegt, kam sie 1186 an die Herren von Eppstein. Nach und nach bauten sie die Anlage zum Wehr-, Wohn- und Verwaltungszentrum aus und entwickelten sich zu einem der mächtigsten Geschlechter unserer Gegend. Die Burg wurde nie durch Kriegseinwirkungen zerstört. Erst nach dem Aussterben im Mannesstamm begannen Niedergang und Abbruch. Was seit Anfang des 19. Jahrhunderts gerettet und restauriert wurde, ist noch immer gewaltig und beeindruckt von unten und oben gleichermaßen.

Über eine Brücke geht es wieder abwärts zum Stadtrand, die Lorsbacher Straße und der Schwarzbach werden gekreuzt, dann weist Gottfried von der Fischbacher Straße rechts in die Staufenstraße. Fast am Ende, vor Waldbeginn, schwenkt unser Ritter abrupt links Ober dem Staufenweg ein und beginnt den Anstieg, zunächst über Treppen, dann auf einem Hangpfad den Staufen mit seinen zerklüfteten Felspartien hinan. Sobald die Forststraße erreicht ist, gleichzeitig Zufahrt zum Kaisertempel, sieht die Panoramaroute einen Abstecher zu ebendiesem unvergleichlichen Aussichtspunkt nach rechts aufwärts vor. Von keiner anderen Stelle bietet sich ein solch umfassender Überblick auf das Städtchen, seine Burg und das Hinterland wie von dieser Stelle.

Wir gehen die gleiche Forststraße zurück, weiter abwärts bis zur Spitzkehre, biegen links ein und sichten damit schon die ersten Häuser der Hangsiedlung über dem Fischbachtal. Die Gimbacher Straße hinunter, sind wir bei der Einmündung in die bereits bekannte Staufenstraße wieder auf der Talsohle. Gottfried ist gerüstet für den nächsten Aufstieg, der auf der anderen Seite der B 455 beginnt. Zunächst ein Treppenaufgang, dann geht es die lange Mendelssohnstraße durch das Neubaugebiet den Heinzberg hinan. Am Schulungsheim auf der Höhe ist es geschafft, wir treten rechts in den Wald ein und kommen gemächlich in das Tal des kleinen Wellbaches. Wenn der Weg ihn erreicht, wenden wir uns spitzwinklig der anderen Seite zu und laufen durch das Tälchen zurück zum Waldrand.

Hier, knapp vor Vockenhausen, weist Gottfried rechts aufwärts zur freien Höhe Auf dem Bienroth, das Aussichtspendant zum Kaisertempel. Auf dem letzten Abschnitt folgt man dem Ritter links Auf dem Wingertsberg, läuft zwischen Sportplätzen und Villenreihe entlang, findet links zwischen zwei Häusern schließlich einen Durchschlupf und nähert sich auf einem lauschigen Wiesenpfad von hinten seiner Burg. Der Eingang ist von der Stadtseite neben der Talkirche, also die Burgstraße rechts hinunter, links in die Altstadt. Rechts über die Brücke geht es direkt zum Bahnhof.

Burgruine Eppstein

Burgruine Falkenstein
Burgruine Nüring

Wanderschleife um die Nüring

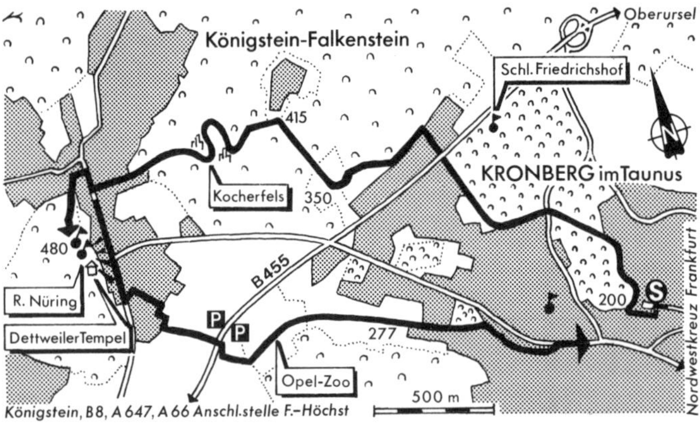

Der Königsteiner Ortsteil Falkenstein mit seiner dominierenden Burgruine und neu hinzugekommenen Nüring ist das Ziel dieser 10 km langen, abwechslungs- und aussichtsreichen Wanderung, die auch den Opel-Zoo (täglich von 8.30 bis 18 Uhr geöffnet) mit einschließt. – Ausgangsort ist Kronberg, Endpunkt der S 4.

Zur großen Familie der rund 300 Burgen und Schlösser Hessens trat nach Abschluß archäologischer Grabungen Ende 1991 eine weitere hinzu. In unmittelbarer Nähe zur Burg Falkenstein konnte der Turmstumpf des Vorgängerbaus namens Nüring freigelegt werden: ein Quadrat mit einer Mauerstärke von gut zweieinhalb Metern. Was im Vergleich zur weitläufigen und gut erhaltenen Burgruine Falkenstein eher unscheinbar wirkt, entpuppte sich in baugeschichtlicher Hinsicht als kleine Sensation. Die Nüring ist nach Art und Anlage vermutlich die einzige Hessens und somit eines der raren Beispiele, wie befestigte Adelssitze aussahen, bevor sie aus machtpolitischen und wehrtechnischen Gründen die uns vertrauten Formen und Größen annahmen. Für das Geschlecht derer von Falkenstein-Bolanden, dem Anfang des 13. Jahrhunderts die Grafschaft Nüring zufiel, war dann auch die Turmburg überholt, und man errichtete nebenan die erstmals 1330 erwähnte, mit Sicherheit aber ältere Burg Neu-Falkenstein, die 1688 zerstört wurde. Der kleine Ort zu Füßen behielt noch bis ins 18. Jahrhundert den Namen Nüring bei.

Die Wanderschleife nimmt ihren Anfang am S-Bahnhof von Kronberg. Man läuft entlang der Parkdecks bis zur ersten Straßenkreuzung und biegt nach rechts in den ansteigenden Parkbereich ab. Hinter den entenbesetzten Weihern taucht das für die erste Wanderhälfte maßgebliche Zeichen auf, ein schwarzer offener Ring. Es führt sicher durch den Park und am Golfplatz vorbei zu den Kronberger Außenbezirken. Aufpassen heißt es etwa 100 Meter nach dem Unterqueren der B 455, dort geht es scharf links. Weitere Richtungswechsel sind im folgenden zu beachten, ohne daß uns die Markierung im Stich ließe. Unterhalb einer Deponie wendet man sich rechts und von der breiten Fahrstraße gegenüber einer Ausbildungsstätte nach links in den Wald.

Kaum hat man sich an das Geradeaus gewöhnt, wird abermals – nach rechts – eine Kursänderung vorgenommen. Man könnte auch ohne Zeichen auf dem Hauptweg bleiben, würde aber das Naturdenkmal Kocherfels versäumen. Als wollte der durch die Gesteinsformationen führende Weg dem Wanderer nichts vorenthalten, so schlängelt er sich durch die Monolithe aus rund 350 Millionen Jahre altem Quarzit. Nach links und nach rechts, auf und nieder, vollführt der Pfad einige Kapriolen, bis er wieder auf den Hauptweg stößt. Mit ihm erreicht man Falkenstein.

Für einen Abstecher zu den Burgen behält man weiter den schwarzen Ring im Auge, der uns an der modernen Pfarrkirche endgültig verläßt. Von hier ist der Weg zur Falkenstein ausgeschildert. Für die Burg Nüring achte man auf die Erdstufen rechts vom Eingang der Falkenstein. Ein Pfädchen führt vom Turmstumpf weiter zur Felsnase mit dem Dettweiler Tempel. Die großartige Sicht, auch vom Bergfried der Falkenstein, läßt nachvollziehen, weshalb an dieser Stelle die vermutlich 30 bis 40 Meter hohe Turmburg entstand. Der Blick reicht bis in die Rhein-Main-Ebene.

Wieder zurückgekehrt in den alten Ortskern, nimmt man jetzt den schwarzen Punkt auf. Er führt weiter unten in das Villenviertel. Nach der Straße Mainblick geht es ganz kurz rechts in die Straße Am Wiesenhang, um links in einen Durchschlupf abzuzweigen. Der Weg umgeht eine große Villa, dann schlendert man den avisierten Wiesenhang geradeaus hinab bis zum Opel-Zoo.

Auf dem öffentlichen (eintrittsfreien) Philosophenweg durchqueren wir das Gehege, begleitet von Steinböcken, Affen, Antilopen, Giraffen und Nilpferden. Weiter geht es entlang einem verwilderten Kleingartengelände geraden Weges nach Kronberg. Durch die Eichen-, Friedrich-Ebert-, Frankfurter- und Bahnhofstraße zum Ausgangspunkt.

Burgruine Falkenstein

Im Zeichen der Krone

... steht das Taunusstädtchen Kronberg mit Burg, Schloß und Schloßpark. Zu jeder Jahreszeit ein unvergleichliches, dazu nahes Ausflugsziel. Hier auf einem Rundgang (8 km) mit eingebunden der angrenzende Hochwald. – Kronberg ist Endhaltestelle der S 4. – Die vollständig eingerichtete mittelalterliche Burg kann samstags und sonntags von 11 bis 17 Uhr besichtigt werden. – Die St. Johanniskirche ist täglich geöffnet.

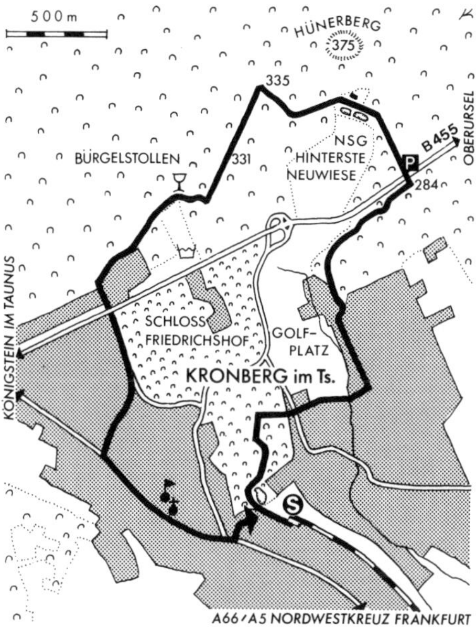

Das Taunusstädtchen Kronberg trägt in seinem Wappen eine Krone. Es ist naheliegend, sie Kaiserin Friedrich zuzuschreiben, der Witwe des Hohenzollernkaisers Friedrich III., die Kronberg als Ruhesitz wählte und sich in dem von ihr erbauten Schloß Friedrichshof 1894 niederließ. Im Zeichen der Wappenkrone hatte zu der Zeit Kronberg allerdings schon mehr als 600 Jahre gestanden, ausgehend von der auf einem Felsen über dem Ort thronenden Burg Kronberg, die die Ritter von Eschborn im 13. Jahrhundert errichteten. Sie nannten sich von Kronberg nach der neuen Reichsburg und nahmen eine goldene Krone in ihr Wappen auf. Ihr imaginärer Glanz in Form von Architektur, Kultur und Natur ist nie verblaßt und strahlt heute mehr denn je. Schauen wir uns bei einem etwa dreistündigen Spaziergang um.

Von der S-Bahn-Station Kronberg geht man nach rechts die Straße aufwärts bis zur Gabelung. Gegenüber, am beginnenden Stadtpark, halten wir uns linksseitig am Schillerweiher entlang bis zu dessen Ende. Von den aufgezeigten Markierungen ist für uns dann allein der schwarze Punkt maßgeblich. Mit ihm nach rechts weiter im Park werden wir zu einem Heckendurchschlupf zwischen zwei Grundstücken geleitet, ein Treppchen, und drüben geht es Im Brühl weiter. Wenn diese Straße zum Rechtsbogen abschwenkt, heißt es für uns an der Barriere geradeaus Am Unterberg aufwärts, und mit Erreichen der Parkstraße diese links bis zu ihrem Ende. Genau gegenüber, am beginnenden Hochwald vor dem Rosenhof, schlüpft der schwarze Punkt auf ein lauschiges Pfädchen, schlängelt sich zwischen den Bäumen hindurch und setzt schließlich zum Sprung über die B 455 an.

Wenn kurz nach Passieren des Parkplatzes der Punkt rechts abbiegt, halten wir die Geradeausrichtung am Wasserwerk vorbei ein und nehmen damit die Markierung grünes Eichblatt und blauer Schmetterling auf, die uns leicht bergan bis zu einer Kreuzung führt, wo wir wieder auf den schwarzen Punkt treffen, dem wir uns nach links auf einem Grasweg zugesellen. Sobald er einen asphaltierten Fahrweg schneidet, folgen wir diesem ohne Markierung abwärts, am Hinweis „Bürgelstollen“ rechts aufwärts bis zu der genannten Einkehr im Walde. Vor dem Haus geht es den Fahrweg geradeaus weiter und nach Waldaustritt am obersten Rand der Siedlung Roter Hang entlang, bis man auf die Viktoriastraße stößt, die, unter der B 455 hindurch, die westliche Begrenzung des Golfplatzes bildet.

Die Anlage ist ein Teil des einst etwa 75 Hektar großen, zum Schloß Friedrichshof gehörenden Parkareals, in dessen Genuß der schattenspendenden Bäume eigentlich erst die folgenden Generationen gekommen sind. Kaiserin Friedrich starb bereits 1901 im Alter von 61 Jahren. Die gebürtige Engländerin, älteste Tochter Königin Viktorias, hat in den wenigen Jahren ihrer Kronberger Residenz viel für das Städtchen bewirkt, die Burg ebenso renoviert wie die Stadtkirche. Allenthalben trifft man auf ihren Namen und den der nachfolgenden Erben des Hauses Hessen.

Um in den Altstadtkern zu gelangen, biegen wir rechts in die Merianstraße, an deren Ende links in die Königsteiner, von der man den schönsten Blick auf das „Altstadtnest" mit seinen roten Dächern, Gassen und Winkeln, Treppen und Treppchen haben soll. Längst hat sich der Turm der Oberburg ins Blickfeld gesetzt, und man hält Ausschau nach dem kopfsteingepflasterten Durchschlupf mit Hinweis „Zur Burg". Ihm sollte man zwischen den Vorhäuschen hinauf zu einem Rundgang folgen. Nach der einen oder anderen Seite hinunter kommt man zum nächsten Höhepunkt, der St.-Johannis-Kirche. Von den Kronbergern 1440 erbaut, besticht sie durch das hölzerne, bemalte Tonnengewölbe ebenso wie durch den Reichtum der Epitaphien Kronberger und Reifenberger Ritter (um 1500).

Räumlich etwas in den Schatten gestellt wird die St.-Johannis-Kirche durch die sich davor aufbauende „Streitkirche", die nie ein Gotteshaus war. In der kurzen kurmainzischen Zeit des 18. Jahrhunderts begonnen, ließen die schon früh reformierten Kronberger Bürger keine katholische Kirche an dieser Stelle zu. Das Bauwerk dient bis heute profanen Zwekken. – Und da ist man auch schon mitten im Zentrum der Altstadt um Schirn und Tanzhausstraße, Graben- und Pferdestraße, einer spätmittelalterlichen bunten Fachwerkinsel mit idyllischen Winkeln und Gäßchen.

Die Friedrich-Ebert-Straße zur Frankfurter Straße, kommt man nach links zum Bahnhof zurück.

Burgruine Königstein
Burgruine Falkenstein

Die Landpartie nach Königstein

... hat heute wie vor 100 Jahren nichts an Reiz verloren, zumal die Wanderung (10 km) neben dem Altstadtbummel, die Burgruine eingeschlossen, noch den Aufstieg zum Fuchstanz mit seinen beiden rustikalen Gasthäusern einschließt. – Das Stadtmuseum im Alten Rathaus ist samstags von 15 bis 18 Uhr und sonntags von 10 bis 12 und 15 bis 18 Uhr geöffnet. – Ab Bahnhof Frankfurt-Höchst verkehrt die Linie K nach Königstein.

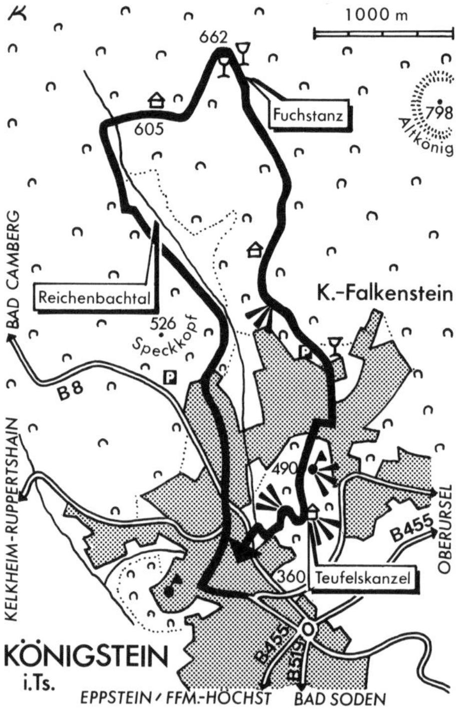

Königstein mit seinen angrenzenden Taunuswäldern ist eines der beliebtesten Naherholungsziele der Frankfurter, und das seit über 100 Jahren. Begonnen haben diese Ausflüge literarisch, als der Mundartdichter Malß seinen baumwollenen und wollenen Warenhändler Hampelmann auf „Die Landpartie nach Königstein“ schickte. Der zweite berühmte

Lokaldichter, Friedrich Stoltze, festigte den Ruhm des um die Mitte des vorigen Jahrhunderts entstehenden heilklimatischen Kurortes, der Burg und des alten Städtchens in Huldigungs- und Dankgedichten, besonders aber mit seinem Glanzstück „Die Flucht von Königstein".

Was die Dankschreiben Stoltzes betrifft, nehmen sie vornehmlich Bezug auf die Heilung von Schlafstörungen, die Dr. Georg Pingler, der Begründer des Bades, durch Verordnen von Laufen in frischer Luft und Kaltwasseranwendungen beheben konnte. Selbst Holzsägen gehörte zur Therapie. Zumindest Punkt eins läßt sich jederzeit leicht nachvollziehen.

Von der Endstation der Linie K gehen wir die Bahnstraße hinauf, die Wiesbadener Straße links und die anschließende Hauptstraße (= Fußgängerzone) bis zum Alten Rathaus. Sein gotischer Torbogen war ursprünglich der Zugang zur Burg. Der Fachwerkaufbau von 1673, der der Stadtverwaltung bis 1909 als Rathaus gedient hat, birgt heute in seinen Räumen das Heimatmuseum. Die meisten Ausstellungsstücke stehen im Zusammenhang mit der Burg, ihrer bewegten Geschichte. Kernstück ist das Modell der Burg vor ihrer Zerstörung.

Entstehung und Gründungsdatum der Burg sind nicht bekannt, sie werden aber der Sage nach mit dem Frankenkönig Chlodwig in Zusammenhang gebracht. Er habe mit dem Kreuzzeichen eine in Felsen eingeschlossene Jungfrau befreit, an diesem „Kunegistein" Anno 496 im Tal eine Kapelle errichtet und auf dem Berg darüber die Burg. Urkundlich erwähnt wird sie erstmals 1225. Von den Hohenstaufen zum Schutz der Reichsstraße Frankfurt – Köln erbaut, wurde sie durch Jahrhunderte zur mächtigsten Wehranlage im Taunus erweitert. Sie trotzte Kriegen und Belagerungen bis zu den Französischen Erbfolgekriegen. Der tiefe, mit Pulver gefüllte Brunnen vollendete schließlich das vorher begonnene Zerstörungswerk. – Am Heimatmuseum weist uns ein Schild hinauf zur großen, eindrucksvollen Ruine. Labyrinthartig umziehen die Befestigungsanlagen aus den verschiedenen Jahrhunderten die ältesten Bauwerke. Vom Bergfried schaut man auf die Dächer Königsteins und die Taunuslandschaft.

Vom Alten Rathaus gehen wir die Hauptstraße kurz zurück, links in die Kirchstraße und weiter durch die Limburger Straße, überqueren an der ampelgesteuerten Kreuzung die B 8 und treffen drüben in der Altkönigstraße die Markierung schwarzer Zeiger. Am Ende des Villenviertels erreichen wir den Wald.

Der Weg zieht am Fuße des Speckkopfes (527 m) entlang, das Reichenbachtal aufwärts, das typisch für den Vordertaunus ist. Im Gegensatz zu den oft kilometerweiten Wiesentälern des flacheren Hintertaunus sind hier an den Steilhängen die Wiesen nur klein, in ihnen gedeiht jedoch vom Frühling bis zum Herbst eine artenreiche Flora. Das Tal wurde als Naturschutzgebiet ausgewiesen.

Am Forellenteich läßt sich auf einem Schild ablesen, was für den Besucher dieses Gebietes alles verboten ist. Laufen und atmen darf man, also setzen wir unseren Weg fort, dabei zwischen Königstein und Fuchstanz einen Höhenunterschied von 320 Metern überwindend. Die Jösch-Hütte kündigt die Nähe des Wander-, Dreh- und Angelpunktes Fuchstanz (682 m) mit seiner rustikalen Einkehr an.

Der Abstieg geht über Falkenstein. Dafür nehmen wir zwischen den beiden Gasthäusern die Markierungen gelber Strich und schwarzes Andreaskreuz auf, von denen nach etwa 300 Metern das Kreuz alleine führt. In großen und kleinen Bogen, dem Berghang angepaßt, geht es hinunter, wobei der Weg bald Sicht über Falkenstein und Königstein mit ihren Burgruinen gewährt und die vorgelagerten Waldrücken, die sich in der Mainebene verlieren. Wir kommen zum Naturparkplatz Fuchstanzweg, am neuen Bürgerhaus mit Café-Restaurant vorbei, biegen am Ehrenmal rechts ein und folgen dem Andreaskreuz an der Kirche links zur Burgruine Falkenstein (näheres siehe Seite 116/117).

Ein weiterer Aussichtspunkt steht mit dem Felsmassiv Teufelskanzel noch bevor, auf dem man Peter Dettweiler (1837–1904), dem „Entdecker“ der Freiluftliegekur als wichtiges Heilmittel der Tuberkulose, einen schmiedeeisernen Erinnerungstempel errichtet hat. Mit dem Andreaskreuz tastet man sich auf manchmal engen, verschlungenen Pfaden talwärts, dabei Felsformationen umgehend. Einen Farbtupfer setzt das Kurbad am Waldende in die Landschaft. Die B 8 kreuzend, kommen wir zum Zentrum von Königstein zurück.

Nägel und Perlenkränze zum Überleben

Die Länge der Wanderung von Schmitten zur Burgruine Reifenberg ist mit 8 Kilometern unerheblich, doch sie hat's „in sich". 200 Meter Höhenunterschied sind auf kurze Distanz das Weiltal hinan zu überwinden! Von oben entschädigt der weite Blick in die Runde. – Schmitten ist gut zu erreichen mit U 3 bis Hohemark, weiter Busse Richtung Weilrod.

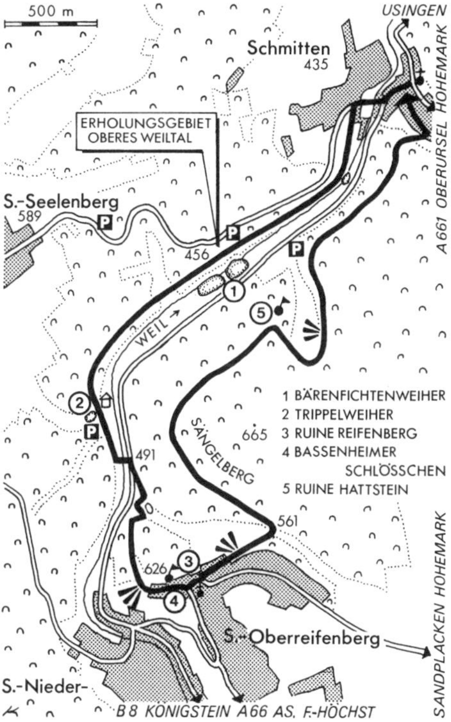

Wer heute in den Hochtaunus fährt, durch die meist staatlich anerkannten schmucken Luftkurorte kommt, kann sich kaum vorstellen, daß hier noch bis in unser Jahrhundert hinein größte Armut unter den Bewohnern herrschte. Die schlechte Bodenqualität hat nie ihren Mann in diesen Walddörfern ernährt. Einzige Überlebenschance war, durch handwerklichen Nebenerwerb ein Zubrot zu verdienen. Schmitten, von „schmieden", der Name deutet einen Erwerbszweig an. Das Dorf entstand an der Stelle einer frühen Waldschmiede inmitten eines von Mainz genutzten Eisenerzvorkommens.

Es bedurfte eines neuerlichen Anstoßes, um später auf die Schmiedetradition zurückzugreifen, und mit Einführen der Nagelschmiederei im frühen 18. Jahrhundert durch Graf Casimir Ferdinand von Bassenheim, den Chorbischof von Trier und Herrn von Reifenberg (seit dem Aussterben des Stammes 1686), die Not der Bevölkerung zu lindern. Drahtzieherei war ein weiterer Erwerbszweig, hier speziell waren Kinder- und Frauenarbeit gefragt zum Auffädeln von Perlen für die Herstellung von Buketts und Friedhofskränzen.

In Schmitten, gegenüber der Kirche, beginnt unsere Wanderung. Das Zeichen schwarzer Strich lenkt aus der Schillerstraße rechts durch die Seelenberger Straße und sogleich in den Philosophenweg. Der breite feste Weg wird schnell zum Pfad, der gleich einem Damm über der jungen Weil dahinzieht. Außer am kleinen Weiher im Wiesengrund kann man sich im „Erholungsgebiet Oberes Weiltal" an weiteren Teichen erfreuen. Bald mündet der Pfad in einen breiten, hellgekiesten Weg, der an den beiden Bärenfichtenweihern vorbeizieht. War der Weg bisher moderat, so wird das stramme Bergauf noch kommen, denn Oberreifenberg liegt etwa 200 Meter höher als Schmitten mit 435 Metern.

Am Trippelweiher, dem Ende des Erholungsgebiets, nach links, tauschen wir den schwarzen Strich gegen den weißen und wechseln auch bald die Talseite. Jenseits der Straße beginnt dann der steile Anstieg zum Berg- und Burgen-„Nest", dessen frühe Geschichte die der Burg Reifenberg und des gleichnamigen Geschlechtes war, das bereits 1234 hier oben auf dem Felsen- oder Riffinberg genannt wurde. Der eigentliche Ausbau der Anlage mit Wohnturm und Schildmauer datiert ins 14. Jahrhundert. In Kriege und zahllose Fehden verwickelt, wurde die Burg häufig belagert, schließlich bis auf die noch immer imposanten Reste geschleift. Aussicht bietet sich sowohl hinunter ins Tal mit Niederreifenberg als auch hinüber zum Großen Feldberg. Vollständig wäre das Rundpanorama vom 25 Meter hohen Bergfried, aus Sicherheitsgründen ist er derzeit jedoch nicht zugänglich.

In der Schloßkapelle kommen wir am Bassenheimer Schlößchen vorbei, entnehmen hier der Wandertafel des Taunusklubs, daß von der Kirche an der vier Kilometer lange Rückweg mit dem schwarzen Andreaskreuz den Arnoldshainer Weg hinunter beginnen kann. Bevor wir wieder in den Wald eintauchen, noch ein Blick hinüber auf das hochgelegene Seelenberg. Vom Schmittgrund an steigt es leicht, der breite Weg führt fast halb um den mit hohen Buchen bestockten Sängelberg. Von einem Einschnitt aus ist der Pferdskopf mit Aussichtsturm sichtbar. Am Wegeknick zuvor wären links die Reste der Burg Hattstein zu suchen, die einst von Mainz zum Schutz der Eisenerzvorkommen erbaut, später durch Burg Reifenberg ersetzt wurde. Kein Hinweis oder Weg führt dorthin. Mit etwas Pfadfindergespür läßt sie sich vielleicht doch finden. Es folgt ein breiter, leicht steigender Weg, die ersten Häuser von Schmitten tauchen auf, noch ein Graspfad (mit rotem Strich zusammen), steil abwärts, ein Treppenabgang, die Feldbergstraße links, und wir sind am Ausgangspunkt.

Ruine Mosburg
Schloß Biebrich

Gartenkunst und Landschaftspflege im Parkgelände

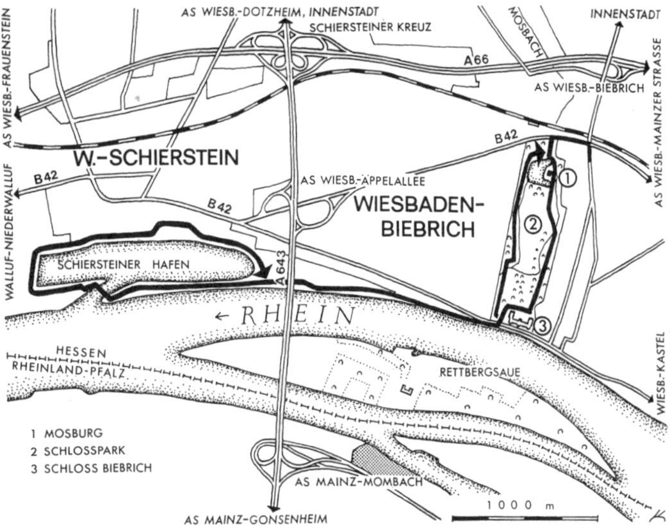

Bergstiefel und Wadenstrümpfe sind für diese 12-km-Wanderung auf gepflegten Wegen durch den Biebricher Schloßpark nicht notwendig. Sie führt auch am Rheinufer entlang und um den Schiersteiner Yachthafen mit seinen Ausflugslokalen. – Der Ausgang Herzogsplatz in Wiesbaden-Biebrich ist vom Wiesbadener Hauptbahnhof mit Bus schnell zu erreichen.

Hessen ist reich an historischen Gärten und Parkanlagen. Viele von ihnen stehen als Dokumente deutscher Gartenkunst aus über drei Jahrhunderten unter Denkmalschutz und werden von der Verwaltung Staatlicher Schlösser und Gärten betreut. Meist sind es Schloßparks, als Gesamtkunstwerk von den bedeutendsten Gartenarchitekten ihrer Zeit geplant und in den Grundzügen bis zum heutigen Tag erhalten. Bad

Homburg, Weilburg und auch Wiesbaden-Biebrich gehören dazu.

Wer kennt sie nicht, die wirkungsvolle, dem Rhein zugewandte Sandsteinfassade des Biebricher Schlosses, einst Residenz der Fürsten von Nassau-Usingen, der späteren Herzöge von Nassau? Wie dieses Bauwerk voller Harmonie und Ausgewogenheit nicht in einem Zug entstand, vielmehr in einem Zeitraum von 130 Jahren, beginnend 1700 mit einem Gartenhaus, so entwickelte sich auch der 35 Hektar große Park vom anfänglichen Ziergarten über die barocke Anlage schließlich mit beginnendem 19. Jahrhundert unter Friedrich Ludwig von Sckell zum Landschaftsgarten. Über 100 Jahre, nach Auflösung des Herzogtums Nassau 1866, war das Parkgelände mehr oder weniger sich selbst überlassen geblieben. Es wird nun erhalten und behutsam regeneriert. Früher vorhandene Elemente wie Wasserfall, Orangerie, Obstgarten sollen langfristig wiederhergestellt werden. Bewahren überkommener Gartenkunst und Naturschutz sind damit sinnvoll unter einen Hut gebracht.

Vom Wiesbadener Hauptbahnhof nimmt man die Buslinie 4 oder 14 (Unterführung links aufwärts) bis Herzogsplatz, läuft von der Haltestelle zur Kreuzung kurz zurück, biegt links ein und kommt leicht abwärts zum Nordeingang des Schloßparks. Der Grundriß zeigt zu beiden Seiten einen Bachlauf an mit parallelen Wegen dazu. Sie wurden vom Asphaltbelag befreit und renaturiert. Dazwischen sind baumbestandene kleine Hügel, ein See, dann die große „blickwährende“ Wiese mit riesigen Bäumen an der „Dicken Allee“. An unserem Weg liegt die Mosburg, 1806 von Herzog Friedrich August erbaut, eine künstliche Ruine, vermutlich an der Stelle einer mittelalterlichen Burg der Grafen von Nassau und des frühen Königshofs „Bisburg“. Geschwungene Wege durchziehen die kunstvoll natürliche Landschaft. Wir kommen zum Ostteil der zweistöckigen Schloßanlage. Der Mitteltrakt mit der großen Rotunde und Freitreppe zum Rhein wird für Repräsentationszwecke genutzt, die übrigen Räumlichkeiten als Büros.

Nur wenige Schritte sind es die Straße Am Schloßpark hinunter zum Rhein, eine gute Gelegenheit, unmittelbar an seinem Ufer entlangzulaufen, hier bis zum belebten Schiersteiner Hafen. Zunächst noch anlagenmäßig großzügig zieht der Weg am Wasser entlang, nur einen Steinwurf von den tukkernden Lastkähnen entfernt, dicht zusammengedrängt in diesem Abschnitt durch die ausgedehnte Rettbergsaue mitten im Strom. Die Häuser bleiben zurück, ein breiter Wiesenstreifen dehnt sich aus, das Gelände der Bootshäuser und Freizeitsportler. Wir nähern uns der Autobahn. Der Weg, inzwischen zum Pfad geworden, führt darunter durch, schlängelt sich durch eine Verladeanlage und wird auch bei der nächsten als ausgewiesener Fußweg behutsam herumgeführt. An seinem Ende breitet sich der Schiersteiner Yachthafen vor uns aus.

Nach Queren der Straße läuft unser Weg vom Kopf der Mole linksseitig auf dem alten Damm weiter. Blitzt anfänglich noch der Strom durch das Grün des Uferstreifens herüber, verschwindet er bald hinter der dichter und dichter werdenden Kulisse. Der reinste Dschungelpfad! Er endet abrupt vor der brückenüberspannenden Hafeneinfahrt. Wir klettern über die kühne Konstruktion hinüber und vollziehen den Bogen des Hafenbeckens nach. Drüben, am Rand der Schiersteiner Wohnsiedlung, herrscht reges Leben auf der Uferpromenade. Hier liegen die großen Yachten, hier kann man einkehren.

Für den Rückweg geht es geradeaus, ein Häuserblock muß umrundet werden. Am Ende der Saarbrücker Straße, vor der Raiffeisenanlage, schlüpft man wieder auf einen Fußpfad, quert Schiene und Straße am Kopf der Mole und fädelt sich in den bekannten Herweg ein. Mit Erreichen des Schlosses sollte man die Wege der westlichen Parkseite wählen, um den Kreis um den historischen Garten zu schließen.

Blutlinde und Burg im Kirschblütenmeer

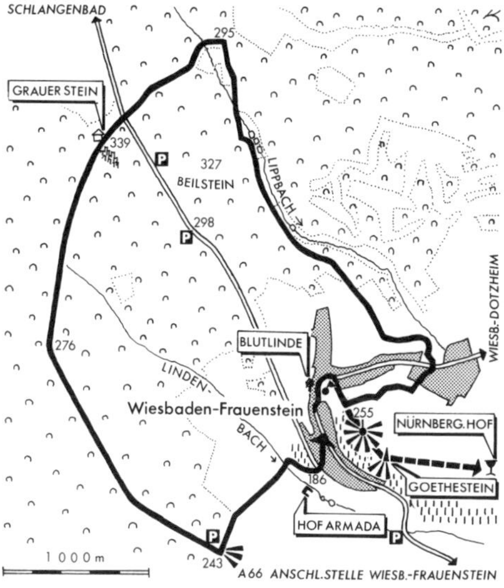

Kirschbäume und Weinreben bestimmen die Umgebung des Wiesbadener Stadtteils Frauenstein. Doch während der fast vierstündigen Wanderung (11 km), mit Abstecher zum Aussichtsturm Goethestein und zur Einkehr im Nürnberger Hof (donnerstags geschlossen) 14 km, herrscht der Wald im Landschaftsbild vor. Geographischer Höhepunkt ist der mächtige Quarzitfels Grauer Stein. – Der Ausgangsort Frauenstein hat Bus-Verbindung mit Wiesbaden ab Platz der Deutschen Einheit. – Für Autofahrer: A 66, Anschlußstelle Wiesbaden-Frauenstein.

Erfreulicherweise läßt sich immer wieder beobachten, wie einst selbständige Vororte von Großstädten, die im Laufe der Zeit eingemeindet wurden, ihr eigenes Gesicht bewahren konnten. Beispielsweise Wiesbaden-Frauenstein, ein tief in bäuerlicher Tradition – vornehmlich Wein- und Obstanbau – wurzelnder Ort. Ab Mitte April breitet sich ein Kirschblütenschleier über seine Umgebung. Ein Erlebnis auch für den Wanderer, der sich davon einhüllen lassen kann.

Der Bus kommt auf der Kirschblütenstraße nach Frauenstein herein zum alten Kern um Burgruine und katholischer Pfarrkirche Sankt Georg. Davor steht die dominierende „Blutlinde", ein zwischen 700 und 1000 Jahre altes Naturdenkmal. Heute ist es mit allen Mitteln der modernen Baumchirurgie saniert, konserviert, gestützt und umzäunt. Kaum jemand würde sich früher getraut haben, auch nur ein Zweiglein abzubrechen, denn die Linde hätte „bluten" können. Der Grund: Hier soll der vermeintliche wieder eingefangene Entführer eines Burgfräuleins aus der Burg auf dem Felsen nebenan von ihrem Vater hingerichtet worden sein. Die Geliebte entsagte der Welt in einem Kloster, aber nicht ohne zuvor an der Richtstätte diesen Baum gepflanzt zu haben.

In der engen Kurve des Kirschblütenweges geht man um den mächtigen Quarzitfelsen mit dem Ruinenturm einer kleinen Burg aus dem frühen 13. Jahrhundert herum. Die Ritter von Frauenstein hatten sie im frühen 13. Jahrhundert erbaut und kurz darauf an Mainz veräußert. Der Verfall begann im 18. Jahrhundert. Neben dem ruinösen fünfeckigen Bergfried sind noch Teile der Schildmauer über dem Halsgraben erhalten. Wir klettern den Treppenaufgang hinauf zu einer Plattform. Doch ist diese Aussicht nicht vergleichbar mit dem Blick über das Kirschblütenmeer und der Rundumsicht vom 55 Stufen hohen Turm auf der Kammhöhe. Dazu steigt man von der Ruine her rechts weiter die Treppe und Holzstufen hinauf und gelangt mit dem schwarzen Punkt als Zeichen auf einem Zickzackpfad in ein Eichenwäldchen und zum Aussichtsturm. Noch etwas weiter bringt uns der Punkt zum Goethestein, einem dreiseitigen Obelisken, von dem ein gußeisernes Goetheporträt über die Kirsch- und Rebenhänge weit hinüber zur anderen Rheinseite blickt. Der Naturforscher Goethe hatte hier während eines Kuraufenthaltes in Wiesbaden 1815 für einen Tag zu geologischen Studien geweilt und zu vinologischen im Hof Nürnberg unterhalb.

Dieser kleine Höhenausflug liegt außerhalb unserer eigentlichen Wanderrunde und wird als Abstecher empfohlen. Man kehrt also mit dem schwarzen Punkt zurück bis zu der Stelle, an der er dann über dem Ort scharf rechts abknickt. Die Markierung läuft zwischen Schrebergärten, danach durch Kirschplantagen zum neueren Teil von Frauenstein, überquert die Straße und setzt drüben den Weg unter weißen Blütenwolken fort bis zum Wald. Dort gilt der Lippbach für den Punkt als Leitlinie auf ständig leicht steigendem Weg. Am Ende des Wiesentales ist ein Zeichenwechsel zum roten Kreuz fällig, dem wir uns nach links anschließen, bei noch weiter leicht steigendem Weg. Später wird die Straße nach Schlangenbad gequert, kurz darauf erreicht man die Schutzhütte am Grauen Stein, jenem stattlichen 100 Meter langen und zehn Meter hohen, wie von riesigen Blöcken aufgetürmten Quarzitriff mit einer glatten Seite, an der auch Bergsteiger üben.

Das rote Kreuz setzt seinen jetzt von alten Edelkastanien flankierten Weg durch Laubwald fort. Abwärts kommen wir zum Waldrand mit Naturpark und Fünfwegestern und haben jetzt freie Sicht über das Frauensteiner Tal und seine Rebenhänge. Noch einmal gibt es einen Zeichenwechsel: Wir biegen mit dem grünen Punkt nach links ab. Dieser letzte Abschnitt ist leider ein schlechter Feldweg. Hat man die Straße nach Schlangenbad erreicht, folgt man ihr nach rechts, wo schon die ersten Häuser von Frauenstein stehen.

Schloß Johannisberg
Schloß Vollrads

Zur Wiege des Rieslings und der Spätlese im Rheingau

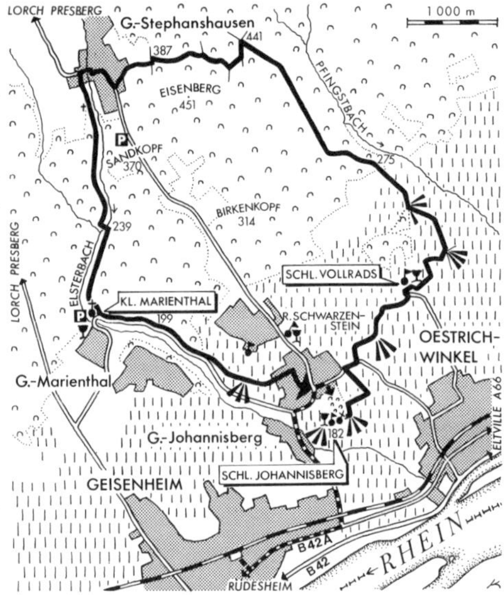

Steigen wir hinein mitten ins Riesling-Rebenmeer und beginnen unsere 15-km-Wanderung dort im Zentrum von Ort und Schloß Johannisberg. Dies gilt für Autofahrer, die von der A 66, B 42 heraufkommen. Bahnbenutzer müßten von Geisenheim (Strecke Wiesbaden – Koblenz) noch zweimal 2 km zulegen, oder können an Wochenenden ein Anruftaxi benutzen. – Einkehrmöglichkeit unterwegs in der Gutsschänke Schloß Vollrads, geöffnet im Sommerhalbjahr ab 12 Uhr täglich, im Winterhalbjahr mittwochs und donnerstags Ruhetag, im „Ausschank" Schloß Johannisberg (ab 12.30 Uhr täglich, außer montags und dienstags im Winter, sonntags ab 11.30 Uhr geöffnet). Weil Privatbesitz und bewohnt, können beide Schlösser nicht von innen besichtigt werden.

Es heißt zwar, die Römer hätten den Wein an den Rhein gebracht. Wenn der Einzelfund eines römischen Winzermessers bei Rüdesheim dies allerdings belegen soll, können es nur spärliche Anfänge gewesen sein. Historisch greifbar wurde der Weinbau im Rheingau erst in der Karolingerzeit, genau 817, drei Jahre nach dem Tod Karls des Großen, als sein Sohn Ludwig der Fromme zwei Hufen Weinberge ultra Renum – über dem Rhein – auf dem heutigen Johannisberg beurkundete.

Die Sage, daß Kaiser Karl von seiner Pfalz in Ingelheim immer wieder die frühe Schneeschmelze auf den jenseitigen Hängen des Rheins beobachtete und daraufhin Reben aus Burgund mit großem Erfolg anbauen ließ, steht in zeitlichem Einklang. Daß der wärmespeichernde Boden des Rheinischen Schiefergebirges ebenso am vorzüglichen Gedeihen des Weines beteiligt ist, erschloß sich erst später. Steigen wir mitten hinein ins Ursprungsland des Rheingauer Weines, wo auch die Wiege des edlen Rieslingtropfens im 18. Jahrhundert stand, und beginnen unseren Rundgang auf der Höhe in Johannisberg. Unser Weg zielt durch die breite Ahornallee direkt auf Schloß Johannisberg zu. Als Führer bietet sich dabei jetzt schon der stilisierte gelbe Römerpokal auf grünem Grund an, das Zeichen des Rheingauer Rieslingpfades. Innerhalb der örtlichen Weinberg-Gemarkung gibt es noch den Johannisberger Wein-Wander-Weg mit 18 Schrift- und Relieftafeln zur Geschichte des Schlosses, der Kirche, des Weines. Das heutige Schloß entstand im ersten Drittel des 18. Jahrhunderts als Sommersitz der Fürstäbte von Fulda an der Stelle eines 1088 erbauten Benediktinerklosters und der dazugehörigen Kirche aus dem 12. Jahrhundert. Seit 1816 ist die Anlage im Besitz der Fürsten von Metternich.

Nach der grandiosen Sicht über „des Rheins gestreckte Hügel“ und „weingeschmückte Landesbreiten“ (Goethe) von der Schloßterrasse zurück zum Zeichen Rieslingpokal. Verschmitzt schaut der Reiter vom Spätlesedenkmal herab. Der Johannisberger Kurier hatte sich im Jahre 1775 beim Einholen der Weinleseerlaubnis vom Fuldaer Fürstabt auf dem Rückweg so verspätet, daß (edel)faule Trauben vergoren werden mußten, das war die Geburtsstunde der Spätlese. Der gelbe Pokal weist auf den Labonteweg, unterstützt vom Zeichen H 7 zur Goethetafel, weiter die Rebzeilen hinunter, links aufwärts zur Straße am Erntebringer und 100 Meter nach dem Ortsausgang links in die Weinberge. Voraus lugt bald der geschieferte Turmhelm von Schloß Vollrads aus einer Kuhle im Rebenmeer hervor. Der fünfstöckige quadratische Wohnturm, ältester Teil der Anlage, steht inmitten eines Weihers. Er diente den Grafen von Greiffenclau, deren Stammsitz das 1075 erbaute Graue Haus in Winkel ist, als Wohnsitz. Das derzeitige Herrenhaus wurde 1684 errichtet. Am Schloßeingang vorbei geht es weiter mit H 7 und Pokal die Rebenhänge hinauf zu einer Sitzgruppe, von da an ohne Zeichen links den asphaltierten Weg zur Spitze des Vollradser Wäldchens mit Aussichtspunkt. Jetzt sind es nur noch wenige Meter zur Markierung schwarzer Punkt, die lange Zeit gilt. Wir wechseln aus den Weinbergen in die Waldberge und folgen dem schnurgeraden, schier endlos scheinenden festen Weg bis fast auf die Höhe. Ein scharfer Linksknick, das Zeichen ist verdeckt, dann gleich rechts auf naturbelassenem Weg, haben wir bald wieder festen Boden unter den Füßen. Mit dem Linksabbiegen beginnt das Bergab.

Über eine Wiese hinweg wird Stephanshausen sichtbar. Ein Schild zeigt die Richtung. Den Wald-Wiesen-Rand und die Hauptstraße hinunter gelangen wir in den Mittelpunkt des staatlich anerkannten Erholungsortes zu den beiden Laufbrunnen. Von da an orientieren wir uns am weißen R des Rheinhöhenweges, biegen am Telefonhäuschen um die Ecke und sogleich links in die Brühlstraße, die in einen Hangweg über dem Elsterbachtal mündet. Nach langer Waldpassage, wobei die Talseite gewechselt wird, treffen wir am Franziskanerkloster und Wallfahrtsort Marienthal ein. Für das weitere Fortkommen nehmen wir an der engen Kurve vor der Klosterkirche den Gehweg entlang der Straße, jetzt wieder ab und zu mit dem gelben Pokal markiert. Von den Weinbergen gehen wir halblinks aufwärts und haben eine herrliche Sicht von der Höhe über die Rheintallandschaft bis zum langgezogenen Rücken des Donnersberges in der Pfalz. An der Gabelung vor Johannisberg halten wir uns links, schauen über die Rebenhänge zur künstlichen Ruine Burg Schwarzenstein und streben wieder dem Mittelpunkt von Johannisberg abwärts zu.

Wandern von Weinort zu Weinort

In dieser knapp fünfstündigen Wanderung (14 km) präsentieren sich die drei großen landschaftlichen „W“ des Rheingaues: Wein, Wasser, Wald; darin eingebettet architektonische Kostbarkeiten aus kurmainzischer Glanzzeit. – Beginn ist in Eltville (Bahnstrecke Wiesbaden–Koblenz). – Öffnungszeiten Kurfürstliche Burg Eltville mit Gutenberg-Gedenkstätte; Mai bis Oktober täglich von 9.30 bis 19 Uhr, Oktober bis April täglich außer Montag von 10.30 bis 17 Uhr.

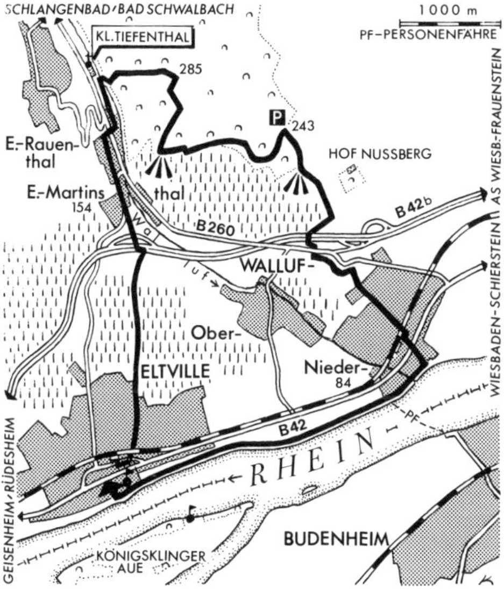

Weinreben zählen zu den jahreszeitlichen „Spätentwicklern“. Als wären sie ohne Saft und Kraft, überziehen sie noch die Hänge des Rheingaus, während die Knospen der Obstbäume dazwischen mit vitaler Kraft aufbrechen. Dieses stimmungsvolle Bild der Rheinlandschaft hält nur kurze Zeit an. Versäumen wir nicht ihren Anblick, hier im Raum Eltville-Walluf.

Vom Eltviller Bahnhof sind wir schnell draußen. Kurz die Bahnhofstraße links abwärts, durch die Bahnunterführung, und schon ist man im Neubaugebiet. „Weinhohle“ heißt die Straße, der man bis zum Ende der Häuser folgt. Als Weg setzt sie sich in den angrenzenden Weinbergen geradeaus und leicht aufwärts fort. Wir halten auf die Eltviller Umgehungsstraße zu, die erst sichtbar wird, wenn die Rebenhänge in Felder und Wiesen übergegangen sind und man unvermittelt vor der Straßenbrücke hinüber nach Martinsthal steht, dessen Ortskern sich versteckt ins enge Walluftal schmiegt. Ein altes Weindorf, ebenso wie Rauenthal auf der Bergkuppe darüber.

Die Zubringerstraße kreuzend, laufen wir nach Martinsthal hinein, an Fachwerkhäusern und der erhaben stehenden Kirche vorbei zum Ortsende. Beim Einmünden in die B 260 wird diese gekreuzt und der Weg in die Taunusstraße, die in einen Fußpfad zwischen Straße und Walluf übergeht, fortgesetzt. Er endet an der Umzäunung des Klosters Tiefenthal, dessen Ausdehnung erst nach Überqueren der Walluf vom Waldrand aus überschaubar wird. Es ist ein in seinen Gebäuden junges Kloster, nach dem Zweiten Weltkrieg auf den Grundmauern eines im 12. Jahrhundert gegründeten und 1803 aufgehobenen Nonnenklosters errichtet.

In diesem Bereich hat man sich in die Route der grünen Punktmarkierung eingefädelt. Am Forsthaus geht es rechts auf ein Waldrandpfädchen über dem Tal, dann links als Schlängelband zwischen weißleuchtenden Anemonenteppichen. Die Blütenköpfchen bleiben aus, sobald die Laubwaldzone ins Nadelgehölz übergeht. Das heißt kräftig steigen bis auf 285 Meter Höhe. Schließlich oben, weist der grüne Punkt sofort rechts, von da an in Schlangenlinien abwärts zum Waldrand und damit zum Blick über Weinberge und blühende Bäume hinunter ins Rheintal. Die Aussicht bleibt uns weiterhin erhalten, der Weg zieht zwischen Baum- und Rebengrenze weiter, taucht zwar noch einmal mit leichtem Anstieg in den Forst ein, doch nur, um uns an einem Naturparkplatz am nächsten Waldrand der Markierung rotes Kreuz zuzuführen. Wir schließen uns ihr nach rechts an und halten abwärts durch die Weinberge auf Walluf zu. Vor Erreichen der Straße schwenkt das Kreuz rechts ein, dann gelangen wir nach Über- und Unterqueren und kurzem Parallelverlauf rechts direkt in den Weinort.

Der alte Ortskern von Niederwalluf mit seiner kleinen gotischen Pfarrkirche, dem Rathaus, barocken Adelshöfen, ist unmittelbar am Rhein gelegen. Durch das Neubaugebiet, über die Durchgangsstraße kommt man zur Rheinuferzone. Lediglich im Ortsbereich entlang der Hotels und Wohnhäuser hat sie Promenadencharakter. Stromabwärts weiter setzt sie sich in einem naturbelassenen Weg fort zwischen einem Uferstreifen üppig wuchender Vegetation und den mauergeschützten Obst- und Rebengärten darüber.

Das Alta Villa der Römer, das spätere Eltville, Sommerresidenz der Mainzer Kurfürsten über 150 Jahre, empfängt uns mit seinen architektonischen Relikten aus dieser Glanzzeit, vor allem der Wohnturm einer 1330 begonnenen Burg, der eine besondere Bedeutung dadurch zukommt, daß Johannes Gutenberg unter ihrem besonderen Schutz stand und hier 1465 die einzige Ehrung seines Lebens erhielt. Heute birgt sie eine Gedächtnisstätte für den Erfinder der Buchdruckerkunst. In unmittelbarer Nachbarschaft erhebt sich die gotische Pfarrkirche, reihen sich die alten Adelshöfe aneinander, Schloß und Hof Eltz in der Kirchgasse, Stockheimer und Bechtermünzer Hof, um die ältesten zu erwähnen.

Damit haben wir den alten Treidelpfad verlassen, der von Weinort zu Weinort entlang dem Rhein weiterzieht, und kehren zum Bahnhof zurück.

Brömserburg Rüdesheim
Jagdschloß Niederwald
Burgruine Ehrenfels

Herbstliche Weinbergwanderung im Rheingau

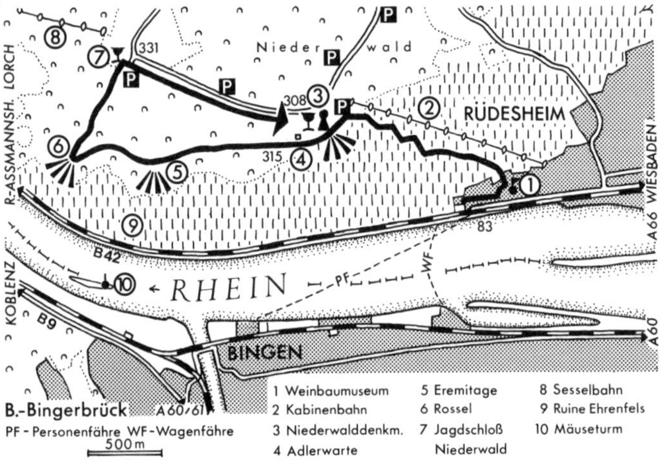

Die Frage, warum es am Rhein so schön ist, beantwortet sich während dieser 14-km-Wanderung von selbst, besonders, wenn der Ausgangsort Rüdesheim heißt. Nicht nur die Sicht von der „Germania", auch von den anderen Aussichtspunkten über das rebengesäumte Rheinknie, Ruine Ehrenfels und den Mäuseturm inmitten des Stromes sind immer wieder begeisternd für In- und Ausländer. – Öffnungszeiten: Weinbaumuseum in der Brömserburg täglich von 9 bis 18 Uhr Mitte März bis Mitte November. Die Kabinenseilbahn verkehrt bis Ende Oktober, die Adlerwarte ist ebenfalls in dieser Zeit geöffnet. – Rüdesheim ist Bahnstation an der Strecke Wiesbaden – Koblenz.

Die Freude am Herbst hatte für Wanderer immer einen kleinen Schönheitsfehler: Während der Weinlese waren für sie die Weinberge als Durchgang gesperrt. In diesem Jahr wurde im Rheingau erstmals dieses Verbot aufgehoben. Jedem Winzer ist es zudem freigestellt, wann er mit der Ernte beginnt. Für einen Gang durch das herbstlich gefärbte Weinlaub lockt natürlich besonders diese Region, wo landschaftliche Anmut mit den flächendeckenden Rebenhängen zu einer Einheit verschmilzt.

Bevor es von Rüdesheim aus durch die Rieslinglagen hinauf zum Niederwald geht, kann man sich im Weinbaumuseum der Brömserburg gewissermaßen das kulturgeschichtliche Rüstzeug über 2000 Jahre Rheingau-Rebentradition holen. Das historische Ambiente der aus dem 13. Jahrhundert stammenden ursprünglichen Wasserburg bildet den passenden Rahmen für Gläser, Flaschen, Arbeitsgeräte, Pressen, Fässer und seit neuestem eine komplett eingerichtete Küferwerkstatt. Außerdem wird anhand eines römischen Rebschnittmessers belegt, wie der „Wein“ an den Rhein kam und daß sich der Anbau dann seit Karl dem Großen durchgehend verfolgen läßt.

Schon vom Bahnhof aus erkennt man die kubusförmige Burg an der Rheinuferstraße, umgeben von einem kleinen Weinberg. Oberhalb dieser Rebzeilen hält sich rechts, Richtung Altstadt, wer mit der Kabinenseilbahn gen Niederwald schweben will. Andernfalls nimmt man den gelben Strich nach links auf. Er führt über Treppen und terrassenartige Absätze quer durch die Reben, denen die milde Herbstsonne die letzten Öchslegrade verleiht. Für den kräftigen, unverwechselbaren Geschmack der Rheingauer Rieslinge sorgen aber vor allem die wärmespeichernden Quarzite und Schieferverwitterungsböden. Es ist naheliegend, daß auch aus diesem Grund die Mauern zwischen den einzelnen Lagen aus Bruchschiefer aufgeschichtet wurden.

Der nicht allzu steile Anstieg durch die Weinberge endet an der Bergstation der Seilbahn. Für den Weiterweg hinüber zur „Germania“, dem 1883 eingeweihten Kolossaldenkmal zur Erinnerung an die deutsche Reichseinheit, braucht man nur den Besucherströmen zu folgen. Aber schon bald, nach der Adlerwarte, verebben sie. Auch der im Getümmel um das Denkmal verlorengegangene gelbe Strich stellt sich in Richtung „Jagdschloß“ wieder ein. Der breite Waldweg nimmt die Wanderer auf, ohne mit Hinweisen auf vorgelagerte Aussichtskanzeln zu geizen, unter denen sich beeindruckend das Rheintal öffnet.

Einer der schönsten Blickpunkte ist eine kleine künstliche Ruine, die sogenannte Rossel. Bewußt hatte ihr Erbauer (um 1770), der kurmainzische Kämmerer Graf Carl Maximilian von Ostein, diese Stelle gewählt, um zu den „romantischsten Orten“ am Rheinknie schauen zu können: zur gegenüberliegenden Kreuzbachklamm und dem mitten im Rhein „ankernden“ Mäuseturm, damals noch von wilden Stromschnellen umtost. Als Wart- und Zollturm Anfang des 14. Jahrhunderts erbaut, war er Teil der kurfürstlich mainzischen Gesamtanlage Burg Ehrenfels. Heute malerische Ruine in den Weinbergen. Die Rossel war nur ein Bauwerk in Graf Osteins Vorhaben, aus dem Niederwald einen „Märchenwald“ zu machen. Die (jetzt geschlossene) Zauberhöhle, an deren Wänden Kristalle funkelten, Eremitage und Säulentempel gehörten ebenso dazu wie die Anlage eines Jagdschlosses.

Nach Wenden des Wanderwegs an der Rossel ist bald das heute gehobenen gastronomischen Ansprüchen dienende Jagdschloß Niederwald erreicht. Es markiert abermals eine Richtungsänderung. Auf einem abgetrennten Gehsteig läuft man entlang der Straße zurück zum Niederwalddenkmal. Für den Rest des Weges bleibt wieder die Wahl zwischen Weinbergspfaden oder der Kabinenseilbahn.

Burgruine Ehrenfels über dem Rhein

Burgruine Waldeck
Sauerburg

Das Burgenduett im Tiefenbachtal

Vom Rheinstädtchen Lorch an der Wispermündung, das nördlichste im Reigen der Rheingauer Weine, voll großartiger Kunsthistorie, zieht der gut fünfstündige Wanderweg (16 km) durch Wald, Feld und Weinberge. An seinem Rand das Burgenduo Ruine Waldeck und Sauerburg. Nur der Innenhof der bewohnten Sauerburg ist an Wochenenden zugänglich. – Lorch liegt an der Bahnstrecke Wiesbaden–Koblenz und an der B 42.

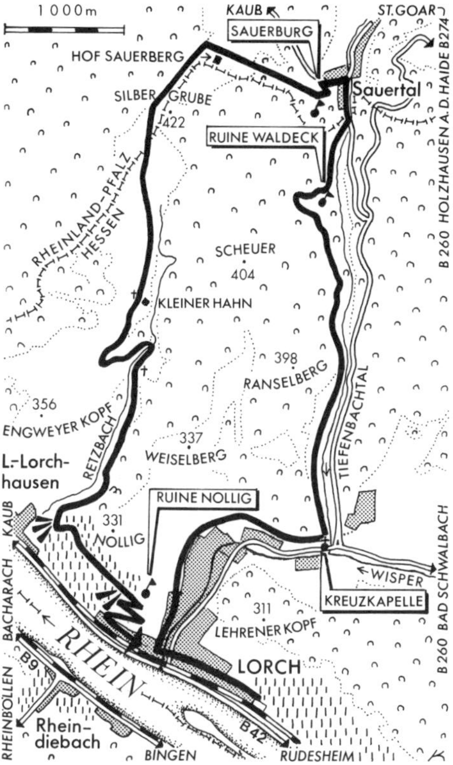

Über die nicht abreißende Kette der Burgen und Schlösser am Mittelrhein vergißt man leicht die etwas versteckt liegenden in den Seitentälern. Zwei von jenen Gemäuern sollen für diese Wanderrunde die Richtung vorgeben: Ruine Waldeck und die Sauerburg. Sie stehen in engem historischen Zusammenhang, könnten aber in ihrem Erhaltungszustand nicht unterschiedlicher sein. Hier die fast nur noch in wenigen Rudimenten vorhandene Waldeck, dort die mächtige, hervorragend restaurierte (und privat bewohnte) Sauerburg mit ihren charakteristischen Fachwerkaufbauten über den dunklen Bruchsteinmauern der Wehranlagen.

Die rechte Einstimmung auf das Burgenduett gibt das dank großartiger Kunsthistorie überaus sehenswerte Lorch an der Wispermündung in den Rhein. Da ist einmal an der Uferfront das bekannte Hilchenhaus, eines der ersten, seit 1646 erbauten Renaissancegebäude Deutschlands. Der berühmteste Sohn der Stadt, Hans von Hilchen, Ritter und kaiserlicher Feldmarschall, plante das Haus als seinen Alterssitz. In der gotischen St.-Martins-Kirche fand sein lebensgroßes Grabmal einen würdigen Platz. Das Gotteshaus ist berühmt durch den gewaltigen Schnitzaltar, der mit seinen in mehreren Geschossen übereinander angeordneten Heiligenfiguren und dem Gesprenge 15 Meter bis in die Spitze des Chores ragt.

Bahnfahrer laufen an der Häuserzeile der Rheinstraße, vorbei am Hilchenhaus, bis zur Eisenbahnbrücke in der Ortsmitte. Hier stehen als Markierungen das grüne N und das weiße RV bereit, die uns links von der Wisper durch Wisperstraße und Wispergrund hinausbegleiten. Noch vor den letzten Häusern hat sich das weiße R des Rheinhöhenwegs hinzugesellt. Es bleibt für die gesamte erste Wanderhälfte maßgeblich. Zunächst beschreibt es einen weiten Rechtsbogen entlang aufgegebener Weinberge bis zur Kreuzkapelle am Straßenabzweig Richtung Sauertal.

Dieser kleine Ort ist unser Zwischenziel, erreichbar auf guten Waldwegen, zunächst links vom anmutigen Tiefenbachtal, nachdem wir noch einmal fast die Straße berührt haben, kurvenreich leicht bergan bis zur Ruine Waldeck. Wegen der Sicht ins Tal lohnt die kurze, aber beschwerliche Kraxelpartie hinauf. Der Weg neigt sich wieder abwärts, die Ruine bleibt in grüner Einsamkeit zurück. Unvermittelt steht man am Waldrand vor dem kleinen Friedhof des Dörfchens Sauertal. In der Nähe des Eingangs hebt sich bescheiden ein

Sandsteindenkmal von den übrigen ab. Es trägt die Inschrift: „Franz von Sickingen, Reichsgraf – seines Stammes der Letzte – Von einem Freunde vaterländischer Geschichte". Und auf der Rückseite: „Er starb im Elend – 1834", das heißt in der Nähe der Burg seiner Vorfahren, der Sauerburg, auf dem völlig verschuldeten Hof Sauerberg in Armut. Die um 1300 erbaute Gegenburg zur Waldeck, eine der größten Anlagen am Rhein, kam 1672 in den Besitz der Reichsritter von Sickingen und wurde 1685 durch die Franzosen zerstört. Das R biegt in Sauertal nach links in Richtung „Burg" ab und verläßt an den letzten Häusern mit einem scharfen Linksrechts-Knick den Fahrweg. Über einen steilen Pfad laufen wir bergan, bis wir wieder auf die Zufahrtsstraße zur Burg stoßen. Ein kurzer Abstecher führt nach links zur imposanten Anlage. Bei Anwesenheit des Besitzers – hauptsächlich am Wochenende – steht das Burgtor offen zu einem Blick in den Innenhof.

Für den Weiterweg laufen wir wieder zum R zurück, um ihm noch ein Stück durch den Wald und über eine Felderhochebene geradeaus zu folgen. Linker Hand passieren wir den einsam gelegenen Sauerberghof, ehe wir aufs neue vor einem Wald stehen. Ab hier orientieren wir uns – ohne Markierungshilfe – nach links. Dennoch findet man den Rückweg ohne Schwierigkeiten, wenn man auf dem breiten Hauptweg am Waldrand bleibt, bis er leicht nach links schwenkend eine Wiesenhochfläche überquert. Der breite Weg ist zunächst tief gefurcht, nach dem Hinweis „Lorchhausen" aber gut asphaltiert.

Noch bevor wir zwei markante Serpentinen erreichen, gewinnt die Strecke an Gefälle, und bevor wir ganz vom tief eingeschnittenen Retzbachtal „geschluckt" werden, ist auf den gelben Pokal des Rheingauer-Riesling-Pfads zu achten, der spitz nach links abzweigt. Nach einem kurzen Anstieg öffnet sich über die Weinberge hinweg ein großartiges Panorama auf den Rhein. Wie von zwei mächtigen Steinwächtern bewacht wird der Landschaftsausschnitt flußabwärts von den Rundtürmen der Burg Stahleck bei Bacharach und stromaufwärts vom dunklen Gemäuer der Heimburg in Niederheimbach.

Nach der herrlichen Aussicht geht es in Serpentinen durch offene Weinberge hinunter. Auf die Besichtigung der Ruine Nollig, eines ehemaligen Lorcher Sicherungsturmes, müssen wir verzichten. Wegen Privatbesitzes zweigt der Rieslingpfad noch vor der kleinen Festung ab zum Ausgangsort.

Das Hilchenhaus in Lorch

Blick vom rheinischen Gibraltar

Der Anblick ist überwältigend: hinauf zur Feste Ehrenbreitstein vom Rheinufer in Koblenz und von der Höhe der Fortifikation hinunter aufs Deutsche Eck am Zusammenfluß von Rhein und Mosel. – Eine Wanderung ins Hinterland läßt sich gut einbinden, hier 13 km vom Ausgangspunkt Bahnhof Ehrenbreitstein aus (Buspendelverkehr von Koblenz Hbf.); Zugverkehr dorthin links- und rechtsrheinisch. – Autofahrer können ebenfalls entlang beider Ufer fahren, B 42 rechts, B 9 links oder nehmen die A 61. – Das Landesmuseum mit Rheinmuseum auf der Ehrenbreitstein ist täglich von 9 bis 17 Uhr geöffnet.

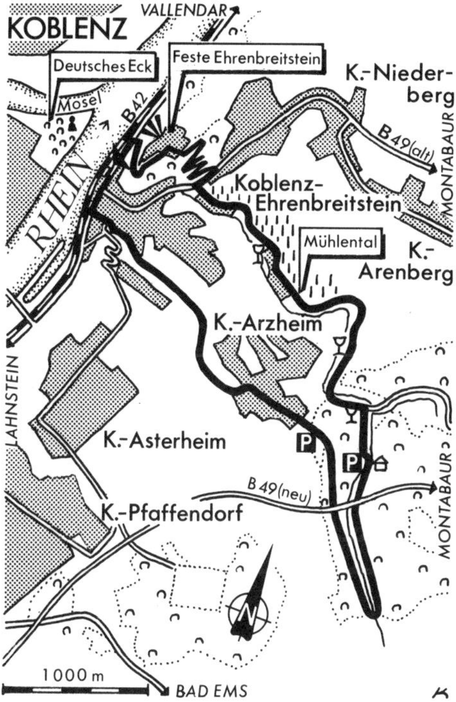

Wer die Feste Ehrenbreitstein besitzt, der beherrscht den Zugang ins rheinische Land. Diese Tatsache galt bis zum Ende des 19. Jahrhunderts. Es gab, abgesehen von frühmittelalterlicher Zeit, nur einen Besitzer, bis Napoleon vor seinem Rückzug aus rechtsrheinischen Gebieten die Fortifikationen mit 30000 Pfund Pulver in die Luft sprengen ließ: das Erzbistum Trier. Achthundert Jahre hatte sich der Klerus mit Erweiterungen der Bastion den jeweiligen militärischen Neuerungen angepaßt und damit seine Macht bewiesen, ebenso wie der preußische Staat in der Nachfolge seine Militärtradition durch den Wiederaufbau (1815–1832) des „rheinischen Gibraltar".

1918 sollte gemäß dem Versailler Vertrag die gesamte Anlage geschleift werden, aber nur einige Vorwerke wurden beseitigt, der Ehrenbreitstein hatte sowieso keinen militärischen Wert mehr.

Schon die geographische Lage dieser zum monumentalen Baudenkmal gewordenen Wehranlage ist unvergleichlich. Auf hohem Felsmassiv gegenüber der Mosel-Mündung in den Rhein, am gleichzeitigen Schnittpunkt der vier Gebirge Taunus, Westerwald, Hunsrück und Eifel, gewährt sie die entsprechende Aussicht demjenigen, der zu ihrer höchsten Warte aufsteigt. Möglichkeiten gibt es genug: mit dem Auto, der Seilbahn, per pedes, auch durch das unterirdische Felsenlabyrinth. Wir wollen sie unter Einbeziehung einer Wanderung ins Hinterland kleiner Seitentäler und Weinberge ersteigen.

Zugbenutzer kommen, auch auf der rechtsrheinischen Strecke, vom Bahnhof Koblenz her mit dem Bus über die Brücke zum Bahnhof Ehrenbreitstein, wo wir starten. Unmittelbar davor sieht man schon hinauf zur Festung. Doch wir kehren ihr zunächst den Rücken, nehmen die Fußgängerbrücke über die Hofstraße (B 42) und gehen genau gegenüber die Humboldtstraße hinauf, vom Bückerplatz ihre Verlängerung Blindtal weiter. Das ist im Freien ein asphaltierter Fahrweg durch einen von Obstbäumen bestandenen Wiesengrund, der die Verbindung zum höher gelegenen dörflichen Stadtteil Arzheim herstellt.

Seine Kirche ist Wegweiser, dort geht es rechts vorbei in die Unterdorfstraße und die anschließende Forststraße. Ist das Turnerhaus passiert, folgt man dem Hinweis Grillhütte (nicht Mühlental) und findet am Waldanfang erstmals – dann länger nicht – die örtliche Markierung rote Ziffer 1. Ihre

Route weist im Mischwald abwärts, unter einer Straßenbrücke hindurch, die das tief eingeschnittene Waldtal überspannt, zum Wendepunkt an einem militärischen Gelände.

Die 1 führt vom Asphalt weg, im engen Tal dem Bachlauf folgend, und macht auch einen Sprung über sein flaches Bett an einem Naturparkplatz erforderlich. Wir gehen auf dem Zufahrtsweg neben dem Gewässer zur Straße im Mühlental, überschreiten sie und biegen gegenüber angesichts der Kornsmühle – Restaurant wie die meisten ihres einst lauter klappernden Gewerbes – in das Mühlental ein. Ein neues Landschaftsbild: Reben klettern die Steilhänge herunter, Weingüter gesellen sich zu den Mühlen im Taleinschnitt, in dem nur Bach, Straße und ein schmaler Weidestreifen Platz haben. Es geht am kleinen Tiergehege des Weinhauses zum Kapellchen vorbei, und voraus auf der Höhe werden schon die Mauern der Feste Ehrenbreitstein sichtbar.

Wir kommen zur B 49, nehmen sie rechts aufwärts bis zum Schild „Fußweg zur Ehrenbreitstein“ und ziehen in Zickzack-Kurven am steilen Waldhang zum Einlaß am Feld- und Grabentor. Stundenlang hätte man zu tun, wollte man die gesamte Feste mit ihren Kernwerken, Bastionen und Kasematten inspizieren. Auch das Koblenzer Landesmuseum, eine Sammlung technischer Altertümer, ist dort untergebracht. Unvergeßlich wird der Blick bleiben hinüber zum Deutschen Eck im Zusammenfluß von Mosel und Rhein, wo seit dem 2. September 1993 wieder das monumentale Reiterstandbild Kaiser Wilhelms I., eine 53 Tonnen schwere Nachbildung des 1945 zerstörten Originals, auf dem Sockel steht.

Zum Abschluß gehen wir durch mehrere Tore den Felsenweg (Autoabfahrt) zur B 42 hinunter, vorbei am Dikasterialbau, dem in Barockformen schwelgenden Verwaltungssitz aus kurfürstlicher Zeit, nach Plänen Balthasar Neumanns 1739 bis 1748 geschaffen.

Burg Reichenstein
Burg Rheinstein

Burgenromantik am Rhein

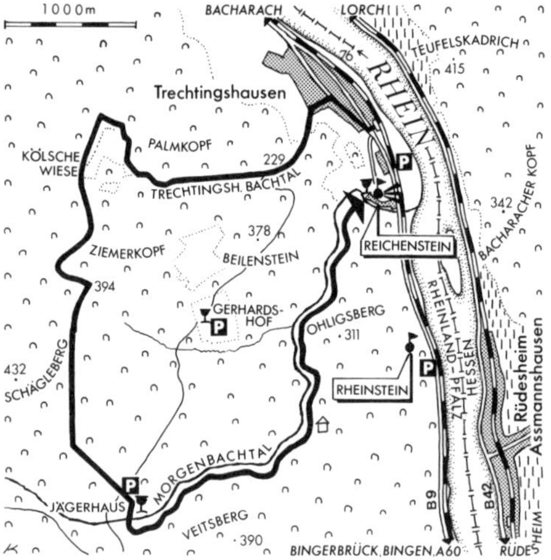

Ein Ausflug am Rhein verbindet sich üblicherweise mit Burgenherrlichkeit und Weinseligkeit. Daß Wandern am Rhein aber auch ganz anders sein kann, nämlich durch Wälder und enge Bachtäler streifen und als krönenden Abschluß auf Burg Reichenstein einkehren und die musealen Räume besichtigen, das beweist dieser 12-km-Wandertip. – Einkehr unterwegs auch im „Jägerhaus" (dienstags geschlossen). – Ausgangsort ist Trechtingshausen am linken Rheinufer, Bahnstation zwischen Bingen und Koblenz. Autofahrer nehmen die B 9 ab Bingen. – Museum Burg Reichenstein ist täglich von 9 bis 18 Uhr geöffnet, ebenso Burg Rheinstein als Abstecher für Autofahrer an der B 9.

Im Reigen der Burgen und Schlösser am Mittelrhein wird Burg Reichenstein leicht übersehen. Ihre Lage ist nicht so exponiert wie die von Stahleck und Marksburg oder den benachbarten Sooneck und Rheinstein. Eher unscheinbar, fast abweisend lugt das dunkle Gemäuer gerade eben aus den verschachtelten Häusern von Trechtingshausen heraus. Dabei wird die Burg Reichenstein zu Unrecht wenig beachtet. Sie gilt nicht nur flächenmäßig als eine der größten und stärksten ausgebauten Festungen am Rhein. In ihrem mächtigen Mauerwerk ist auch eines der bedeutsamsten und thematisch umfassendsten Burgmuseen untergebracht.

Dank der Privatinitiative der Rheinböllener Industriellenfamilie Kirsch-Puricelli wurde seit der Jahrhundertwende beides, der hervorragende Erhaltungszustand sowie die Sammlung, ermöglicht. Lange drohte auch der Reichenstein, einem berüchtigten Raubritternest im Mittelalter, das gleiche Schicksal langsamen Verfalls wie den meisten anderen Rheinburgen. Erst mit der „romantischen" Rückwendung im 19. Jahrhundert setzte ein Umdenken ein – allen voran beim preußischen Königshaus, das maßgeblichen Anteil am Erhalt auch von Rheinstein und Sooneck hat. Dem kulturgeschichtlichen Auftrag verpflichtet, aber nicht den historisierenden Zeitgeist kopierend, restaurierten dann die Kirsch-Puricellis seit ihrem Erwerb 1899 die Reichenstein.

Nicht alles, wie die Vorburg oder die kanonenbestückte Terrasse, entspricht dem Original, aber im wesentlichen folgte man dem mittelalterlichen Aussehen. Eine Ahnung von ihrer Stärke gibt der riesige Mittelpfeiler im Inneren, der fast einen ganzen Raum einnimmt. An und um ihn herum sind gußeiserne Ofenplatten angebracht, die mit rund 300 Exemplaren eine der größten Sammlungen ihrer Art in Deutschland darstellen. Zu sehen sind außerdem eine Waffen- und Jagdtrophäenschau, die gotisierende Burgkapelle, Privaträume der früheren Hausherren – die inzwischen ein Hotel-Restaurant beerbt hat – und der sogenannte Rittersaal mit Ahnengalerie der bürgerlichen Burgherren. Zu den Vorfahren der Kirsch-Puricellis gehörte kein Geringerer als der berühmte „Jäger aus Kurpfalz". Die Burgbesichtigung kann wahlweise an den Anfang oder das Ende der Wanderung gestellt werden.

Der Start liegt mitten in Trechtingshausen. Dort steht schon das weiße RV bereit, das Zeichen für die Rheinhöhenverbindungswege, die vom Rhein auf die Uferberge führen, um Anschluß an den Rheinhöhen-Fernwanderweg zu halten. Demnach heißt es für uns zunächst tüchtig steigen. Noch in Trechtingshausen beginnt das Bergauf. Nach dem Passieren des um 1300 erbauten Neutores ist schon der Wald erreicht, der uns so bald nicht wieder freigibt. Durch Niederwald, begleitet vom munter sprudelnden Trechtingshäuser Bach, streben wir steten und bedächtigen Schrittes bergan.

Erst weiter oben, nach einem auffallenden Rechtsabzweig, wird der rhythmische Schritt unterbrochen. Mehrfach sind Wurzeln und Steine zu übersteigen, bis die große „Kölsche" Waldwiese erreicht ist. Das RV lassen wir hier zurück, wenn die Freifläche in einem weiten Linksbogen umlaufen wird. Auch an ihrem Ende bleiben wir auf dem Hauptweg und achten einige hundert Meter nach einer scharfen Linkskehre auf den nach rechts führenden Abzweig in Richtung „Jägerhaus". Leicht bergab und fast nur geradeaus gehend, bedürfte es des an der nächsten Kreuzung hinzutretenden R, mit dem die Rheinhöhenwege beiderseits des Stromes gekennzeichnet sind, bis zu dem bewirtschafteten Forsthaus kaum. In der rustikalen Gaststube oder bei schönem Wetter im Freien weiß man dort dem Wanderer eine zünftige Brotzeit zu reichen. Das R führt vor dem Gasthaus vorbei in eine Senke und quert den Morgenbach nach links. Jetzt ist dieser ungestüm in seinem Bett hin und her mäandernde Bach gewissermaßen unser Wegbegleiter. Er gibt die Richtung bis an die Tore von Burg Reichenstein vor. Auf zwei Kilometern wird man durch eine wildromantische Landschaft geführt, wie sie spektakulärer kaum im Schwarzwald anzutreffen ist. Der Morgenbach springt über kleine Kaskaden oder umgeht gurgelnd Felsbarrieren, wobei er sich tief in das Ufergestein gegraben hat. Wie tief, ahnt man erst, wenn man den Kopf in den Nacken legt. Weit über uns türmen sich die Felsvorsprünge, auf denen sich zäh einzelne Kiefern behaupten.

Scheinbar aus dem Boden gewachsen, taucht am Ende des Tals plötzlich das dunkle Gemäuer der Reichenstein vor uns auf. Nach links folgen wir der Uferstraße bis zu einem steilen Fußweg zur Burg, oder man benutzt von Trechtingshausen aus die Fahrstraße. Der Autofahrer hat zusätzlich Gelegenheit, Burg Rheinstein zu besichtigen. Am Steilhang auf Felsen um 1260 erbaut, wurde sie durch Prinz Friedrich von Preußen als erste Rheinburg romantisierend wieder aufgebaut.

Kräutergärtlein und Kemenate

Hier soll eine Burg auf steilem Berg „erobert" werden – per pedes, versteht sich. Es ist die Marksburg über Braubach am Rhein. Nach dem Vortraining einer 15 Kilometer langen Wanderung kann man sich bei der Burgführung mit mittelalterlichen Gepflogenheiten des Alltags vertraut machen. – Die Marksburg ist täglich geöffnet, Führungen sind stündlich. – Das Forsthaus Oberlahnstein für die Einkehr unterwegs ist montags geschlossen (Betriebsferien fließend). – Braubach liegt rechtsrheinisch vor der Lahnmündung an der B 42. – Bahnstation.

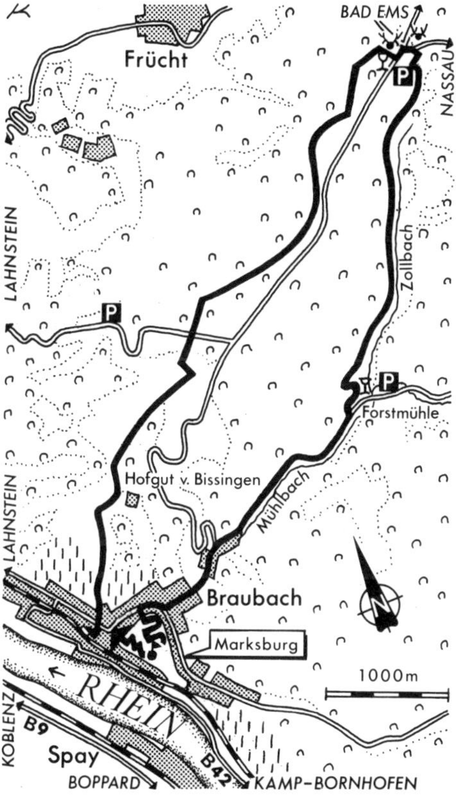

Burgen prägen zu beiden Seiten das unvergleichliche Landschaftsbild des Rheins. Von den meisten ist bei näherer Betrachtung freilich nicht mehr geblieben als Mauerwerk. Es gibt einige wenige, die trotz Kriegen, Naturkatastrophen und zerstörerischem Desinteresse einigermaßen unbeschadet erhalten und deren mittelalterliche Bauformen darüber hinaus ohne romantisierende Neuerung bewahrt werden konnten. Ein Beispiel finden wir am Mittelrhein. Es ist die Marksburg bei Braubach, unweit der Lahnmündung in den Rhein. Unübersehbar beherrscht sie seit mehr als 600 Jahren auf steiler Bergspitze, 150 Meter über dem Strom, die Szenerie. Ursprünglich unter den Herren von Eppstein zum Zweck lukrativer Zolleinziehung gebaut, ging sie 1283 an die Katzenelnbogener über. Dieses mächtige Geschlecht gab der Burg ihre heutige Gestalt mit Bergfried, Zwinger und Kapellenturm.

Bevor wir darangehen, den Burgberg zu erobern, wollen wir uns im grünen Hinterland einlaufen. Verschwindend klein drücken sich die Häuser Braubachs an den Bergkoloß, von dessen Spitze die Marksburg majestätisch auf den Rhein herunterblickt. Ursprünglich hieß sie Brubach wie der Ort, der mit ihr durch eine Mauer und einem daran anschließenden undurchdringlichen Gebück (Hecke) verbunden war. Erst nach Erbauung der Kapelle, die dem heiligen Markus geweiht war, erhielt sie den Namen Markus- oder Marksburg.

Vom Bahnhof kommen wir kurz durch die Rathausstraße zur Kirche. Auf der an ihr seitlich vorbeiführenden Kerketser Straße verlassen wir den Ort. Wie könnte es anders sein, als daß der Rheinhöhenweg Braubach in seine Route einbezieht? Wir schließen uns der Markierung R zusammen mit IV an, wenn sie sich auch auf diesem Abschnitt recht rar macht. Außerhalb des Ortes hält der Weg auf einen verlassenen Steinbruch zu, umrundet ihn halblinks am Fuße eines Weinbergs und nimmt an der folgenden Dreiergabelung den Geradeauskurs zum Waldstück, an dessen Ende sich die Obsthänge des Hofgutes Bissingen ausdehnen.

Nach rechts bergan hält man auf die Gebäude zu und kommt mit einem Linksschwenk, flankiert von Spalierobst, wieder zu einem Waldstreifen. An einem Abenteuerspielplatz vorbei geht es am Rand entlang mit Blick zu den grünen Lahntaunusbergen und dem darin eingeschlossenen Gebäudekomplex des Kurzentrums Lahnstein. Von dort kommt nach kurzem über ein Wiesengelände die blaue F 2 herüber. Gemeinsam mit dem R betritt sie den Forst. Wenn sich beide Zeichen nach wenigen Metern trennen, lassen wir uns von F 2 dem FH zuführen und von diesem Zeichen nach rechts durch schier endlos scheinende Wälder zum alten Forsthaus Oberlahnstein und damit zur Einkehr.

Lieblicher als die Rückkehr durch das Zollbachtal kann wohl kaum ein Wanderweg sein. Straße und Parkplatz werden überquert, halbrechts hält sich das grüne FF bereit. Nur einmal, am Anfang, muß man die Zeichen genau beachten, wenn sie nach etwa 150 Metern abrupt vom befestigten Weg rechts auf einen Pfad schlüpfen, um zum idyllischen Waldbächlein zu gelangen. Mal zwängt es sich zwischen Felsen hindurch, mal plätschert es behäbig dahin, um so mehr, je näher es dem Mühlbach kommt. Das ist an der Forstmühle erreicht. Hier beschließt auch das FF seine Runde.

Mit der Zufahrtsstraße nach Braubach gelangen wir zum Ortsrand, wo schon der Burgberg den Blick auf den Rhein verstellt. Am Silberbergwerk zweigt rechts der Dachshäuser Straße der Fußweg zur Burg ab. In weiten Serpentinen, trotzdem steil, schlängelt er sich hinauf. Im Terrassenrestaurant über dem Zwinger kann die nächste, stündlich stattfindende Führung abgewartet werden. Durch den gewaltigen Tunneleingang wird man zu den Bastionen geschleust, darf sich das Burggärtlein mit 170 Kräutern anschauen und einen Blick in Kemenate, Rittersaal und Kapelle werfen, begleitet und vokal untermalt von der Historie auf Band.

Am oberen Parkplatz beginnt der kürzere Abgang zur Stadt.

Frühling im Weinberg am Rhein

Zwei große Namen für Wein- und Kunstliebhaber: Oppenheim und Nierstein. Die acht km lange Wanderung mit Schwerpunkt Oppenheim – gotische Katharinenkirche, Burg Landskrone, Deutsches Weinbaumuseum ist auch landschaftlich sehr abwechslungsreich. – Anfahrt: Bahnverbindung über Mainz nach Oppenheim. – Für Autofahrer Rheinfähre Kornsand – Oppenheim von Groß-Gerau her, oder B 9 linksrheinisch, Anschluß A 60. – Öffnungszeiten: Deutsches Weinbaumuseum 1. April bis 31. Oktober, Dienstag bis Sonntag von 13 bis 17 Uhr.

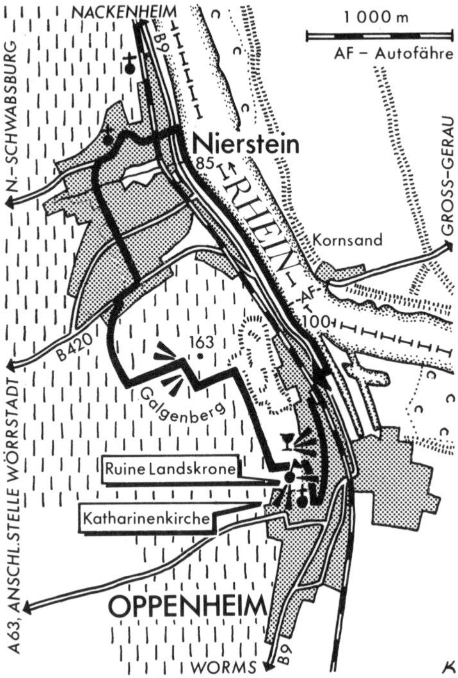

Eine Weinbergswanderung im Frühling zu unternehmen, erscheint etwas abwegig. Und doch übt gerade der Kontrast zwischen den in noch völliger Nacktheit aufgereihten Rebenzeilen zu dieser Jahreszeit und der längst im Blütenschmuck prangenden Natur rundum einen eigenwilligen Reiz aus.

Aber nicht allein das. In den kurzen Wochen nach Beendigung der ersten Weinbergsarbeiten bis zur Belaubung zeigt auch die Erde ihr Gesicht, auf der das edle Gewächs gedeiht, spiegelt sich das milde Licht in dem jeweiligen Gestein. Besonders eindrucksvoll ist das Farbspiel an den Hängen Rheinhessens um Oppenheim und Nierstein aufgrund der geologischen Beschaffenheit zu beobachten: Lößboden mit Kalksteineinlagerungen und Rotliegendes.

Starten wir in Oppenheim, einem der städtischen Eckpfeiler des Landstrichs im großen Rheinbogen. Durch Bahnhof-, Mainzer- und Merianstraße kommen wir zu dem Bauwerk, das der Kunstkenner vorrangig mit dem Namen Oppenheim verbindet: zur gotischen St.-Katharinen-Kirche aus leuchtend rotem Sandstein, berühmt vor allem wegen ihrer Radfenster Rose und Lilie. Dieses in mehr als zweihundert Jahren entstandene Gotteshaus dokumentiert die reiche Vergangenheit der einstigen Freien Reichsstadt im Schutze der Burg. Mehrmals in Teilen zerschlagen, entstand es immer wieder neu, selbst nach den Zerstörungen des Dreißigjährigen Krieges und des Pfälzischen Erbfolgekrieges, meist unter größten Entbehrungen der Bevölkerung. Die Gebeine von 20000 Bürgern und Soldaten aus jener unheilvollen Zeit, säuberlich aufgestapelt in der Michaelskapelle oberhalb der Katharinenkirche, sprechen für sich.

Zum Weiterweg wendet man sich vor dem Portal nach rechts, biegt um den Chor, kommt am Renaissance-Ritterbrunnen vorbei und steigt weiter bergan zu einem Aussichtsturm. Hier treffen wir auf das R des Rheinhöhenweges, das sich über einen Zickzackpfad heraufgeschlängelt hat. Gemeinsam geht es am aussichtsreichen Zeppelinstein vorbei zur Burgruine Landskrone, ein Name, der erst im 15. Jahrhundert aufkam. Als die Staufer die Burg 1147 inmitten ihrer Reichsgüter in diesem Gebiet errichteten, war bereits ein umfangreiches Kapitel von Oppenheims Geschichte abgeschlossen, als römischer Stützpunkt, weingesegnetes karolingisches Königsdorf, Besitztum des Klosters Lorsch. Dem Befehl des französischen Generals Mélac unter Ludwig XIV. «de brûler le palatinat» fiel auch Oppenheim 1689 zum Opfer, es wurde gebrandschatzt, die Landskrone geschleift.

Während die Stadt allmählich wiedererstand, blieb die Reichsfeste Ruine. Heute prägt sie mit der Katharinenkirche weithin sichtbar das Stadtbild und stellt während der Sommermonate den stimmungsvollen Hintergrund für die Theatertage dar.

Oben auf dem Berghang angelangt, treten wir mit dem R sofort in die Weinfelder ein, biegen nach hundert Metern rechts ab und ziehen am Rand der Wingerte weiter, wobei im Links-rechts-Knick ein riesiger Kalksteinbruch an seinem oberen Rand umgangen wird. Immer wieder treten hier Versteinerungen zutage von Meeresgetier aus den Urwassern, die einst dieses Gebiet überströmten.

Die Weinberge der beiden Gemeinden gehen nahtlos ineinander über, wobei Nierstein mit über tausend Hektar Anbaufläche der Löwenanteil zukommt, darüber hinaus gilt es als die größte qualitätsweinbautreibende Gemeinde am Rhein. Charakteristisch ist die rote Erde, mit den Rebzeilen schmiegt sie sich wie ein gestreifter Teppich um den Ort.

Voraus am Horizont zeichnet sich Niersteins Wahrzeichen ab, der weiße Wartturm, eine Signalstation aus dem 12. Jahrhundert. Der befestigte Weg fällt leicht nach Nierstein hinunter, man kommt in die Straße Am Hummertal, biegt rechts in die Wörrstädter Straße und links in die Bildstockstraße, um zum Mittelpunkt, dem Marktplatz mit der Martinskirche innerhalb einer karolingischen Befestigungsmauer, zu gelangen.

Zurück nach Oppenheim geht es entlang dem Strom. Durch die Rheinstraße zur Schiffsanlegestelle reiht man sich dort auf dem Fuß- und Radweg ein.

Bilderbuch-Burg auf dem Fünfhunderter

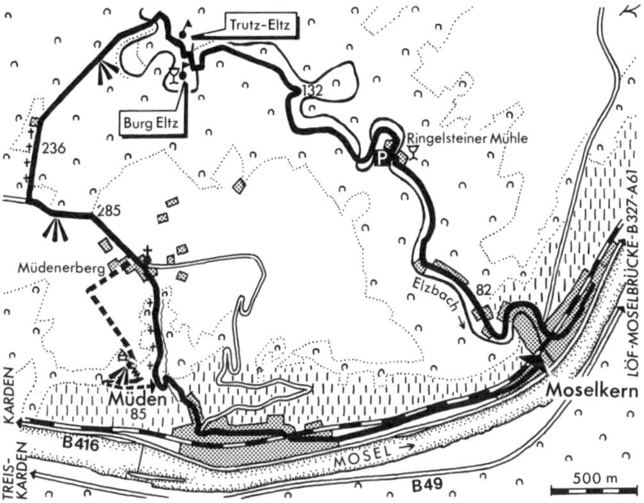

Ziel der vierstündigen Rundwanderung (13 km) ist Burg Eltz, die sich wie ein Märchenschloß steil über der Waldschlucht des Elzbaches erhebt. Den Bekanntheitsgrad beweisen die Besucherströme an Sommerwochenenden. – Den Ausgangsort Moselkern erreichen Bahnfahrer ab Koblenz, die Autofahrer über die A 61 bis Anschlußstelle Buchholz, weiter die B 327, über die Moselbrücke bei Löf. – Burg Eltz ist von April bis Oktober täglich geöffnet, etwa einstündige Führung. – Einkehr in der Burg oder in der Ringelsteiner Mühle.

Burgenromantik – wer hätte sich nicht ein Herz dafür bewahrt? Nur wird die Vorstellung vom Aussehen und dem Leben auf einer mittelalterlichen Wohnburg meist sehr lückenhaft sein. Die Anlagen, die nicht als Ruinen die Jahrhunderte überstanden haben, sind in unserem Raum an einer Hand abzuzählen, meist bewohnt und deshalb nicht zu besichtigen.

Für die Zerstörung der Burgen hat die brandschatzende Soldateska Ludwigs XIV. zumindest am Rhein nachhaltig gesorgt. Eine jedoch ist dem roten Hahn der Kriegshorden entgangen: Burg Eltz in einem Seitental der Mosel.

Sei es, daß sie in der Weltabgeschiedenheit übersehen wurde, sei es, daß die diplomatischen Beziehungen des zur damaligen Zeit als Marschall in französischen Diensten stehenden Grafen Karl-Anton von Eltz ausreichten, seine Stammburg vor dem Einäschern zu bewahren.

Burg Eltz ist diesmal das Wanderziel, ausgehend von Moselkern, einem der zahlreichen Weinorte hier schon am Unterlauf der Mosel auf dem Weg zum Rhein. Die Ufer werden breiter, der Fluß durch die Staustufe fast seenartig erweitert. Die wenigen Häuser kleben am Hang, Schiene und Straße folgen den Windungen des Wassers. Autofahrer stellen den Wagen am Ufer ab, begeben sich eine Etage höher auf die vom Bahnhof kommende Straße, nehmen dabei das schwarze Dreieck und das M auf, halten sich links, gehen durch die enge Haus-an-Haus-Gasse aus dem Ort hinaus und erreichen schon das tief eingeschnittene Felsental der Elz, wo bis zum Waldbeginn die Rebenhänge fast senkrecht aufsteigen.

Für uns geht es gemächlich am Ufer der Elz entlang. An der Ringelsteiner Mühle im Wald endet von dieser Seite die Zufahrt zur Burg Eltz. Ab hier gibt es nur noch den Fußweg. Wenn auch ein Felsenhangpfad, so ist er doch problemlos durch Hochwald zu begehen. Gut eine halbe Stunde braucht man von hier bis zum Eingangstor. Keinen Blick erhascht man vorher von ihr, bis sie bilderbuchgleich auf steilem Fels aus dem schluchtenartigen Waldeinschnitt aufragt, die spitzen Türmchen kaum höher als die umgebenden Waldberge.

Durch den äußeren Ring betritt man den Innenhof, der mit seinen sieben- bis achtgeschossigen, auf engstem Raum ineinander verschachtelten Wohntürmen, Erkern und Giebeln an Zauber wohl nicht zu übertreffen ist. 500 Jahre Baugeschichte, von der Romanik bis zum Barock, sind hier zu einem harmonischen Ganzen vereint, außen wie innen. Die Burg ist seit 800 Jahren im Besitz derselben Familie, der Grafen von Eltz, anfänglich als Ganerbenburg, wo zeitweise 200 Familienmitglieder in den verschiedenen Häusern friedlich nebeneinander lebten. Seit 1815 gehört sie allein der Eltz-Kempenicher Linie.

Nach der Führung (etwa eine Stunde; auch Einkehr möglich) setzen wir unseren Weg vor der Brücke an der Pendelbushaltestelle nach links fort, noch immer mit Dreieck und M, Richtung Trais-Karden. Ganz dicht an der Elz geht es abwärts in den Wiesengrund. Hier scheiden sich die Markierungen. Wir folgen dem M links über den Steg und gleich wieder rechts auf einen Kraxelpfad, später auf breitem Weg zur Höhe. Am ehemaligen Forsthaus bleibt auch das M zurück, unser Weg zieht ohne Zeichen geradeaus entlang Kreuzwegbildnissen, bis der Wald an einer Felderhöhe endet. Die Straße biegt nach links zum Weiler Müdenerberg. Hier kann man wählen zwischen dem aussichtsreichen, aber schwierigen Felsenabstieg nach Müden oder dem direkten durch die Waldschlucht. Der offene beginnt rechts auf dem asphaltierten Fahrweg nach dem ersten Bauernhof und führt an der nächsten Kreuzung links durchs Feld zu einer Grillhütte mit Aussichtsplatz über das Moseltal. Der rote Rhombus hilft beim Abstieg. Für den Waldweg geht man wenige Meter weiter bis zur Bank seitlich der Kapelle zwischen den beiden Gehöften hindurch abwärts. Am Ende hält man sich links und kommt durch die Weinberge hinunter nach Müden. Links der Hauptstraße hinter dem Winzerort stellt ein Radweg parallel zur Bundesstraße am unteren Weinbergrand entlang die Verbindung zu Moselkern her.

Burgruine Rheingrafenstein
Ruine Altenbaumburg
Ebernburg/Treuenfels, Burgruine

Wenn es blüht auf der Fliederburg

... dann ist die schönste Zeit dorthin zu wandern. Vier Stunden für die 13 km nur durch Wald, drei Stunden bei Abkürzung und etwa auf halbem Weg Einkehr in der Altenbaumburg, wie die Fliederburg richtig heißt (täglich geöffnet von 10 bis 22 Uhr). Herrliche Aussicht ins Alsenztal – wie zuvor von der Rheingrafenstein ins Nahetal. – Bad Münster am Stein-Ebernburg, der Ausgangsort, liegt an der Bahnstrecke Frankfurt (Main) – Bad Kreuznach–Saarbrücken. – Autofahrer folgen ab Bingen über die B 48a der Ausschilderung.

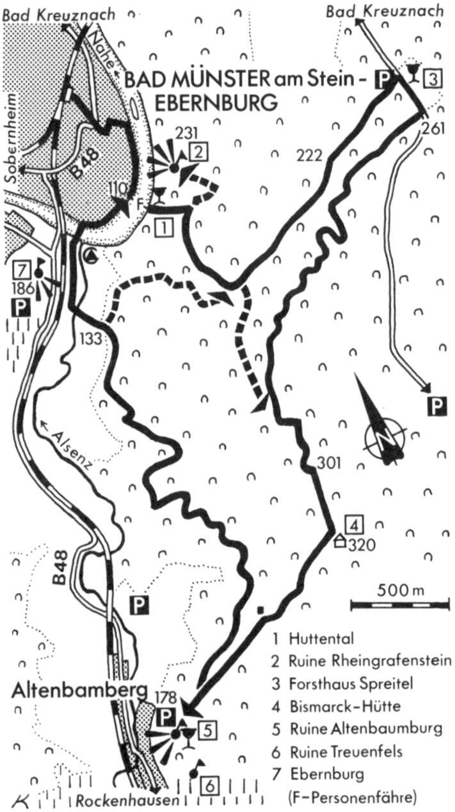

Die Region am Unterlauf von Nahe und Alsenz mit ihren steil aufragenden Porphyrwänden ist in unserer Mittelgebirgslage immer ein besonderes Wandererlebnis. Hinzu kommt die stattliche Zahl der Burgen in diesem Raum. Auf Felszacken gesetzt, oft nur einen Steinwurf voneinander entfernt, lassen sich leicht mehrere bei einer Tour erklimmen. Unser besonderes Augenmerk gilt der Altenbaumburg. Fliederburg heißt sie im Volksmund, weil ihr Gemäuer vor der Restaurierung völlig mit Flieder überwuchert war. Sie ist in das Wandernetz von Bad Münster am Stein-Ebernburg eingebunden.

Autofahrer finden gleich eingangs oberhalb der Nahe Parkmöglichkeit, laufen am Ufer zur Bootsanlegestelle. Vom Bahnhof kommt man die Berliner Straße her, den Kurpark entlang zum Übersetzen am Fuß des Rheingrafensteins (235 m). Drüben an der Gaststätte treten wir in das von hohem Wald umschlossene Huttental ein. Der breite Forstweg weist gut beschildert, mäßig steigend zum Forsthaus Spreitel, gleichzeitig markiert mit 12, roter 5, Ziffer 1 (anfänglich) und 2 auf Gelb. Schon nach kurzem besteht die Möglichkeit, links aufwärts einen Abstecher zur Ruine Rheingrafenstein zu unternehmen, in schwindelerregender Höhe auf zwei Felszacken (231 m) senkrecht über der Nahe. Um das Jahr 1050 hatten die Nahegaugrafen die Burg errichtet. Doch die Sage hält nichts davon. Sie schreibt dieses Werk dem Teufel zu. Er hätte, nach dem Versprechen eines Grafen, ihm die Seele dessen zu überlassen, der als erster aus einem Fenster der Burg schaute, Burg und Kapelle in einer Nacht errichtet. Es war ein Esel, angetan mit dem Barrett des Burgkaplans.

Es geht weiter, dem Huttenbach nach durch hohen Laubwald. Wer den Schlenker über das Forsthaus Spreitel zur Altenbaumburg abkürzen möchte, biegt schon im unteren Talabschnitt am entsprechenden Hinweis mit Ziffer 1 auf gelbem Untergrund rechts ab. Später verläuft die Route wieder gemeinsam mit der roten Ziffer 5, die vor dem Forsthaus auf die Zufahrtsstraße trifft, ihr nach rechts etwa 100 Meter folgt und rechts abschwenkt. Als Hangweg, streckenweise geschottert, zieht er in zahlreichen Bogen um kleinste Taleinschnitte durch das Grün. Beim Einmünden der 1 geht es gemeinsam bergan zur Bismarck-Hütte. Sollte durch mehrere hinzugekommene Markierungen Unklarheit an einer Stelle entstehen, sind es die 1, 6 und roter Strich, die überbrücken helfen. Als Lotse ab der Bismarck-Hütte bis kurz vor die Burg verbleibt die schwarze 1.

Der Wald endet, wir stehen hoch oben auf den Resten der 1112 erstmals erwähnten, 1689 wie die Rheingrafenstein von den Franzosen zerstörten Altenbaumburg, Stammsitz des mächtigen Geschlechtes der Raugrafen. Oberer und mittlerer Abschnitt sind durch einen tiefen Halsgraben getrennt; ein Steg ermöglicht den Übergang. Die Anlage wurde mit Beginn der achtziger Jahre restauriert, ein Burghaus wieder aufgebaut, darin das Restaurant. In halbhohen angedeuteten Mauernischen schaut man von der Terrasse ins weite Alsenztal und auf die Ruine Treuenfels, eine Vorfeste der Altenbaumburg, durch einen Sagenkranz um Liebe, Treue und Haß noch immer aufs engste mit ihr verbunden.

Für den Rückweg gehen wir über den eisernen Steg wieder zur Ziffer 1, nehmen den linken Strang der Spitzkehre, gleichzeitig rote 4 und grünes Dreieck auf. Ein Hangpfad zieht abwechslungsreich in immer neuen Kehren hinunter zum Stadtrand von Bad Münster-Ebernburg, vis-à-vis der Ebernburg. Am ersten Haus stößt man auf die rote 7. Nach links geht es zur Nahe und an ihrem jenseitigen Ufer zum Kurviertel, nach rechts noch einmal aufwärts im Wald und durch das Huttental zurück zur Fähre.

Am Rande der Deutschen Weinstraße

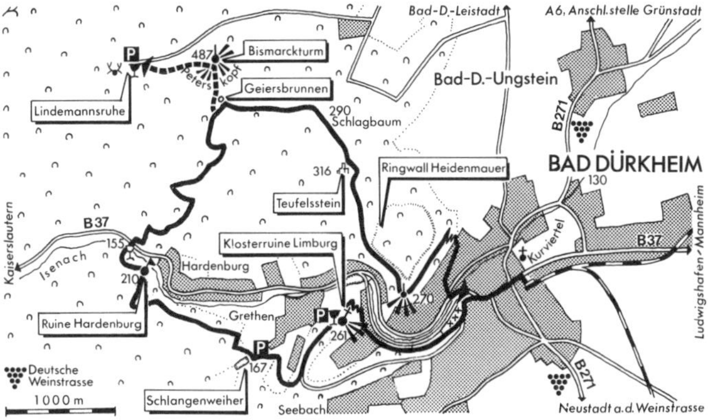

Von den quirlig lebendigen Orten der Deutschen Weinstraße läßt sich für einen Wanderausflug jeweils nur ein kleiner Teil erkunden. Hier ausgehend von Bad Dürkheim zu den kulturellen Höhepunkten dieses Raumes: der Klosterruine Limburg und der Ruine Hardenburg vor dem großartigen Hintergrund der Haardt-Landschaft. Die Ausdauer erfordernde Wanderung mit zum Teil starken Steigungen ist 14, mit Bismarckturm 16 km lang. – Bad Dürkheim kann mit öffentlichen Verkehrsmitteln erreicht werden über Mannheim/Ludwigshafen, von dort mit der Schmalspur/Rhein-Haardt-Bahn. – Für Autofahrer: A 5, A 67, Viernheimer Dreieck, A 6 Anschlußstelle Grünstadt, B 271 Bad Dürkheim.

Weinstraße! Ein Klang, ein Name, der mit beginnendem Herbst alle Sinne sensibilisiert. Das Rebenmeer, die Betriebsamkeit in den alten Weinorten, der Duft nach Trester und Federweißem bleiben unvergessene Eindrücke. Die Berge der Haardt, vor deren schützender Mauer der Pfälzer Wein reift, sind darüber hinaus ein Wanderparadies. Bad Dürkheim ist Ausgangspunkt einer Route, die die beiden bedeutendsten

Baudenkmäler dieses Raumes einschließt, Klosterruine Limburg und Ruine Hardenburg.

Vom Bahnhofsvorplatz biegt man links in die lebhafte Mannheimer Straße, streift mit ihrer Fortsetzung, der Römerstraße, durch die Altstadt bis zur Friedhofstraße und wählt dort aus dem Angebot der Wanderzeichen den blauen Strich. Mit ihm geht es ins Isenachtal hinunter. Voraus wird auf einem Bergvorsprung der Turm der Limburg sichtbar. Ursprünglich „Lintburg“ nach dem Stammsitz der Salier, den Kaiser Konrad II. 1030 in eine großartige klösterliche Bauschöpfung „zu unserer Seelen Rettung“ umzuwandeln begann.

Aus dem Tal klettern wir im Zickzack den Klosterberg hinauf. Die Ruine der Benediktinerabtei spricht noch ein halbes Jahrtausend nach der Zerstörung in ihren Ausmaßen für sich. Die Krypta, vom Seiteneingang her zugänglich, gilt als das Vorbild der Kaisergruft im Dom zu Speyer.

Wir bleiben auch weiter bei der Markierung blauer Strich, die der Hardenburg zustrebt, der größten und am stärksten befestigten aller Pfalzburgen. Ein steiler Waldpfad bringt uns abwärts zu den Schlangenweihern. Keine Angst, nur zahllose Enten tummeln sich dort zwischen Seerosen! Das Zeichen biegt hier rechts ab und mit einem Links-rechts-links-Knick zur Hardenburg hinan. Der letzte Abschnitt verläuft eben.

Was heute den Besucher am nachhaltigsten beeindruckt, sind die gewaltigen Mauern und das Bollwerk von 18 Metern Höhe und 72 Metern Umfang. 1212–20 durch Graf Friedrich II. von Leiningen erbaut, brannten Truppen des gleichen Geschlechts 1504 Kloster Limburg nieder, das bis 1471 unter der Schirmvogtei der Leiniger stand, dann an Kurpfalz fiel.

Durch den Torbau gehen wir weiter abwärts, am Waldschlössel vorbei, folgen aber nicht mehr dem blauen, sondern dem weißblauen Strich, den wir schon vor der Hardenburg gesichtet haben, und überqueren die Straße (B 37). Jetzt heißt es Kräfte einteilen, 300 Meter Höhenunterschied zum Bismarckturm sind zu überwinden. An eindrucksvollen Felsgruppen entlang, überzogen mit Heidekraut, geht es zum Gipfel des Peterskopfes (487 m). Wer sich den letzten Abschnitt ersparen möchte, wendet sich bei Zusammentreffen mit dem blauen Strich nach rechts zum Waldplatz Am Schlagbaum. Die anderen kommen von oben ebenfalls mit dem blauen Strich Am Schlagbaum und am sagenumwobenen Teufelsstein vorbei abwärts zum keltischen Ringwall Heidenmauer. – Der steile Abstieg in Serpentinen und über Treppenabgänge setzt den Schlußakkord.

Ruine Hardenburg (Teilansicht)

Burg Trifels
Schloß Ludwigshöhe

Die Reichskleinodien auf dem Trifels

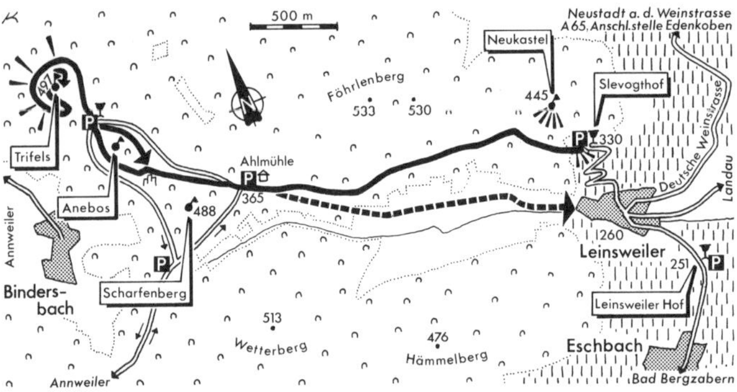

Das sollte man gesehen haben: Den einstigen „Mittelpunkt des Heiligen Römischen Reiches Deutscher Nation". Gemeint ist Burg Trifels in der Pfalz, Hort der Reichsinsignien über 150 Jahre und heute wieder – in der rekonstruierten Burg – die Nachbildungen der Kleinodien. Dazu kommt bei dieser nur 9 km langen Wanderung das private Museum Slevogthof und das Slevogt-Museum von Rheinland-Pfalz hinzu. – Anfahrt: A 5, A 67, Viernheimer Dreieck, A 6 Abfahrt Speyer/Neustadt (Weinstraße). – Öffnungszeiten: Burg Trifels 9 bis 13 und 14 bis 17 Uhr täglich außer Montag. Slevogthof täglich außer Donnerstag und Freitag, Führung 11.15 und 13.30 Uhr im Sommerhalbjahr. Schloß Ludwigshöhe Dienstag bis Sonntag 9 bis 13 Uhr und 14 bis 17 Uhr. – Sesselbahn zwischen Ludwigshöhe und Rietburg geöffnet im Sommerhalbjahr, ebenso die Gaststätte.

Gerade im Herbst möchte man an der Deutschen Weinstraße in jedem Dorf und Städtchen verweilen, einen Blick hinter die hohen Tore der Winzerhöfe werfen, auf ein Glas „Pälzer Woi" einkehren. Doch an einem kurzen Wochenende läßt sich nur ein bestimmtes Ziel ins Auge fassen, zumal für Wanderfreunde. Hier ist es ein kleiner Abschnitt der südlichen Weinstraße mit Glanzlichtern deutscher Geschichte und Kunst: Burg Trifels und der Weinort Leinsweiler, berühmt geworden als Sommerresidenz des Impressionisten Max Slevogt.

Die Deutsche Weinstraße, die von Neustadt an parallel zur B 38 unterhalb der Haardt verläuft, ist mit einer schwarzen Traube auf gelbem Grund gekennzeichnet und berührt auch Leinsweiler. Man parkt entweder dort und folgt den Schildern Slevogthof zu Fuß das kurze Gebirgssträßchen hinan oder lenkt sein Gefährt um die Haarnadelkurven. Der Maler Slevogt hatte den Meiereihof des Trifels 1912 erworben und ausgebaut. Nachfahren wandelten das Anwesen in ein Gästehaus um, sie zeigen Musikzimmer und Bibliothek des Meisters mit monumentalen Wand- und Deckenmalereien.

Zu der grandiosen Stauferfeste Trifels braucht es vom Slevogthof nur knapp eine Stunde Gehzeit auf einem fast ebenen Höhenweg, der am kleinen Parkplatz beginnt und mit Ziffer 14 bis zum Parkplatz Ahlmühle markiert ist. Von dort übernimmt der schwarze Punkt auf weißem Grund die Führung, zuletzt zweigleisig. Erst im letzten Augenblick tritt die „Gralsburg“ in Erscheinung. Es geht in Serpentinen steil hinauf.

Keine der über fünfhundert pfälzischen Burgen kommt annähernd dem Trifels gleich. Von den Hohenstaufen zur Reichsfeste ausgebaut, war sie Hort der Reichskleinodien und Sinnbild der Macht, aber auch Verwahrungsort höchster Staatsgefangener. Englands König Richard Löwenherz wurde 1193 im Trifels gefangengesetzt und nach fast einem Jahr gegen das außerordentlich hohe Lösegeld von 150000 Silberstücken freigelassen, das teilweise in der Burg deponiert wurde. Kaiser Heinrich VI. finanzierte damit seinen Feldzug gegen die Normannen, um die Ansprüche seiner Gemahlin Constanze durchzusetzen. Nach dem Sieg des deutschen Kaiserheeres wurde der Brautschatz der Constanze mit 150 Saumtieren aus Sizilien auf den Trifels gebracht, der erbeutete große Schatz hier verwahrt. – Die Bedeutung des Trifels sank mit dem Niedergang des ersten Reiches. König Rudolf von Habsburg ließ die Reichskleinodien 1274 auf die Kyrburg in der Schweiz bringen.

Erst in neuerer Zeit begann die Sicherung der Ruine. Von

1938 an wurde der Palas wiederhergestellt. In seiner Kapelle birgt er die Nachbildungen der kaiserlichen Insignien: Krone, Zepter, Reichsapfel und Kreuz. Die gezeigten Stücke sind ausgezeichnete Kopien der Originale, die sich in der Wiener Hofburg befinden. Der Kaiserslauterer Goldschmied Huppert hat in dreijähriger Arbeit die fast sechs Pfund schwere Krone nachgebildet. Gegenüber dem Original in reinem Gold wurde die Kopie in vergoldetem Silber ausgeführt, mit 1053 Perlen und 200 Edelsteinen besetzt. Ebenfalls drei Jahre waren für Reichsapfel und Zepter notwendig. Nach zwanzigjähriger Arbeit folgte 1979 die Nachbildung des schönsten und kostbarsten Stückes der Wiener Sammlung, des Reichskreuzes, zu dem noch das Reichsschwert hinzukam. Es waren nicht nur genaue Studien am Original notwendig, es mußte auch auf die alten Herstellungsweisen zurückgegriffen werden, weil neuzeitliche Techniken der Urfassung nicht gerecht geworden wären. – Die Aussicht zu den benachbarten Ruinen Anebos und Scharfenberg, die mit dem Trifels die einmalige Burgentrilogie bilden, und über den schier endlosen Pfälzerwald spricht für sich.

Der Rückweg zum Slevogthof ist der gleiche wie der Hinweg. Wer nach Leinsweiler selbst möchte, findet kurz nach dem Parkplatz Ahlmühle ein halbrechts talwärts weisendes Schild. – Zur Abrundung seiner Eindrücke sollte man noch Schloß Ludwigshöhe bei Edenkoben (A 65) ansteuern. In der bayerischen Zeit der Pfalz ließ es König Ludwig I. erbauen, heute ist dort das Slevogt-Museum von Rheinland-Pfalz untergebracht. Eine Sesselbahn bringt vom Schloß zur Aussichtsterrasse der Rietburg in 550 Meter Höhe, dem schönsten Blick über die Pfalz, wie es heißt.

Ruine Schmidtburg
Burgruine Hellkirch

Zeitreise unter und über Tag

Wo gibt es das noch, wie hier im Hunsrück, dicht beieinander ein Schieferbesucherbergwerk, die Rekonstruktion eines keltischen Dorfes und die mächtige Ruine der Schmidtburg? Das alles ist in der 16 km langen anspruchsvollen Wanderung inbegriffen und kann besichtigt werden. – Ausgangsort ist Rhaunen an der B 50. Anfahrt siehe Kartenrand. – Öffnungszeiten Besucherbergwerk und Keltendorf: 1. April bis 31. Oktober täglich von 10 bis 13 und 14 bis 17 Uhr.

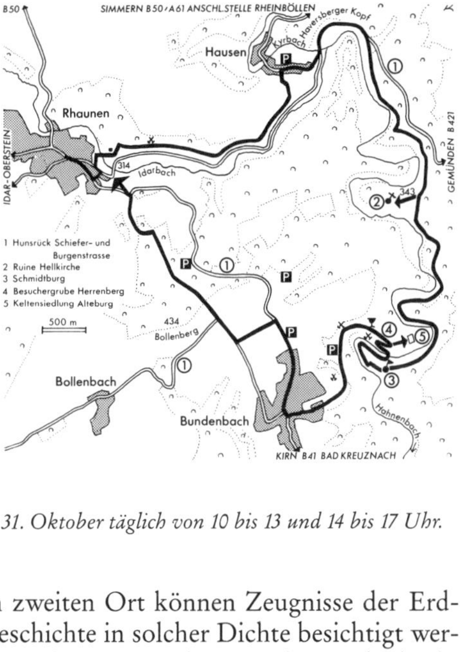

An kaum einem zweiten Ort können Zeugnisse der Erd- und Menschheitsgeschichte in solcher Dichte besichtigt werden wie in der Nähe der Hunsrückgemeinde Bundenbach. Nur wenige hundert Meter voneinander entfernt sind ein ehemaliges Schieferbergwerk, die Rekonstruktion eines keltischen Dorfes und die Schmidtburg, eine der größten Burganlagen Deutschlands, zugänglich gemacht worden. Trotz ihrer räumlichen Nähe haben Schieferstollen, Keltensiedlung und die Schmidtburg historisch und kulturell wenig miteinander gemein. Morphologisch besteht jedoch ein Zusammenhang: Der Hahnenbach hat mit seiner „Sägearbeit“ durch das relativ weiche Schiefergestein nicht nur ein landschaftlich reizvolles Flußtal geschaffen, die dabei entstandenen steil abfallenden Felssporne boten ideale Voraussetzungen für die Anlage von Höhenfestungen. Ein strategischer Gedanke, von dem sich die Kelten ebenso leiten ließen wie 1000 Jahre später die Erbauer der Schmidtburg.

Starten wollen wir in Rhaunen. Man läuft von der Ortsmitte die Poststraße hinunter und biegt in das zweite (namenlose) nach links abführende Sträßchen ein. Zur Sicherheit: an der Abzweigung blaues Andreaskreuz an einem Verkehrsschild. Der asphaltierte Weg weist in einen Wiesengrund, quert ein Bächlein und umgeht nach rechts ein freistehendes Gehöft. Aus dem Weg wird ein leicht ansteigender Pfad durch Niederwald. An der Weggabelung wählen wir den linken Strang und mit ihm das dort auftauchende Zeichen S 2. Es leitet bis an den Rand von Hausen. An der ersten Straßenkreuzung, gegenüber vom Rechweg, biegt man rechts in die von Einfamilienhäusern gesäumte Straße (ohne erkennbaren Namen) und läuft hinüber zur Landstraße Richtung Gemünden. Mit dem dort auftretenden weißen H des Hunsrück-Höhenweges vollzieht man eine Rechtskurve und biegt an ihrem Ausgang gleich in ein Wiesental.

Abrupt geht es nach etwa einem Kilometer scharf links hinauf in den Wald Richtung Ruine Hellkirch. Der weitere Verlauf gebärdet sich mitunter recht abenteuerlich – morastige Wege wechseln mit kaum sichtbaren Pfaden durch Unterholz und vergrasten Abschnitten, aber immer blinkt das weiße H rechtzeitig von einem Baum. Die Ruine Hellkirch ignoriert der Wanderlotse, ein ausgeschilderter „Stich" zeigt dafür die Richtung an. Außer einigen gotischen Öffnungen im kargen Mauerwerk ist kaum noch etwas von der Burg sichtbar. Fast unvermittelt wird man vom H nach dem langen Waldabschnitt in die Schmidtburg geführt. Aber was heißt Burg? Genau gesehen sind es zwei Burgen, eine untere und eine obere, die zusammen mit etwa 200 Meter Länge eine der größten Festungen Deutschlands bilden – allein der Lageplan verzeichnet 55 heute noch feststellbare Gebäudeteile. Durch Arbeitsbeschaffungsmaßnahmen in den achtziger Jahren konnte die ehemals kurtrierische Anlage in ihren Grundzügen weitgehend wieder aufgemauert werden.

Von der vorderen Spitze erkennt man bereits die nächsten Ziele: Keltensiedlung Alteburg und Besucherbergwerk Herrenberg auf der anderen Hahnenbachseite. Um dorthin zu gelangen, müssen wir an der Pforte „Torweg" ins Flußtal hinabsteigen und nach einem Rechtsknick den gesamten „Sokkel" der Schmidtburg umrunden, bis wir per Holzsteg den Bach überqueren können. Gut ausgeschildert, geht es über Serpentinen hinauf zum Schieferstollen.

Wahlweise kann man sich gleich einer Führung anschließen oder erst hinauflaufen zur Alteburg – den Schlüssel zur Keltensiedlung gibt es an der Kasse der Grube. Er öffnet durch das Haus, das einen freigelegten Felsenkeller schützt, den Weg in das erst vor einigen Jahren nachgebaute Keltendörfchen aus dem dritten vorchristlichen Jahrhundert.

Die Grube Herrenberg wurde vermutlich schon im 16. Jahrhundert zur Schiefergewinnung angelegt. Auf fünf Sohlen hat man sich über Jahrhunderte mit Hammer und Schlegel in den Fels teilweise durch hartes Quarzitgestein gearbeitet. Unschätzbares Nebenprodukt waren etwa 350 Millionen Jahre alte Fossilien, Trilobiten, Seelilien oder Kopffüßler, wie sie teilweise nur hier gefunden wurden und im Frankfurter Senckenbergmuseum gezeigt werden und auch in einer kleinen, der Schiefergrube angeschlossenen Fossiliensammlung.

Für das Schlußstück läuft man vom Bergwerk die Zufahrtsstraße hinauf nach Bundenbach. Zunächst geradeaus in den Ort hinein und in der Mitte nach rechts Richtung Rhaunen. Etwa 500 Meter außerhalb zweigt man links ins Feld mit dem Zeichen B 5 und wird an einem Sträßchen rechts von R 1 abgelöst. Ohne größere Richtungsänderung führt der Weg kurz entlang des Sträßchens noch etwas über Feld, dann durch Wald leicht fallend hinunter nach Rhaunen.

Kelten-„Burg“ Donnersberg
Tannenfels, Burgruine

Donnersberg, der Berg der Berge

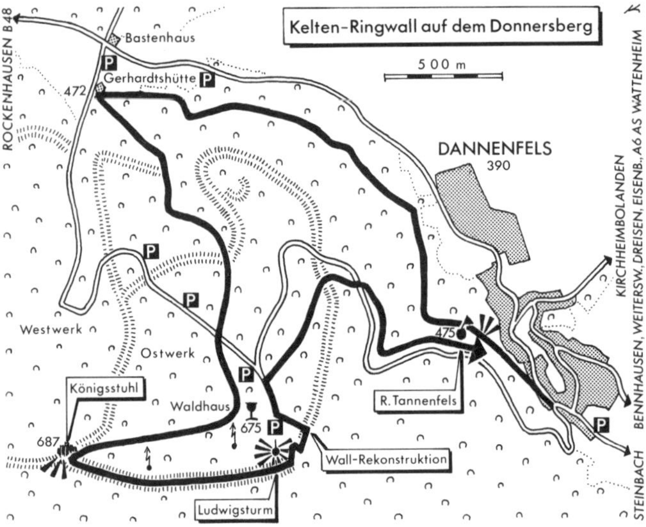

Auf den Donnersberg, „Berg der Berge“, mit 687 Metern der dominante und höchste der Pfalz, richten wir Auge und Wanderschritt. Oben erwartet den Ersteiger nicht nur grandiose Aussicht, vielmehr eine der größten keltischen Befestigungsanlagen Mitteleuropas in ihren verbliebenen Rudimenten. – Der 10 km lange Auf- und Abstieg beginnt und endet in Dannenfels. Er schließt einen Teil des Wallabschnittes mit Aussichtsturm und der markanten Felsgruppe Königsstuhl ein. – Eine Wanderkarte des Keltenweges kann oben in der Gaststätte Waldhaus erworben werden (montags geschlossen). – Anfahrt: A 5, A 67, Viernheimer Dreieck, A 6, Anschlußstelle Wattenheim, B 47 Eisenberg – oder über Mainz, Alzey, Kirchheimbolanden nach Dannenfels.

Unverwechselbar in seiner Silhouette hebt sich der langgestreckte Rücken des Donnersbergs am Nordrand der Pfalz aus der Rheinebene empor. Gleichgültig, von welcher Himmelsrichtung man sich ihm nähert, das breitgelagerte, in 687 Meter Höhe gipfelnde Massiv rückt unübersehbar ins Visier. Leuchtend rot würden sich die vulkanischen Porphyrfelsen vermutlich noch heute in Szene setzen, wären ihre Flanken nicht im vorigen Jahrhundert aufgeforstet worden.

Der Donnersberg besteht aus stark mineralischem Gestein. Nach Kobalt, Silber, Mangan, vor allem aber nach Kupfer wurde geschürft. Kelten waren die ersten, die von teilweise offen zutage getretenen Kupfervorkommen profitierten und etwa 200 Jahre vor der Zeitenwende begannen, auf dem 240 Hektar umfassenden Plateau eine gewaltige Befestigungsanlage zu bauen, wohl eine der größten Mitteleuropas. Erst in jüngster Zeit konnte anhand von intensiven Grabungen und Forschungen ihre Bauentwicklung in den Grundzügen geklärt werden. Selbst ein kurzer Abschnitt der sieben Meter hohen und acht bis neun Meter breiten Trokkenmauer von insgesamt sieben Kilometer Länge wurde zur Anschauung rekonstruiert. Auf dem Wall kann man entlanglaufen. Das Ganze nennt sich Keltenweg.

Hier soll etwas weiter ausgeholt werden, um den Gipfel zu erstürmen, beginnend in Dannenfels. Orientierungspunkt in dem engen, kurvenreichen Dorf ist der Zwiebelturm der Kirche im alten Teil. Etwas unterhalb, bei der Oberstraße 1, hat sich die Markierung blauroter Strich postiert. Sie weist in ein unscheinbares Höfchen und einen Treppenaufgang hinauf zur Straße, diese kurz links und scharf rechts ab in den Wald, der sich schon über der letzten Häuserzeile zu staffeln beginnt. Es ist ein angenehm nur wenig steigender Hangweg, der anfänglich am Fuß der Burg Tannenfels vorbeiführt, die die Herren von Bolanden im 12. Jahrhundert errichtet hatten. In diesem Zusammenhang steht auch die Gründung eines Klosters an der Stelle des heutigen Waldhauses auf der Höhe.

Die Markierung macht sich auf dem langen, fast ebenen, federnden Forstweg rar bis zum Erreichen der Gipfelzufahrtsstraße. Doch die interessiert uns nicht. Unmittelbar davor, gegenüber dem kleinen bäuerlichen Anwesen Gerhardshütte, wenden wir uns vom blauroten Zeichen ab und dem Doppelgespann weißes Kreuz und roter Strich links aufwärts zu. Jetzt tief Luft holen und dann hinan, meist auf lauschigen Jägerpfaden, aber stets lückenlos markiert. Oben angekommen, machen die Lotsen einen Schwenk um das Waldhaus, die höchstgelegene Gaststätte der Pfalz, und halten ungeachtet des 200 Meter hohen Fernsehturms und seines 29 Meter hohen Aussichtsturmbruders auf den eigentlichen Höhepunkt zu, die markante Felsgruppe Königsstuhl. Hier sollen fränkische Könige einst Gericht gehalten haben. Aus dieser Zeit – um 828 – stammt auch der Name Donnersberg. Im Wortstamm steckt wahrscheinlich der keltische Begriff Dunum für Berg, somit gilt der Donnersberg als der „Berg der Berge“ schlechthin.

Der ausgewiesene Kelten-Wanderweg auf der Krone des Walls mißt etwa sechs Kilometer. Er ist – oder besser war – mit einem stilisierten, behelmten Kopf markiert, der Nachbildung eines bei Ausgrabungen gefundenen schmiedeeisernen Achsnagels. Souvenirjäger fanden selbst die Täfelchen zum Mitnehmen schön, ohne sich um die Wanderer zu scheren. Auf dem Abschnitt zwischen Königsstuhl und Ludwigsturm kann trotzdem nichts schiefgehen, es ist der am meisten begangene Abschnitt auf einem etwa zwei Meter hohen, freigelegten Wall. Für uns endet er an der wiedererrichteten Trockenschlitzmauer, vor den beginnenden Parkplätzen.

Für den Rückweg nach Dannenfels werden beide Parkplätze überquert bis zum Ende. Vor dem Waldhaus läuft man die Zufahrt wenige Schritte zur Straße, kreuzt sie und setzt genau gegenüber auf dem Waldweg seinen Lauf fort. Wir haben uns damit in die Route des gelben Vierecks eingefädelt, das uns all das, was wir mit Kreuz und Strich hinaufgeklettert sind, wieder abwärts führen wird, mitten hinein nach Dannenfels.

Schutzburg des Klosters Lorsch

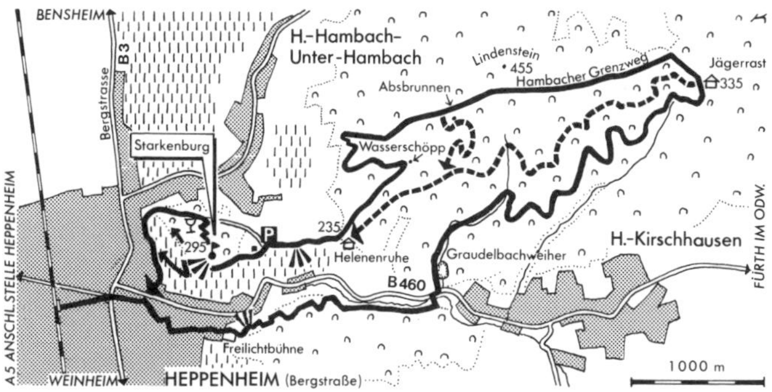

Die Starkenburg steht erst am Schluß des je nach Wegewahl 14 oder 17 km langen Ausfluges, gut vier oder fünf Stunden meist durch Wald, gegen Ende Einkehr in der Burgschänke. – Der Bergfried als Aussichtsturm kann samstags, sonn- und feiertags zwischen 14 und 18 Uhr bestiegen werden. – Heppenheim als Ausgangs- und Endpunkt liegt an der Bahnstrecke Frankfurt – Heidelberg, an der A 5 und B 3. – Das reizvolle Bergstraße-Städtchen feiert mit den Sommerfestspielen im kurfürstlichen Amtshof alljährlich seinen Höhepunkt. Die Fachwerkparade läßt sich am Marktplatz und in den anschließenden Gassen zu jeder Jahreszeit abnehmen.

Der Name Starkenburg spricht für sich. Sie wäre wohl nie hoch über Heppenheim entstanden, hätte nicht Erzbischof Adalbert von Bremen, Berater des vierzehnjährigen Königs Heinrich IV., das Reichskloster Lorsch als Schenkung in seinen Besitz gebracht. Doch er hatte die Rechnung ohne den Wirt gemacht, nämlich ohne Abt Udalrich und seine Mönche, die keineswegs gewillt waren, ihre Selbständigkeit aufzugeben. Sie errichteten 1065 in aller Eile auf dem Berg „Burcheldon“ in der Nähe des Klosters eine Schutzburg. Erzbischof Adalbert rannte mit seinen Truppen vergebens dagegen an. Als er kurz darauf in Ungnade fiel, hatte sich die Angelegenheit von selbst erledigt. Die Starkenburg aber erstarkte weiter. Zwar häufiges Angriffsziel, besiegt wurde sie nie. Erst nachdem sie militärisch bedeutungslos geworden war, gab Mainz die Anlage 1765 zur Versteigerung frei. Viel zu spät wurde dem Abbruch Einhalt geboten.

Das Verbliebene der Starkenburg ist noch immer imposant genug, um sowohl von unten, aus der Rheinebene, zu faszinieren, wie auch oben aus der Nähe. Steigen wir in einem großen Wanderbogen von Heppenheim aus zu ihr hinauf. Der Gang durch die Altstadt ist immer wieder ein Genuß, wie hier vom Bahnhof durch die Bahnhofstraße, die Fußgängerzone, das Wormser Tor, die Marktkirche zum großen Marktplatz, auf dem sich die Fachwerkparade um den Marienbrunnen gruppiert. Zum eigentlichen Wanderbeginn geht es am eindrucksvollen Rathaus von 1551 links vorbei, kurz durch die Straße Laudenbacher Thor, an der Ecke Merianstraße trifft man die weiße 2, für die erste Wanderhälfte unser Lotse. Er führt aus der Stadt hinaus, über die Freilichtbühne und bald in den Wald. Zuvor bietet sich ein schöner Blick zur Starkenburg, die auf dem von Reben und Goldruten bedeckten Schloßberg thront. Der Weg schlängelt sich, immer dem Berghang angepaßt, teils durchs Freie, teils durch Laubwald.

Eingangs Kirschhausen knicken wir links ab, überqueren die B 460 (Siegfriedstraße) und wenden uns auf dem Gehsteig nach rechts. Nach gut 100 Metern heißt es links hinauf in das enge Waldtal des Graudelbaches, der zur „Erhaltung von Amphibien" zu einem Teich gestaut ist. Der breite, feste Weg steigt stetig, wechselt aus diesem Tal auf die Höhe über einem anderen und vollzieht in mehreren Bogen die Bergformen nach. Je näher wir der Jägerrast kommen, desto mehr läßt die Steigung nach. Ab einer Wegkreuzung gibt es mit dem Zeichenwechsel zur 11 noch einen kurzen Stich, und wenn die neue Jägerrast-Schutzhütte zu sehen ist, steuern wir ohne die 11 darauf zu.

Für den zweiten Wanderabschnitt, den Rückweg, orientiert man sich an der ausführlichen Tafel. Wer den kürzeren und ebenen Weg zur Starkenburg wünscht, benutzt das rote umgedrehte T. Wir nehmen dagegen das gelbe T, das alsbald den fast gerade, aber etwas steigenden „Hambacher Grenzweg“ südlich des Lindensteins (455 Meter) entlangführt. Sobald es wieder bergab geht, kommt von rechts die 1 und zweigt kurz darauf nach links ab. Sie könnte als abkürzende Verbindung zwischen dem gelben und dem roten T benutzt werden. Wer den bisherigen Kurs beibehält, soll sich durch die veränderte Wegbeschaffenheit nicht irritieren lassen: Grasweg, Graspfad, überraschend links abknickender Hangpfad, hinunter wieder auf einen breiten, festen Weg. Einmal wird die Starkenburg schon recht nahe sichtbar, aber wir bewegen uns vorläufig noch von ihr weg, erst ab einer Wegekrümmung (mit Quelle) wieder auf sie zu. Der Wald endet an der Helenenruhe, wo auch das rote T ankommt, das unter Auslassen der Starkenburg am sonnigen Schloßberghang nach Heppenheim hinunterzieht, ebenso wie das hinter der Burg entlangführende gelbe Zeichen. Um aber die Starkenburg aufzusuchen, biegen wir am Naturparkplatz links in die Zufahrt ab und kommen an der Sternwarte vorbei weiter ansteigend auf den Burghof. Fast vergeblich suchen wir hier altes Gemäuer. Anstelle des Palas steht seit 1959 die Jugendherberge. Der Bergfried mußte wegen Einsturzgefahr 1924 gesprengt werden. Kurz danach entstand er als Aussichtsturm neu, die an seiner Außenwand angebrachte Brunnenplatte stammt von der 1765 abgebrochenen Zisterne und sollte das nie versiegende Wasser auf der Burg symbolisieren.

Nach Heppenheim hinunter führen mehrere Wege.

Brunnenplatte am Bergfried der Starkenburg

Der Nase nach zum Bergsträßer Wein

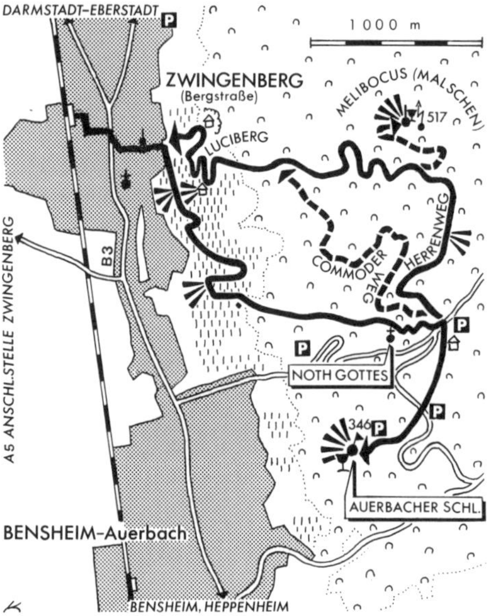

... natürlich am schönsten im Herbst, wenn Weinlaub und Waldlaub sich bunt färben, aber auch zu jeder anderen Jahreszeit empfehlenswert, da die beiden Ausflugsziele, das Auerbacher Schloß und – mit Abstecher – der Aussichtsturm auf dem Melibocus stets erreichbar sind. 11, 13, 15 km. – Öffnungszeiten Auerbacher Schloß: im Sommerhalbjahr täglich außer Montag, im Winterhalbjahr Mittwoch bis Sonntag mit eingeschränkten Zeiten. In der Gaststätte Berghütte auf dem Melibocus findet der Wanderer im Sommer täglich die Tür offen, im Winter Samstag und Sonntag. – Zwingenberg liegt an der Bahnstrecke Frankfurt – Heidelberg und an der A 5 Anschlußstelle Zwingenberg.

Was kann es für einen Wanderer und Weinliebhaber Beglükkenderes geben, als im milden Herbstlicht durch bunt gefärbte Rebzeilen zu ziehen? Nur wenige Anbaugebiete, dazu gehört Franken, haben bisher an dem alten Zopf festgehalten, die Weinberge während der Lese für Publikumsdurchgang zu sperren. Ergehen wir uns also in den offenen hessischen Weingefilden, wie hier an der Bergstraße, ausgehend von Zwingenberg. Sein Name rührt wohl daher, daß jeder Reisende in Nord-Süd-Richtung und umgekehrt gezwungen war, die Stadt durch Ober- oder Untertor zu passieren. Die Ummauerung ist verschwunden, nur ein trutziger Turm, die Aul, auf dem höchsten Punkt der malerischen Altstadt erinnert noch daran. Er wird uns in die Weinterrassen entlassen.

Am Bahnhofsvorplatz hält man sich rechts, entdeckt dabei die Markierung roter Rhombus, quert mit ihr die ampelgeregelte Bundesstraße 3 und beginnt gegenüber vom Löwenplatz aus den Aufstieg durch die verwinkelten Gassen. Der Fachwerkbau des Hotels „Zum Löwen", 1595 errichtet, lag schon vor der Stadtmauer. Entlang den schmalgiebligen Häusern, am Ende über einen Treppenaufgang, kommt man zum malerischen Vorplatz der Aul. Wenige Schritte rechts davon, an der Bergkirche, öffnet sich der Blick ins Rheintal. Unmittelbar hinter der Aul wenden wir uns vom Rhombus ab, rechts dem gelben B zu in die lange Schneise. Das B steht für Blütenweg, aber in dieser Jahreszeit auch für Weinweg durch die aussichtsreichen Terrassen des Bergsträßers, des kleinen, aber feinen sonnenüberfluteten Anbaugebiets im Schutze des Melibocus, oder volkstümlich Malschen, mit 517 Metern die höchste Erhebung im Vorderen Odenwald.

In den Rebenhängen geht es bergan bis zum Erreichen des Waldes, wo das Zeichen abwärts dreht und dabei auf das blaue Dreieck trifft, dem nun unsere Aufmerksamkeit gilt. Zunächst spitzwinklig auf steilem Pfad hinan, dann weiter im dunklen Forst zur mittelalterlichen Wallfahrtskapelle Noth Gottes, die seinerzeit zum Schloß gehörte, eingebettet darin. Nächstes Ziel unseres Dreieckslotsen ist das Auerbacher Schloß, dazu wählt er anfänglich einen verstruppten Jägerpfad, in den er gegenüber der Kapelle schlüpft und im Zickzack aufwärts strebt, bis man unvermittelt an der Straße zwischen Schloß und Noth Gottes steht. Das Dreieck quert den Parkplatz mit Schutzhütte und zieht auf angenehmem Waldweg weiter zum nächsten Parkplatz, dort übergibt es die Führung an das gelbe Viereck. Mit ihm sind es nur noch wenige hundert Meter bis zum Eingangstor.

Die den Vorderen Odenwald in Blickrichtung Rhein beherrschende Burgruine, von den Grafen von Katzenelnbogen im 13. Jahrhundert nicht als Dauerresidenz, sondern für ihre Burgmannen und als schier unüberwindliche Festungsanlage im Dreiecksgrundriß erbaut, war sie fast uneinnehmbar. Die neuralgische flachere Ostspitze wurde mit dem wuchtigen Eckturm und der Brücke abgesichert. Um zum Eingang an der Südspitze zu kommen, mußte sich der Angreifer dem Beschuß von der Wehrmauer aussetzen. Danach erwartete ihn zwischen der äußeren und inneren Ummauerung auf einer Rampenbrücke ein Regen von siedendem Pech oder Öl. Sollte er auch das überstanden haben, zielten die Scharfschützen vor dem Burgtor aus dem Hinterhalt auf ihn. Nur General Turenne gelang im Reunionskrieg 1674 die Einnahme der Burg. Durch die staatliche Denkmalspflege wurde die Ruine restauriert und vor weiterem Verfall geschützt. Türme und Wehrmauern sind begehbar. Besondere Aufmerksamkeit gilt dabei der Kiefer auf der Schildmauer. Wie alte Ansichten zeigen, hat der Baum schon seit dem frühen 19. Jahrhundert sein Wachsen eingestellt und niemand hat je gewagt, dieses Wunder der Anpassung an die unwirtlichen Bedingungen zu entfernen. Zusätzlicher Anziehungspunkt: ein stilvolles Restaurant in der umgestalteten ehemaligen Scheune.

Wir kehren den gleichen Weg mit dem gelben Viereck zurück zum Parkplatz Noth Gottes, queren die Straße und laufen drüben auf dem Herrenweg weiter. Wenn sich von ihm der Commoder Weg löst, markiert mit weißem Rhombus, besteht die Möglichkeit, ihm verkürzt zu folgen. Mit dem gelben Viereck beginnt ein nochmaliger Anstieg im Hochwald bis fast auf das Gipfelniveau des Melibocus; die Mühe lohnt der Aussicht wegen. Bevor das Viereck zum letzten Schwung nach oben ansetzt, treffen wir auf den roten Rhombus. Von der bisherigen Richtung nach links bleibt dieses Zeichen maßgeblich für den gesamten Rückweg. Es ist eine zuverlässige, lückenlose Markierung, nur gilt es, im Bergab aufzupassen, wenn sie hakenschlagend enge Kurven durch den Hochwald zieht. Das gleiche gilt für die Weingärten am Luciberg, wohingegen man in der Altstadt Zwingenbergs mit ihren gemütlichen Bergsträßer Weinlokalen ruhig der Nase nach zum Federweißen gehen sollte.

Weinheim, Windeck, Wachenburg

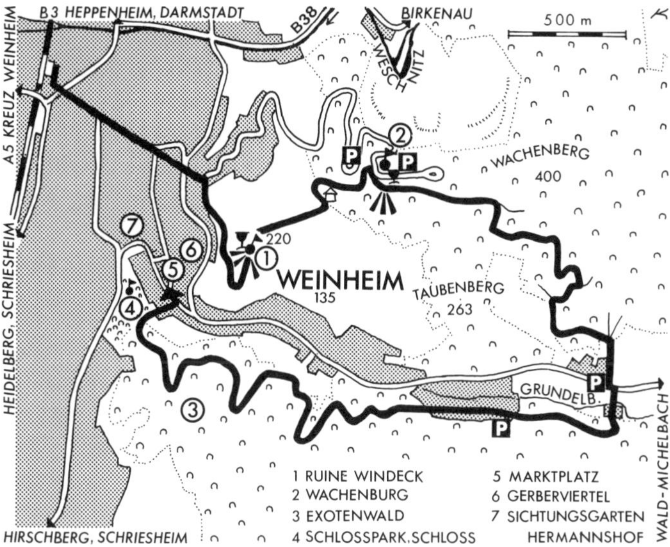

Zwei Burgen, ein Schloß mit Schloßpark, Exotenwald und Staudengarten, Altstadt mit Gerberbachviertel, alles durch einen etwa 10 km langen Rundweg (2½ Std.) verbunden. – Wanderherz, was willst du mehr! – Ausgangsort: Bahnhof Weinheim an der Strecke Frankfurt–Heidelberg. – Für Autofahrer: A 5, Autobahnkreuz Weinheim oder B 3. – Unterwegs Einkehr in der Burgruine Windeck, täglich außer Montag April bis September ab 10 Uhr, Oktober bis März ab 11 Uhr geöffnet, und in der Wachenburg, dienstags, Oktober bis März montags und dienstags geschlossen. Der Sichtungsgarten (Staudengarten) Hermannshof ist täglich außer Montag im Sommerhalbjahr geöffnet.

Von welcher Seite man sich auch dem badischen Städtchen Weinheim an der südlichen Bergstraße nähert, zwei überragende Burgen, Windeck und Wachenburg, kündigen unverwechselbar aus erhabener Höhe den Ort zu ihren Füßen an. Dem alten Stadtkern am nächsten, die Windeck, alleiniges Wahrzeichen über Jahrhunderte. Vom Kloster Lorsch um 1100 auf dem 220 Meter hohen Schloßberg über der Weschnitz als befestigte Kellerei erbaut, erhielt sie den selbst heute noch als Ruine beeindruckenden starken Befestigungscharakter erst später, nachdem sie auf Befehl Kaiser Heinrichs V. 1114 geschleift worden war. Völlig unbeschadet hingegen die Wachenburg. Errichtet vom Seniorenkonvent studentischer Korps an den Technischen Hochschulen vor und nach dem Ersten Weltkrieg, steht sie als Mahnmal für die Gefallenen des Korps und als zweites Wahrzeichen der Stadt. Beide Burgen, dazu das Stadtschloß, liegen an unserer Wanderroute.

Vom Bahnhof Weinheim wendet man sich kurz rechts, quert die Kreuzung und folgt der langen Bahnhofstraße aufwärts bis zum Dürreplatz. Jetzt schon in der Markierungsroute des weißen Vierecks, lotst es rechts den Verkehrsknotenpunkt entlang, einen Treppenabgang hinunter, über die Grundelbachstraße und drüben Am Schloßberg aufwärts. Eine hohe Stützmauer türmt sich vor uns auf, sie säumt den neuen Burgweg. Fußweg zur Windeck und Wachenburg heißt es da, unseren gemeinsamen Zielen mit dem weißen Viereck. Nach etwa einer Stunde ist die erste Etappe geschafft. Für den letzten Stich bleibt das Zeichen an der Gabelung (kenntlich am weißen Geländer) zurück. Entlang dem mächtigen Mauerwerk betreten wir den Innenhof der Windeck. Zielstrebig wird man den Bergfried anpeilen, der als Aussichtsturm mit grandiosem Rundblick zugänglich ist. Er stammt noch aus den ersten Anfängen der Burg. Viele Jahre als Steinbruch für den Wiederaufbau des ebenfalls zerstörten Weinheims genutzt, das der französische Generalfeldmarschall Turenne, ebenso wie die Windeck, bei der Pfalzverwüstung 1674 zerstört hatte, begann die Restaurierung der Ruine um die Jahrhundertwende.

Zurück zum weißen Viereck setzen wir den Weg zur

100 Meter höher gelegenen Wachenburg fort, zunächst fast eben, dann munter im sattgrünen Hochwald bergauf. Nach Passieren der Schutzhütte ist darauf zu achten, daß das Zeichen halbrechts auf einen unbefestigten Abzweig einschwenkt, einen Forstweg kreuzt und gegenüber weiter hinan weist bis zur Bank an der platzähnlichen Ausbuchtung eines Querwegs. Erhöht voraus schimmert das Rot der Wachenburg durch das Grün. Treppenstufen leiten zu einem links ausholenden Pfad über, der in die Zufahrtsstraße zur „Studentenburg", wie sie im Volksmund heißt, einmündet. Über dem Wappentor sind die Embleme der 62 angeschlossenen Korporationen eingelassen. In der Burgschenke läßt sich's gut parlieren und goutieren und von der riesigen Terrasse den Blick in die Ferne richten.

Wieder beim weißen Viereck folgen wir ihm auf dem breiten, ebenen Splittweg bis zur ersten Gabelung an einem alten steinernen Wegweiser. In verwaschener Schrift heißt es rechts „Zum Waldschloß". Hier biegen wir ohne Zeichen ein, münden nach wenigen Metern in einen ebenfalls hellsplittigen Weg, dem wir uns nach links anvertrauen. Seine Bogen und Kurven vollziehen wir im stetigen Abwärtstrend durch den Hochwald ohne Rücksicht auf einmündende Seitenstränge nach bis zur ersten Häusergruppe Weinheims, eben dem Waldschloß. Die Straße davor wird gekreuzt, links seitlich vom Parkplatz findet man die Brücke über den Grundelbach, drüben geht es mitten durch den Reiterhof, halblinks weiter und mit Erreichen des festen Weges rechts. Das Asphaltband, das zunächst mit freier Sicht am Waldrand verläuft, weist an den ersten Häusern links aufwärts wieder in den Forst hinein Richtung Schloßpark und durchstreift dabei in noch weitaus größeren Schlingen und Kurven als der Weg zuvor den Exotenwald.

Der etwa 60 Hektar große Exotenwald verdankt seine Begründung dem botanischen Enthusiasmus des Freiherrn Christian von Berckheim, der ihn im Anschluß an seinen Schloßpark von 1872 bis 1884 mit exotischen Pflanzen – insgesamt 130 Arten – aus allen Kontinenten anlegen ließ. Die meisten Pflanzen wurden heimisch. Heute gibt es noch 80 Arten, betreut vom Land Baden-Württemberg. Zu den botanischen Anziehungspunkten gehört mit 22 000 Quadratmetern auch der über 200 Jahre alte Sichtungsgarten Hermannshof in der Nähe, oberhalb des „hängenden“ Marktplatzes, so genannt wegen seiner Steillage. Und da sind wir auch schon im Herzen der Altstadt mit ihren malerischen Fachwerkgassen, die ihre Krönung im Gerberbachviertel finden, wo einst das Handwerk ansässig war. Mit der Hauptstraße, teilweise als Fußgängerzone ausgewiesen, betreten wir wieder die Neustadt, links ab die Bahnhofstraße bringt uns zum Ausgangspunkt zurück.

Das Wappentor der „Studentenburg“ Wachenburg

Ruine Strahlenburg
Ruine Schauenburg

Rebenhänge und fast südliche Vegetation

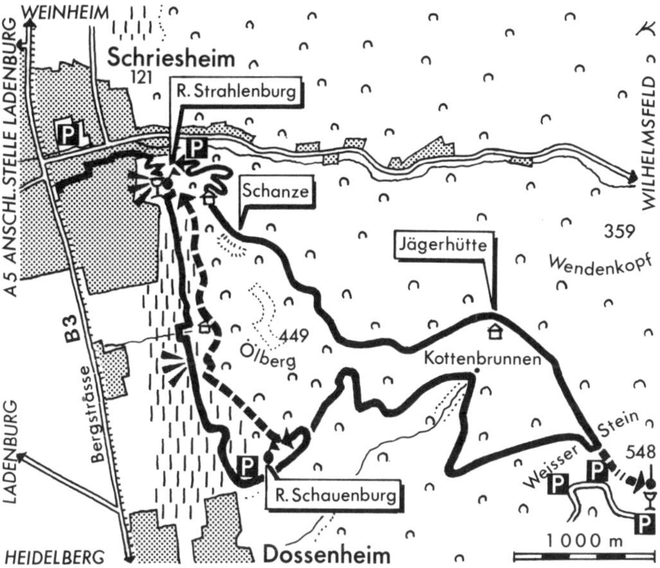

Sie hat den Namen verdient, was sich bestätigt findet, wenn wir uns spätestens am Ende der fünf, drei oder sechs Stunden (15, 8 oder 18 km) auf der Burgterrasse der Strahlenburg zur Einkehr niederlassen, nicht nur, um die Aussicht zu genießen. – Erst durch Weinberge, dann in den Wald hinauf, ein kurzer Abstecher zur Schauenburg, und wer es sich zumuten kann, strebt dazu noch Aussichtsturm und Restaurant auf dem Weißen Stein an (donnerstags geschlossen). – Ausgangspunkt ist in Schriesheim die Haltestelle der OEG-Bahn Weinheim–Mannheim. Weinheim liegt an der Bahnstrecke Frankfurt–Heidelberg. – Autofahrer kommen über die A 5, Anschlußstelle Ladenburg herein.

Wo anders als an der Bergstraße könnte die Strahlenburg stehen? Der Blick von der Burgterrasse auf dem Schloßberg hoch über Schriesheim macht es deutlich: gleißende Sonne über Rebenhängen, eine fast südliche Vegetation, die Rheinebene bis zu den blauen Bergen des Pfälzerwaldes vor Augen. Daß ein Conrad von Strahlenberg die Burg im 13. Jahrhundert erbaute, sei nur am Rande erwähnt. Die Sicht nach vorne genügte ihm zur Verteidigung natürlich nicht, vom überragenden Bergfried ging der Späherblick auch nach hinten, zum Odenwald. Der besteigbare Turm ist noch heute, ummantelt von einigen Mauerresten, das Wahrzeichen Schriesheims.

Landschaftlich zweigeteilt sind alle Orte der Bergstraße, hier Rheinebene, da Odenwald, Sonne und Schatten zugleich. Auf dieser Wanderung wollen wir beides genießen. Am Bahnhof Schriesheim der OEG-Schmalspurbahn geht es los, hinauf zur Strahlenburg. Lotse ist der gelbe Rhombus. Er weist die Bahnhofstraße aufwärts, am Deutschen Hof links zum Zentrum um das alte Fachwerk-Rathaus, dort rechts, dann links durch das Schulzentrum, über verwinkelte Treppen, die Gasse steil hinauf, schließlich kurz vor dem Häuserende rechts ab, „Fußweg zur Burg" heißt es da, noch immer in Begleitung des Rhombus. Ihn lassen wir am Eingang zum Burgrestaurant zurück und wechseln geradeaus zum gelben B (= Blütenweg) über auf den Weinbergweg hoch über Schriesheim.

Welch ein Panorama diesseits und jenseits des Rheines! Es wird kurz durch ein Wäldchen verstellt, hier gilt die Aufmerksamkeit ohnedies einem Rechtsabwärtsknick auf einen rutschigen Quellweg, um von ihm wiederum, links zunächst aufwärts, dann jedoch eine Etage tiefer als bisher, weiterzuziehen. Zunehmend naturbelassen, reben-, hecken- und baumgesäumt, strebt das B nun Dossenheim zu. Am großen Parkplatz oberhalb der letzten Häuserzeile trennen wir uns von ihm und wenden uns links, an der Barriere der Forststraße, zum weißen R (= Odenwald-Randweg). Aufwärts im Wald schwenkt es bald links ab der nahen Ruine Schauenburg zu, über dem Abgrund der „Dossenheimer Dolomiten", den riesigen Porphyrsteinbrüchen, deren Bagger mit dem Erreichen der Ruine an dieser Stelle abdrehen mußten.

Wer nur die kurze Acht-Kilometer-Wanderung unternehmen möchte, folgt dem R weiter zur Strahlenburg, von dort wie gehabt hinunter in die Stadt. Die große Wanderroute nimmt auf der anfänglichen Forststraße nach dem Abbiegen des R, jetzt ohne Markierung, stramm bergauf ihren Fortgang. Ist der große Rechtsbogen umwunden, muß die örtliche Ziffer 3 als Nothelfer gelten bis zum Erreichen des Platzes Am Kottenbrunnen.

Ab da übernimmt die Ziffer 2 diese Rolle. Es geht weiterhin leicht bergan in bisheriger Wanderrichtung. Schließlich kommt man zu einem Wegeabschnitt, wo links auf einem Parallelpfad die Zeichen rotes Viereck und der bereits bekannte gelbe Rhombus auftauchen. Letzterer ist für uns allein maßgeblich, sowohl wenn von hier der Rückweg spitzwinklig links angetreten werden soll als auch geradeaus weiter ein Abstecher zum Aussichtsturm und Höhenrestaurant auf dem Weißen Stein (548 m, Betonsendeturm) eingeplant wird.

Wie anfangs, ist der neu angelegte gelbe Rhombus auch hier ein zuverlässiger Begleiter in dieser wundervollen, wenn auch stellenweise geschädigten Hochwaldregion. Hat man die steinplattengedeckte Jägerhütte aus dem vorigen Jahrhundert passiert, überraschen immer andere Wegeführungen vom bequemen zum Gras- und Jagdpfad und zum Abschluß zum Felsenpfad im Bereich der Schwedenschanze, einer vermutlich frühkeltischen Fliehburg. Der Weg windet sich in zahllosen Bogen hinunter zur Strahlenburg. Auf ihrer Sonnenterrasse im Schatten alter Kastanienbäume und bei einem Glas feurigen Bergsträßer Wein kann man die Wanderung gut Revue passieren lassen. Ein Hauch Romantik umweht das Mauerwerk der Ruine. Sie ist mit der Sage des „Käthchen von Heilbronn“ verbunden, Heinrich von Kleist hat sie zum Schauplatz eines Teils seines gleichnamigen Ritterdramas gewählt.

Den anfänglich benutzten Fußweg gehen wir nach Schriesheim hinunter zum Ausgangspunkt.

Wegen Schloßbaus „ganz ausgesekkelt“

Im Waldgebiet zwischen Offenbach-Tempelsee und Heusenstamm bewegt sich diese 9 km lange Wanderung in fast ebenem Gelände. Anfangs- und Endpunkt ist Heusenstamm mit Schloß und historischem Altstadtbereich am nördlichen Rand der nach allen Seiten expandierenden Stadt. – Regelmäßiger Busverkehr von Frankfurt Südbahnhof mit Linien 960/961. – Das Ausflugslokal Waldecke hat montags Ruhetag.

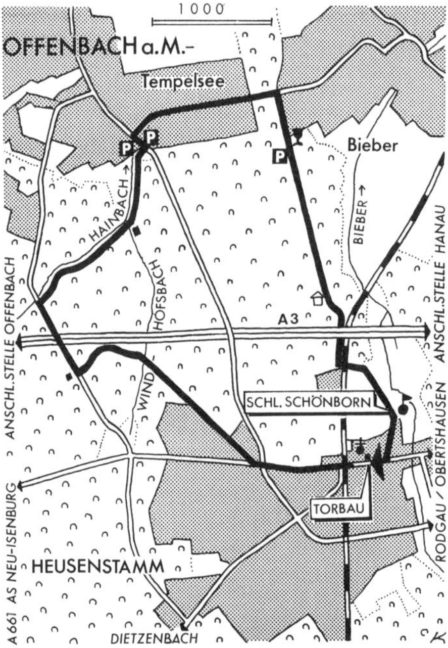

Verglichen mit der Gesichtslosigkeit mancher Gemeinde südlich von Frankfurt und Offenbach, birgt Heusenstamm einen ungewöhnlichen Schatz an kunsthistorischen Kleinodien. Zuerst ist da St. Cäcilia, ein hübsches Barockkirchlein mit bemerkenswerten Deckengemälden, dessen halbeingezogener Turm an der Portalseite unverkennbar die Handschrift des genialen Baumeisters Balthasar Neumann trägt. Diese Kirche hat im hiesigen Raum ebensowenig eine Entsprechung wie der gegenüber errichtete Torbogen in Erinnerung an den Aufenthalt von Kaiser Franz I. 1764 auf der Reise zur Krönung seines Sohnes Josef II. in Frankfurt. Nicht minder ungewöhnlich ist zudem das große Renaissanceschloß am Rande Heusenstamms.

Alle drei Bauten sind eng mit dem Namen von Schönborn verbunden, einem der bedeutendsten Geschlechter des alten Reiches. Innerhalb weniger Jahrzehnte im 17. und 18. Jahrhundert besetzte das Geschlecht 14 geistliche Fürstenthrone. Ihrem sprichwörtlich gewordenen „Bauwurmbh“ verdankt die Nachwelt die schönsten Barockbauten Deutschlands: die Würzburger Residenz und das „Käppele“ hoch über der Stadt, die Schlösser in Pommersfelden und Bruchsal und zahlreiche Klosterkirchen wie Vierzehnheiligen und Neresheim. Heusenstamm kam durch Kauf an die Schönborns; 1661 erwarb Philipp Erwein von Schönborn, ein Bruder des Mainzer Erzbischofs Johann Philipp, den Stammsitz der alteingesessenen Ritter von Heusenstamm für 27000 Gulden. Auch Philipp Erwein war von der familienspezifischen Bauwut infiziert und zögerte nicht lange, vor die aus dem 12. und 13. Jahrhundert stammende Wasserburg der Heusenstammer das weit ausladende, gleichwohl unvollendet gebliebene Renaissanceschloß zu setzen. Teile des mittelalterlichen Baus blieben so erhalten. Das Schloß war noch bis zum Verkauf an die Kommune 1977, die es heute als Rathaus nutzt, im Besitz der Schönborner. Nachfahren Philipp Erweins errichteten auch die St.-Cäcilia-Kirche und den spätbarocken Torbau an der Frankfurter Straße.

Vor dem kleinen Triumphbogen wollen wir unsere Wanderung beginnen. Wir gehen die Frankfurter Straße in westlicher, Neu-Isenburger Richtung, biegen hinter dem ersten Hochhaus rechts in die Straße am Frankfurter Weg ein. Hier treffen wir auf den weißen Winkel, mit ihm ist rasch die Wohnsiedlung durchschritten und der Wald hat uns wieder. Auf ebenen Wegen schlendern wir durch aufgelockerten Mischwald bis zu den begrünten Halden einer Deponie, umgehen diese linker Hand und erreichen eine Straße. Sich nach rechts wendend, überquert man auf einem parallel verlaufenden Fußgängerweg die Autobahn Frankfurt-Würzburg.

Nach 300 Metern schwenken wir, nun ohne den Winkel, nach rechts in den Wald.

Zunächst begleitet uns ein Stück das blaue M des Mainwanderwegs, das aber bald im Unterholz verschwindet. Wir bleiben in Tuchfühlung des Hainbaches, der uns auch weiter begleitet, wenn wir an den Gebäuden eines Erholungsheims dem leichten Linksabzweig folgen. Vor den Toren Offenbachs versickert das Bächlein. Man hält auf die Stadthalle zu, zweigt aber noch davor in den Brunnenweg ab. Am Ende der Siedlung, kurz vor dem Heusenstammer Weg, dürfen wir wieder in den Forst eintauchen, nicht ohne auf die beliebte Ausflugsgaststätte „Waldecke" geachtet zu haben. Ohne Umschweife spazieren wir geradeaus durch den aus Buchen und Kiefern gebildeten Hochwald, bis wieder die Autobahn erreicht ist. Diesmal unterqueren wir die Fahrbahn und achten 200 Meter danach auf den Linksabzweig über Eisenbahngleise in die Schloßstraße.

Der Name hält, was er verspricht – das freistehende Schloß rückt bald in Sichtnähe. Es kann nicht besichtigt werden, es lohnt aber, einmal den Westflügel zu durchschreiten. Erst nach dem Eintritt durch das sandsteingefaßte Portal, über dem der Heusenstammer Bürgermeister residiert, entdeckt man die Keimzelle der erstmals 1211 urkundlich erwähnten Gemeinde auf der anderen Hofseite. Dort steht noch der romanische Bannturm und ein später neugotisch umgebautes Wirtschaftsgebäude. Nach gründlicher Restaurierung dient es seit 1994 als Sitzungs- und Veranstaltungsort.

Mittelalter und Renaissance schließen moderne Flachbauten zu einem Karree, wie es ursprünglich der Schloßherr Philipp Erwein wohl auch geplant hatte. Ein finanzieller Engpaß vereitelte die hochfliegenden Pläne. Zwei Jahre nach dem Baubeginn klagte der Schönborner, er sei wegen des „Heusenstammer Bauhwes ganz ausgesekkelt". Fertiggestellt wurden die St.-Cäcilia-Kirche und der Torbau.

Zum krönenden Abschluß, wenn man die Schloßstraße und den ältesten Teil Heusenstamms weitergelaufen ist, steht man vor dem sehenswerten Ensemble.

Rund um das Osterei

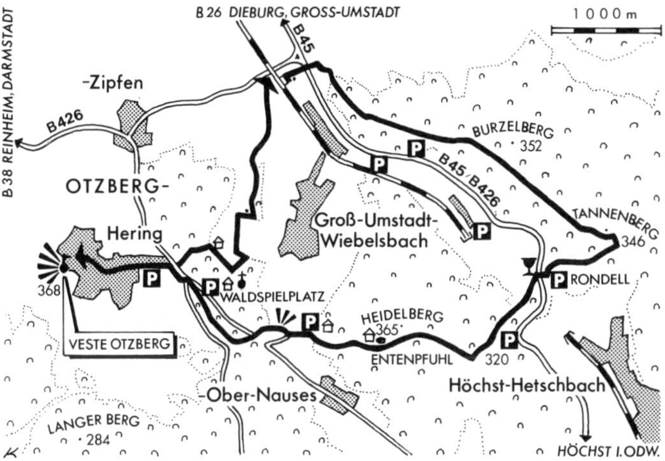

Nicht nur zu Ostern, auch zu jeder anderen Jahreszeit ist diese 15 km lange Wanderung empfehlenswert, zumal sie überwiegend im Waldschatten verläuft. – Ausgangspunkt ist der Bahnhof Wiebelsbach-Heubach an der Strecke (Frankfurt) Hanau–Darmstadt–Eberbach (Neckar). – Autofahrer aus dem Rhein-Main-Gebiet kommen über die B 45 oder B 38. – Das Museum in der Veste Otzberg ist mittwochs und samstags von 14 bis 17 Uhr, sonntags von 10 bis 17 Uhr geöffnet, das Burgrestaurant sonntags ab 11 Uhr, unter der Woche nur abends; Montag Ruhetag.

Als Symbol des Lebens und der Auferstehung steht das Ei im Mittelpunkt österlicher Bräuche. Die Kunst, es zu bemalen, zu verzieren und zu beschriften, Wünsche und Hoffnungen damit zum Ausdruck zu bringen, hat sich in manchen dörflichen Gegenden von Generation zu Generation weitervererbt. Aufgrund des wiedererwachten, allgemeinen Interesses an Volkskunst, erfreuen sich die seit etwa einem Jahrzehnt stattfindenden Ostermärkte mit Anschauungsunterricht in weiten Teilen des Landes großer Beliebtheit. Besonders überzeugend, wenn auch der Rahmen „echt“ ist wie im Volkskundemuseum auf der Veste Otzberg. Dahin soll unser Ausflug führen.

Ausgangspunkt ist der Bahnhof Wiebelsbach-Heubach. Vor dem Gebäude schließt man sich kurz dem roten Kreuz nach links an, biegt am rechts stehenden Haus links seitlich in den Wiesenpfad herunter zur B 45, überquert sie und nimmt drüben den Treppenpfad aufwärts. An der ersten Kreuzung geht die Stafette ans blaue Kreuz über nach rechts in den Wald auf einen tiefgefurchten Holzabfuhrweg. Erst kurz vor der Höhe erreicht man nach links einen trockenen Pfad im Kiefernforst und nach einem scharfen Rechtsknick an einer Kreuzung – jetzt mit dem weißen Punkt – den Parkplatz Rondell über der B 45/B 426. Die Straße wird gekreuzt, genau gegenüber der Parkplatzzufahrt weist der Punkt einen Pfad hinan und vor dem alleinstehenden Hotel Sonnenhof links am Waldrand entlang. Der Punkt bleibt auch weiterhin Begleiter, wenn man auf der Höhe nun endlich nach rechts in einen gepflegten Weg einmündet Richtung Entenpfuhl-Gewässer mit Schutzhütte, dann bergab zur Straße am Waldrand entlang.

Wir zweigen mit dem Punkt nochmals nach links in den Wald ab und gehen an seinem Ende, jetzt schon angesichts des Otzbergturms rechts, entlang dem großzügig angelegten Indianerspielplatz zum anschließenden Parkplatz. Den Fußweg neben dem Sportplatz und links in die Zufahrtsstraße kommen wir nach Hering hinein.

Der alte Kern des Gipfelnests drängt sich unterhalb der Burgmauer an den Bergkegel (368 Meter), von dem aus die Veste Otzberg mit ihrem Burgfried, der „Weißen Rüb“, aus der Gründungszeit um 1200 das Dieburger Land beherrscht. Am besten nimmt man am Ende der Durchgangsstraße den Treppenaufstieg an der Kirche vorbei zur Burg und kann schon in Etappen den Blick von den nördlichen Odenwaldausläufern bis in die Mainebene genießen, bevor man durch das mächtige Burgtor den Innenhof betritt und vom Bergfried noch den Aussichtshorizont erweitern kann.

Im 16. Jahrhundert noch festungsartig ausgebaut, 1622 durch Tilly, 1647 durch Marschall Turenne erobert, hatte die Burg auch durch die wirkungsvoller gewordenen Schußwaffen keine Bedeutung mehr, war nach 1800 zeitweise Gefängnis und wurde schließlich zum Teil abgebrochen. Der Verfall konnte dann durch romantisierende Restaurierungen verhindert werden. Mit doppelter Ringmauer, zweistöckigem Bandhaus von 1413, ehemals der Palas, jetzt das Museum, mit dem Kommandantenhaus (darin Gaststätte) und der Toranlage eine sehr eindrucksvolle Burg.

Für den Weiterweg zum Bahnhof geht man die gleiche Zufahrtsstraße wie herauf zurück bis zum Beginn an der Gaststätte Waldeck, kreuzt dort die Querstraße und ist drüben im beginnenden Wald. Nach wenigen Metern reiht man sich der Markierung rotes Kreuz abwärts ein, zieht eine enge Rechtskurve und schwenkt am Waldende links auf einen asphaltierten Weg ein, mitten durch Weiden, die die kleinbuckeligen Hügel bedecken. An der nächsten Kreuzung, jetzt im freien Feld, ist Achtung geboten, hier schwenkt das Zeichen rechts ab hinunter zum Waldrand und zieht dort links weiter entlang einem Bächlein bis zur B 446. Rechts unter der Gleisbrücke hindurch und abermals rechts „Bei den Stockwiesen" hinauf erreichen wir nach wenigen Metern den Bahnhof Wiebelsbach-Heubach.

Die Veste Otzberg

Ein Wanderbogen im Land der Frankensteiner

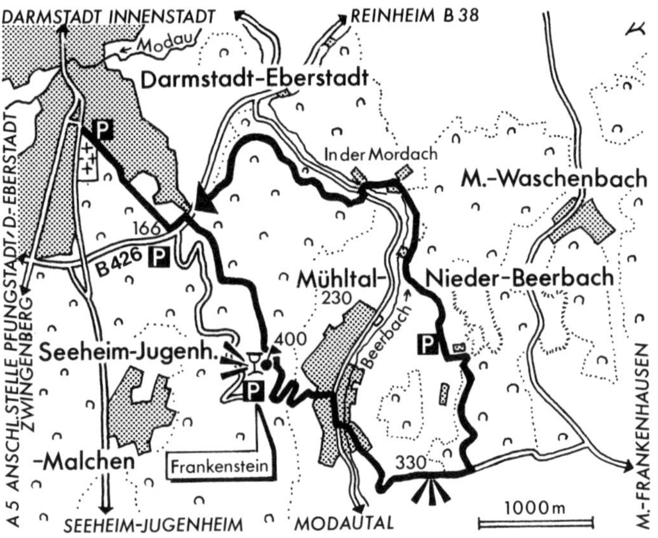

Frankenstein – Monster Frankenstein, doch mit letzterem haben wir nichts zu tun. Uns interessiert Burg Frankenstein, das beliebte aussichtsreiche Ziel der Darmstädter hoch über ihrer Stadt. – Wir reihen uns ein und klettern hinauf. Beginn der 14 km langen Tour – mit teilweise steilem Anstieg – an der Straßenbahnhaltestelle Linie 1 Darmstadt-Eberstadt Friedhof (vom Hauptbahnhof Darmstadt). – Autofahrer kommen über die A 5, Anschlußstelle Pfungstadt/Da.-Eberstadt, B 426. – Das Restaurant Burg Frankenstein ist montags geschlossen.

Wie die Frankfurter den Feldberg im Taunus als ihren „Hausberg" bezeichnen, so halten es die Darmstadt-Eberstädter mit dem Schloßberg in ihrer unmittelbaren Nachbarschaft. Doch wer nennt ihn schon Schloßberg? Frankenstein ist gebräuchlich nach der gleichnamigen Burg auf dem Kamm des Berges. Natürlich kann man hinauffahren und die Aussicht von oben ins Rheintal genießen, dem Bewegungsdrang allerdings sind auf dem Plateau selbst enge Grenzen gesetzt. Burg Frankenstein steht auf einer dem Odenwaldmassiv vorgelagerten, extrem schmalen Bergzunge, an nördlichster Stelle der Bergstraßenhöhenburgen. Selbst vom Bau eines strategisch notwendigen Bergfrieds sahen die Herren von Frankenstein auf ihrem Stammsitz aus Platzgründen ab.

Unser Wanderbogen schließt die Burg mit ein und führt durch einen Teil des kleinen Ländchens der Frankensteiner, in dem sie an die 400 Jahre geherrscht haben. Ausgangspunkt ist die Straßenbahnhaltestelle Friedhof am südlichen Rand von Eberstadt. Auch Autofahrer finden in diesem Bereich eine Parkmöglichkeit. Am Kiosk links vorbei nimmt man die Markierung weißer Strich auf, die Palisadenstraße leicht bergan, ist man sogleich im Wald. Durch den Kiefernforst pirscht man sich bis zur B 426 vor, läuft kurz an der Lärmschutzmauer links lang und nimmt die Fußgängerbrücke über die Straße. Drüben heißt es jetzt tief Luft holen, in fast direkter Linie geht es mit dem Strich weiter im Steilstich zur Burg hinan, wobei auf knapp zwei Kilometern etwa 200 Meter Höhenunterschied zu überwinden sind. Quasi durch die Hintertür, ein Mauertor, finden wir Einlaß in den Burghof, zur Aussichtsterrasse und zum Restaurant.

Von der vor ihrer ersten Erwähnung 1252 begonnenen, im 15. und 16. Jahrhundert weiter ausgebauten, mit Ringmauer und Halsgraben befestigten Burganlage ist im Kern wenig erhalten. Obgleich sie nie durch kriegerische Einflüsse zerstört wurde, verfiel sie, nachdem die Frankensteiner das begehrte Objekt 1662 den Landgrafen von Hessen-Darmstadt verkauft hatten und nach Franken übergesiedelt waren, wo noch heute Nachfahren ansässig sind. Erst im 19. Jahrhundert begannen Sanierungs- und Restaurierungsarbeiten. Die Anlage wurde unter Denkmalschutz gestellt. Vom Terrassenrestaurant in der Vorburg reicht die Aussicht über die Rheinebene bis zur Haardt. Die Engländerin Mary Shelley (1797–1851) soll auf ihrer Reise nach Italien auch die Burg Frankenstein besucht haben und durch sie zu dem Roman „Frankenstein“ angeregt worden sein.

Wir verlassen den Burghof durch dasselbe Tor, durch das wir hereinkamen, wenden uns vom weißen Strich ab, dem gelben Kreuz rechts abwärts zu und lassen uns, anfänglich auf einem Pfad, dann Forstweg, in weitausholenden Bogen hinunter nach Nieder-Beerbach leiten. Hier, unterhalb der Frankenstein, soll eine Vorgängerburg gestanden haben. In der Kirche mit gotischem Torturm am gleichen Hang sind noch Grabmäler der Frankensteiner, einige haben ihren Platz oben in der Kapelle der einstigen Vorburg. In der Nähe der Kirche, an der Durchgangsstraße, steht die Dorflinde. Hier tagte von 1581 bis 1815 das Haingericht. Unter der Linde war im Erdreich das Gefängnis, die sogenannte Betzenkammer, die später zugeschüttet wurde.

Wir laufen die Obergasse von der Linde weiter nach rechts, biegen mit dem gelben Kreuz links ab in die Quergasse und rechts Am Viehtrieb Richtung Ortsteil Frankenhausen. Wieder beginnt es zu steigen, der Name Himmelsberg spricht für sich. Die Häuser bleiben zurück, frei schweift der Blick über die hügelig gestaffelte Landschaft bis hin zum Melibocus. Fast auf der Höhe, bei Waldbeginn, wird ein Zeichenwechsel notwendig. Unmittelbar nach der Bank wechseln wir von dem Sträßchen, auf dem wir heraufkamen, vom gelben Kreuz zum weißen Doppelring und folgen ihm nach links auf den gesplitteten Waldweg, leicht abwärts in ein offenes Wiesental. Der Doppelring verbleibt zunächst auf dem Hangweg, nähert sich dem Steinbruch, in dem das Tiefengestein Gabbro gebrochen und verarbeitet wird, schwenkt an den Obstkulturen rechts ein, quert die Parkplätze am Fuße des Steinbruchs und zieht durch das liebliche Tälchen weiter.

Der letzte Wanderabschnitt beginnt in dem kleinen Weiler am Rande des Mühlentals, von dem sich der Verbandsname Mühltal herleitet. Weg vom Doppelkreis, nehmen wir den weißen Punkt auf, kommen zur Straße, queren sie an der Bushaltestelle und setzen drüben rechts aufwärts den Weg fort. Auch im Anstieg bleibt man im Abstand parallel zur Straße. Ist nach einigen Serpentinen der Prömsterweg erreicht, verlassen wir den Punkt, folgen dem Forstweg links hinauf und fädeln uns damit in die Route der gelben Ziffer 3 ein, die uns bis zur Fußgängerbrücke über die B 426 leitet, wo uns der weiße Strich wieder in Empfang nimmt.

Torturm der Burgruine Frankenstein

Tour d'horizon durch 400 Jahre Darmstadt

Zu jeder Jahreszeit, bei jedem Wetter ist dieser Spaziergang durch Darmstadts Gegenwart und seine landgräflich-großherzogliche Vergangenheit ein Erlebnis besonderer Art. Schloß, Museen, Parks, Mathildenhöhe, das Mekka des Jugendstils. – Zentraler Beginn dieser etwa 10 km langen Tour d'horizon ist der Luisenplatz, vom Hauptbahnhof mit den Linien D, F und 3 zu erreichen. – Öffnungszeiten: Hessisches Landesmuseum, Friedensplatz 1, Dienstag bis Samstag von 10 bis 17 Uhr, Sonntag von 11 bis 17 Uhr; Schloßmuseum, Montag bis Donnerstag von 10 bis 13, 14 bis 17 Uhr, Samstag/Sonntag von 10 bis 13 Uhr; Haus Deiters, Mathildenhöhweg 2, Dienstag bis Sonntag von 10 bis 17 Uhr; Museum Künstlerkolonie Alexandraweg 26, Dienstag bis Sonntag von 10 bis 17 Uhr. – Das Vivarium ist täglich von 9 bis 17 Uhr geöffnet, der Botanische Garten von 7.30 bis 16 Uhr, sonn- und feiertags bis 12 Uhr.
Erläuterungen zur Karte: 1 Luisenplatz, 2 Schloß, 3 Hessisches Landesmuseum, 4 Herrngarten (Schloßgarten), 5 Prinz-Georgs-Garten, 6 Elisabethenkirche, 7 Mathildenhöhe, 8 Rosenhöhe, 9 Großer Woog, 10 Botanischer Garten, 11 Vivarium, 12 Alter Darmstädter Friedhof, 13 Wolfskehlscher Park, 14 Ludwigskirche, 15 Alicedenkmal, 16 Stadtkirche

Trotz der verheerenden Zerstörungen 1944 hat sich Darmstadt den Charakter einer Residenz bewahrt, in der herrschaftlicher Gestaltungswillen die ästhetischen und städtebaulichen Proportionen setzte. In jeder Hinsicht bildete dabei das Schloß die Bezugsgröße. Zugleich steht es für die Diskrepanz zwischen Wollen und Sein eines typischen Mittelstaates, der nach Teilung der hessischen Landgrafschaft 1567 praktisch aus dem Nichts beginnen mußte und Improvisation notgedrungen zur höchsten Staatstugend machte. Die Pläne waren immer hochfliegend, vieles wurde begonnen, wenn nur nicht das leidige Geld, die kostspieligen Jagd- und Militaria-Leidenschaften gewesen wären.

Ein Stadtspaziergang soll uns mit den wichtigsten Zeugen aus Darmstadts Vergangenheit, ihrem Glanz und Vergehen bekannt machen. Fast alle Wege führen zum Luisenplatz, auf dem unübersehbar die 40 Meter hohe Ludwigssäule gen Höherem strebt, obenauf, in antikem Gewande gehüllt, Großherzog Ludewig I. Unter ihm, und von Napoleons Gnaden, erreichte die Landgrafschaft Hessen-Darmstadt mit der Standeserhebung zum Großherzogtum und der Hinzugewinnung von Rheinhessen 1816 ihre größte Bedeutung. Visionär blickt Ludewig gen Westen, dorthin, wo er durch seinen Hofbaumeister Georg Moller die Stadt erweitern ließ, ohne sie, wie geplant, in ein klassizistisches Gesamtkunstwerk verwandeln zu können. Buchstäblich hinter sich gelassen hatte der Regent das Schloß – die Bürgerschaft, die Ludewig 14 Jahre nach seinem Tode 1844 auf den hohen Sockel gehoben hatte, ließ ihn der Residenz den Rücken zukehren. Bewohnt hat sie Ludewig nie. Die verwinkelte Anlage, beim großangelegten Barockumbau unter Louis Remy de la Fosse zu Beginn des 18. Jahrhunderts steckengeblieben, erschien wenig einladend und der alte Renaissanceteil nicht mehr zeitgemäß. So recht wußte niemand etwas mit dem gewaltigen Kasten anzufangen, und so teilen sich heute die verschiedensten Nutzer das adelige Quartier. Daß sich im hinteren, sogenannten Glokken- und Kirchenbau auch ein Museum befindet, wird angesichts des benachbarten, weitaus bekannteren Hessischen Landesmuseums häufig übersehen, kein Hinweis zeigt Ortsunkundigen den Weg. Wer etwas über die Stadt- und Residenzgeschichte, fürstliche Wohnkultur, die Genealogie des Hauses Hessen-Darmstadt und seine in zahlreichen Porträts festgehaltenen Regenten erfahren möchte, sollte sich den einstündigen Führungen durch die gut 20 Räume anschließen.

Frei bewegen darf man sich im nahen Landesmuseum. Leicht kann man in dem weitläufigen Haus mit seiner einzigartigen Sammlung naturkundlicher und künstlerischer Exponate einen halben Tag verbringen: Gotische Altäre, Gemälde, Versteinerungen aus Messel, Beuys-Block, Jugendstilarbeiten oder römische Korkmodelle sind nur einige Stichworte. Das Miteinander von Natur und Kunst gewinnt seine schönste Anschauung, wenn der Blick aus der Abteilung „Landschaftsmalerei" hinaus geht in den Herrngarten, dem größten Park der Innenstadt.

Auf seiner ganzen Länge spazieren wir durch den im englischen Stil von Landgräfin Henriette Caroline umgestalteten einstigen Lustpark. Gleich rechts vom Eingang liegt die Goethe-Mentorin und Briefpartnerin Friedrichs des Großen begraben. Der Preußenkönig stiftete auch die freistehende Urne mit der (lateinischen) Aufschrift: „Von Geschlecht eine Frau, an Geist ein Mann." Aus dem Munde Friedrichs ein Kompliment. Beim Weitergehen sehen wir links ein im neugotischen Stil gehaltenes Denkmal für die gefallenen Darmstädter während der Befreiungskriege. Am nordöstlichen Rand des Herrngartens schließt sich die reizende Rokokoanlage des nach Prinz Georg benannten Gartens an. Er entwarf die geometrische Grundform mit Haupt-, Quer- und Diagonalachsen, in deren Schnittpunkten Fontänen und vergoldete Sonnenuhren liegen. (Das benachbarte Prinz-Georg-Palais mit seiner bekannten Porzellansammlung kann wegen Renovierungsarbeiten derzeit nicht besichtigt werden.)

Wir orientieren uns am 75 Meter hohen Turm der neugotischen St.-Elisabeth-Kirche und schwenken durch Moller- und Liebfrauenstraße in das Martinsviertel ein. Noch bis weit ins 19. Jahrhundert ein Armeleuteviertel, hat es sich seit der Gründerzeit zu einem bevorzugten Wohnquartier gewandelt. Besonders augenfällig sind die schönen historisierenden und Jugendstilfassaden. Das große Vorbild warf seinen Glanz auch in die bürgerliche Welt. Durch die Kitteler Straße, kurz die

Dieburger Straße nach rechts und den Lucasweg hinauf, ist das „Original“, das einzigartige Jugendstilensemble auf der Mathildenhöhe, rasch erreicht. Auch wenn der aussichtsreiche Hochzeitsturm im Winter geschlossen hat, ist der Gang über die „Krone der Stadt“ immer ein besonderes Erlebnis, zumal Künstlerkolonie-Museum und Russische Kapelle ebenso ganzjährig geöffnet haben wie das neue Haus Deiter im Mathildenhöhweg. Von diesem abschüssigen Sträßchen am Rande der früheren Wohn- und Atelierhäuser lassen wir uns nach links in die Erbacher Straße führen und gleich weiter nach rechts in den Fiedlerweg. Man quert die vielbefahrene Landgraf-Georg-Straße und blickt voraus auf den Großen Woog. Linker Hand umgehen wir auf einem Spazierweg diesen beliebten Badesee inmitten der Stadt, bis wir auf die Heinrich-Fuhr-Straße stoßen. Hier hat man nach links die Möglichkeit für einen Abstecher zum Botanischen Garten und Vivarium. Beide, das tropische Gewächshaus samt Freigelände der Hochschule und der sehenswerte, weil als Lehrzoo angelegte Tierpark, sind auch im Winter zugänglich.

Wer den Abstecher wählt, findet über die Heinrichstraße wieder Anschluß an die Wegführung. Die anderen laufen von der Heinrich-Fuhr- durch die Heidenreich- bis zur Heinrichstraße. Es geht kurz links in die Theodor-Heuss-Straße und weiter im Herdweg bis zum Haupteingang des Alten Friedhofs. Das regelmäßige Viereck enthält eine Reihe von künstlerisch wertvollen Grabmälern, besonders von jenen, die im Darmstadt des 19. und frühen 20. Jahrhunderts Rang und Namen hatten. An oder nahe der rechten Umfassungsmauer sind die meisten von ihnen bestattet: Heinrich von Gagern, Georg Moller, Luise und Ludwig Büchner, die Mitarbeiter der Künstlerkolonie Joseph Maria Olbrich und Ludwig Habich, aber auch der reaktionäre Staatsminister du Thil, unter dem Georg Büchner und der ebenfalls auf dem Alten Friedhof bestattete Friedrich Ludwig Weidig verfolgt wurden. Der Mann, der die restaurative Ära du Thil mit seinem „Datterich“ unsterblich satirisch aufgespießt hatte, Ernst Elias Niebergall, liegt nun auch dort, nachdem man ihn zu Lebzeiten verkannt und nach seinem Tode in einem Armengrab verscharrt hatte.

Zum Schluß der kleinen „tour d'horizon" durch das großherzoglich-bürgerliche Darmstadt stehen wir vor dem schönsten Bau Georg Mollers, der Ludwigskirche, nachdem wir die Herdstraße fast bis zu ihrem Ende gegangen sind, den kleinen Wolfskehlschen Park gequert haben und mit der Wilhelminenstraße wieder ins autofreie Zentrum vorgestoßen sind. Die kuppelförmige, dem römischen Pantheon nachempfundene Kirche war ein Geschenk Großherzog Ludewigs an die katholische Gemeinde. Auch eine Form von Huld und Liberalität, schließlich war es das erste katholische Gotteshaus nach Jahrhunderten rein protestantischer Tradition in Darmstadt. Der Obelisk auf dem Vorplatz der Ludwigskirche erinnert an Großherzogin Alice, eine Tochter Queen Victorias, die im sozialen und karitativen Bereich aufopferungsvoll wirkte.

Von hier aus kann man geradeaus wieder zum Luisenplatz vorstoßen oder nach rechts durch Hügel- und Kirchstraße noch einen Schlenker zur Stadtkirche einlegen. Ihr großartiges, neun Meter hohes Alabaster-Epitaph des ersten Landgrafen Georg I. rundet mit seinem Bild den Gang durch 400 Jahre Darmstadt ab.

Der Hochzeitsturm auf der Mathildenhöhe in Darmstadt

Weite Blicke und schützende Dächer

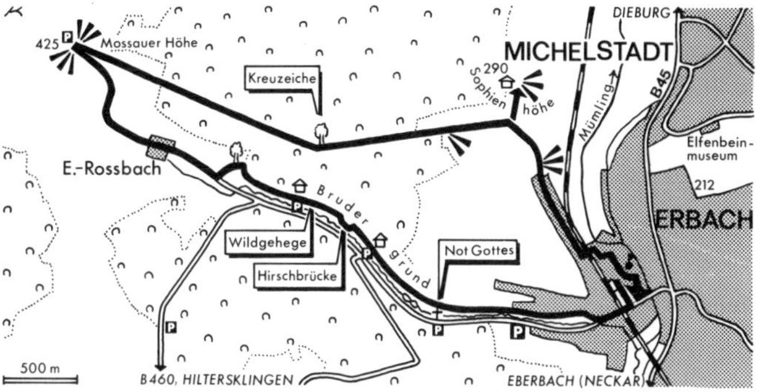

Mehr kann ein Ausflugsziel an Anregung und Auslauf kaum geben als Erbach im Odenwald: Ein Schloßmuseum gefüllt mit Schätzen aus Jahrhunderten (geöffnet 1. März bis 31. Oktober von 8.30 bis 12 und 13.30 bis 17 Uhr); das Deutsche Elfenbeinmuseum, Otto-Glenz-Straße 1 (geöffnet täglich von 10 bis 12.30 und 14 bis 17 Uhr); das mittelalterliche Städtel selbst. – Das alles eingeschlossen in eine 9-km-Wanderung durch ein liebliches Tal mit Wildgehege (Hunde dürfen angeleint auch mit), hinauf zur aussichtsreichen Mossauer Höhe. – Erbach liegt an der Bahnstrecke (Frankfurt) Darmstadt – Eberbach (Neckar). – Autofahrer kommen über Dieburg (B 45) nach Erbach.

Wolken, die dunkel, Regen und Kälte verheißend, über der Stadt hängen, sollten zu keiner Jahreszeit Grund dafür sein, sich von einem erholsamen Ausflug abhalten zu lassen. Wählt man den Zielort so, daß er neben einer Wanderung oder anstelle einer solchen bei extremen Witterungsverhältnissen auch Möglichkeiten zur Besichtigung, beispielsweise eines Museums, bietet, dann wird auch ein solcher Tag ein Gewinn sein. Diese Voraussetzung erfüllt als Ausgangspunkt Erbach im Odenwald, das ehemalige Residenzstädtchen, mit seinem Schloßmuseum und dem Deutschen Elfenbeinmuseum.

Zunächst zur Wanderung, sie führt hinaus in ein westliches Seitental der Mümling zur aussichtsreichen Mossauer Höhe (425 m). Der Bahnhof liegt am Zugang zu diesem Brudergrund genannten Abschnitt. Das Schild „Wildpark Brudergrund“ vor dem Überqueren des Bahnüberganges zeigt in die Richtung, Leitzahl ist die weiße 1 im Quadrat. Man biegt halbrechts in den Brudergrundweg ein, und damit beginnt der stetige Anstieg der ersten Weghälfte. Gleich nach Beginn des Waldes ein stiller Platz der Besinnung unter einem Kreuz: es ist die Stelle, an der sich die älteste Gottesdienststätte Erbachs befand, Not Gottes, eine kleine gotische Kapelle, deren Grundmauern noch erhalten sind.

Beiderseits des schmalen, von Wald umschlossenen Roßbachtales erstreckt sich einen Kilometer lang der Wildpark mit Dam- und Rotwild, Schutzhütten begrenzen Anfang und Ende. Das Tal wird im oberen Teil breiter, der Wald lichtet sich, so daß die roten Dächer des Weilers Roßbach sichtbar werden. Wenn jetzt die Ziffer 1 scharf rechts abbiegt, gehen wir geradeaus weiter, biegen nach vier mächtigen Eichen in leichtem Linksbogen zu einer Stichstraße ab und halten von hier auf die wenigen Gehöfte Roßbachs zu. Vom letzten Haus an steigt es auf einem asphaltierten Feldweg zunehmend an. Wenn jetzt eine Gabelung kommt, ist der rechte Strang richtig, er leitet zur Mossauer Höhe, die nun freie Aussicht über westliche und südliche Odenwaldberge gewährt.

An diesem Wanderschnittpunkt, Teil einer früheren Nord-Süd-Höhenverbindung vom Main zum Neckar, wählen wir den weißen Strich, der auf einem Feldweg zwischen dem zuletzt begangenen und dem mit gelbem Dreieck markierten zum Wald hin verläuft und dann schnurgerade zur Kreuzeiche zieht. Auf der „Schwarzen Chaussee“ erreicht man schließlich das Waldende, und da präsentiert sich Erbach unten im Tal. Der Blick wird noch weitgreifender, schließt auch Michelstadt ein von der Sophienhöhe. Unser Zeichen weißer Strich leitet durch eine neue Hangsiedlung hinunter ins alte Erbach, ins Städtel.

Es ist der Bereich der ehemaligen Burgmannenhöfe, ein mit Leben erfülltes Museum, könnte man meinen, so gut ist die ehemalige Vasallensiedlung in ihrem mittelalterlichen Gepräge samt Resten der einstigen Wehranlage erhalten. Kunsthandwerkliche Betriebe wie Töpfereien und Schnitzereien hinter kleinen Fenstern unterstreichen noch den Eindruck.

Aus einer von der Mümling umflossenen mittelalterlichen Wasserburg entstand 1736 das langgestreckte dreigeschossige Residenzschloß im Barockstil, jedoch nüchtern und streng, wenn man es vergleicht mit Pracht und Überfülle anderer Barockschlösser wie Adolfseck bei Fulda, Arolsen oder Wiesbaden-Biebrich. Als letzter Zeuge der Wasserburg blieb der aus schweren Buckelquadern errichtete Bergfried von 1220 erhalten und ist zum Wahrzeichen Erbachs geworden. Graf Franz I. zu Erbach-Erbach (1754–1823) war nicht nur Begründer der bedeutenden Sammlungen im Schloß, er rief 1783 auch das Kunsthandwerk des Elfenbeinschnitzens ins Leben als Broterwerb für seine Untertanen. Mit dem Denkmal auf dem weiträumigen Marktplatz wird der überragenden Persönlichkeit und des leidenschaftlichen Sammlers gedacht, der das Ausgestellte in seinem Schloß auch der Öffentlichkeit zugänglich gemacht hat: im Rittersaal (got. Glasfenster) prunkvolle Rüstungen und Waffen für Turnier und Krieg; in der Gewehrkammer Entwicklung der Handfeuerwaffen; Hirschgalerie, Antikensammlung ...

Unseren Ausflug sollte ein Besuch im Deutschen Elfenbeinmuseum beschließen. Etwa 1000 Stücke aus der ganzen Welt sind dort zu sehen, darunter auch solche, die die Geschichte der Erbacher Elfenbeinschnitzkunst dokumentieren.

Ein Zinnsoldatenheer im Schloß

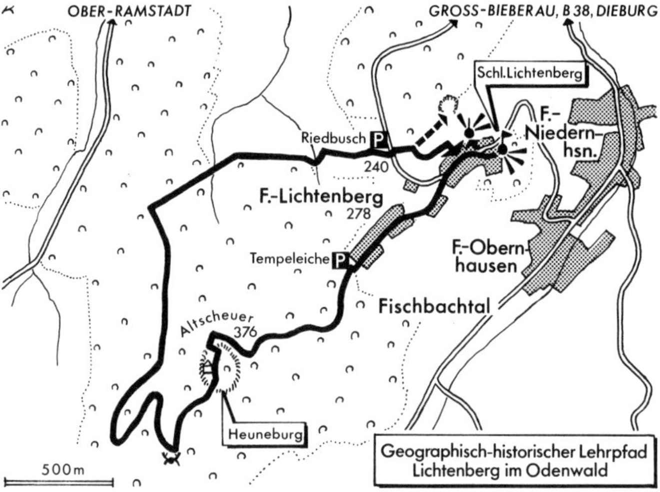

Die Länge des „Geographisch-historischen Lehrpfades" von Schloß Lichtenberg mißt nur 6 km. So bleibt genügend Zeit für die weiträumigen Schausammlungen im Schloß. – Das Landschaftsmuseum ist von Mitte März bis Ende Oktober mittwochs und freitags von 14 bis 17 Uhr, samstags, sonn- und feiertags von 10 bis 17 Uhr geöffnet. – Im Sommer finden regelmäßig Schloßkonzerte, Sonderveranstaltungen und -ausstellungen statt. – Anfahrt: Den von Norden kommenden Autofahrer leiten braune Hinweistafeln ab der B 426 zwischen Ober-Ramstadt und Reinheim nach Fischbachtal-Lichtenberg.

Wer als Wanderer über das Naturerlebnis hinaus sich auch für den historischen Hintergrund seines Wandergebietes interessiert, dessen kürzester Weg zur Vergangenheit wird wohl vorrangig in Richtung Landschaftsmuseum sein. Gerade im südhessischen Raum gibt es eine Reihe solcher aussagekräftiger Museen, darunter am Odenwaldnordrand die Burgen Otzberg und Breuberg und Schloß Lichtenberg, von denen jede für sich schon ein Stück Geschichte darstellt. Nehmen wir hier Lichtenberg.

In das Gesamtkonzept des Museums fügt sich abrundend eine kleine Wanderung ein, die als „Geographisch-historischer Lehrpfad" bezeichnet wird, eine Ergänzung zu den ständigen Ausstellungen des Museums. Es werden 36 Stationen angelaufen. Unterwegs findet man Nummern, aber keine Erklärungen. Sie sind in einem ausgezeichneten Erläuterungsheft nachzulesen, das ausführlich auf Geologie und Geschichte eingeht. Es kann beim Verkehrsverein im Schloß erworben werden. Den „Geographisch-historischen Lehrpfad" – mehr ein zweistündiger Spaziergang – kann man direkt am Ausstellungsort beginnen. Somit ist Zeit gewonnen, sich mit den Schausammlungen des Landschaftsmuseums im Schloß Lichtenberg zu befassen. Das Thema heißt Landschaftsgeschichte, dargestellt an Beispielen erloschener Handwerkszweige und bäuerlicher Gerätschaften. Damit sind 14 Räume gefüllt. Einen Anziehungspunkt besonderer Art stellen für Besucher die Zinnfigurendioramen dar und eine Bleisoldatensammlung mit insgesamt 11 000 Figuren.

Vor dem Lehrpfad noch in Kurzfassung die Historie des Schlosses. Landgraf Georg I. ließ auf den Mauern des katzenelnbogischen Burgerbes an exponierter Stelle zwischen 1570 und 1581 das Schloß im Renaissancestil für seine Gattin erbauen, der damit für die Landgrafschaft Hessen-Darmstadt vorbildlich wurde, für das Residenzschloß in Darmstadt, das Jagdschloß Kranichstein und andere Gebäude. Schloß Lichtenberg präsentiert sich als streng gegliederte dreiflüglige Anlage mit regelmäßigen Fensterreihen und eleganten Schneckengiebeln, fast dem einzigen Schmuck.

Durch den langen Torbau gelangen wir in die Vorburg mit Marstall und Zehntscheuer, weiter in den Innenhof und zu den Schausammlungen im Südflügel, nach deren Studium durch die Doppeltoranlage wieder hinaus, nachdem wir uns auf der Schloßterrasse über den Lehrpfad informiert haben. Er führt sogleich am „Bollwerk" vorbei, das aus der „Neuzeit“ der Festung Lichtenberg stammt, einem mächtigen, dreigeschossigen Geschützturm von fünf bis sechs Metern Mauerstärke, 1503 errichtet.

Man stellt den Wagen gleich eingangs Lichtenberg ab oder fährt durch das Neubaugebiet den Lippmannweg weiter zum Naturparkplatz Tempeleiche, den der Wanderweg ohnedies berührt. Drei Wege gehen von hier ab, eine breite Forststraße links, ganz rechts einer und ein dritter dazwischen. Er ist der richtige, Lehrpfad heißt es da und Heuneburg. Im Buchen- und Lärchenwald geht es leicht bergan. Wenn fast oben der Lehrpfad rechts abbiegt, kann man ihn getrost ignorieren und auf dem bisherigen Weg weitergehen. In Bögen erreicht man die Heuneburg auf der Kuppe, den einzigen frühgeschichtlichen Ringwall des hessischen Odenwalds. Die Kernmauer ist im gesamten Verlauf noch gut erhalten. Die Ausdehnung beträgt 120 auf 180 Meter.

An der Schutzhütte vorbei geht man über die „Burg“, dann abwärts zum neuen Füllsender, von da bis zu den beiden Forsthäusern, wo man scharf rechts einbiegt und dem breiten Forstweg abwärts folgt. Hat man den Schwung der beiden Serpentinen nachvollzogen, hält man sich weiter geradeaus, bis es nach einer Weile noch im Wald rechts abgeht. Lehrpfad-Schilder als Wanderlotsen fehlen leider häufig. Die Farben Rot und Grün dienen lediglich zum Unterscheiden von Historischem und Geographischem. Wenn wir den Wald verlassen, halten wir uns rechts entlang dem Saum, kommen zu einem kleinen Wiesenteich und leicht steigend zum unteren Parkplatz an der Ortszufahrt.

Der Rittersaal – schöner denn je

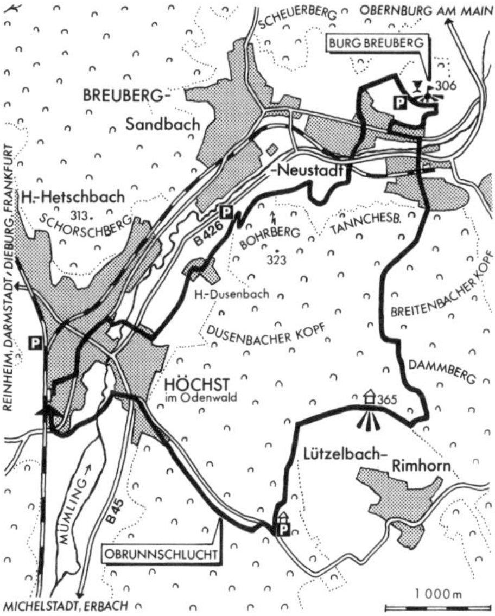

Im Verlauf einer 16 km langen, etwa fünf Stunden dauernden Rundwanderung erreicht man nach steilem Anstieg Burg Breuberg. Während eines halbstündigen geführten Rundganges lernt man eine der am besten erhaltenen Wehrbauten Deutschlands kennen, zugleich auch prächtige „Kunst in der Burg". – Einkehr in der Burgschänke (dienstags Ruhetag). – Beginn und Ende am Bahnhof Höchst im Odenwald an der Strecke (Frankfurt) Hanau/Darmstadt – Eberbach (Neckar). – Das Burgmuseum ist vom 15. März bis 31. Oktober täglich 9 bis 12 und 13 bis 16.30 Uhr geöffnet. Burgareal und Schänke bleiben auch danach zugänglich.

Noch in einem zuletzt 1988 aufgelegten Führer zur Geschichte und Architektur von Burg Breuberg heißt es, vieles sei baufällig, manches gar ein „Torso". Das hat sich nach den jetzt fast abgeschlossenen langjährigen Restaurierungsarbeiten gründlich gewandelt. Schöner und prachtvoller denn je präsentiert sich die großartige Anlage über dem Mümlingtal im nordöstlichen Odenwald.

Vom Mümlingtal aus betrachtet, überragen die Dächer und der Bergfried kaum die Baumwipfel auf dem 150 Meter hohen Sandsteinfelsen. Erst beim Nähertreten lassen sich die Gesamtdimensionen der Bauten und auch der Arbeiten ermessen, die zu ihrem Erhalt geleistet wurden. Die doppelte Ringmauer, Zwinger, Türme, Tore und die gewaltigen Geschützbastionen mit bis zu sechs Meter starken Mauern sind in ihrer ursprünglichen Wehrhaftigkeit wiedererstanden – besonders eindrucksvoll vom Zinnenkranz des quadratischen Bergfrieds zu überschauen. Diese im Laufe von Jahrhunderten entstandene Anlage gehört zu den am besten erhaltenen deutschen Wehrbauten, zugleich ein Lehrbeispiel für Stilepochen von der Romanik über die Gotik zur Renaissance. Aus romanischer Zeit stammen das Säulenportal und der mächtige Bergfried der Kernburg; um 1500 durch äußere Befestigungen mit vier Geschütztürmen zu einer starken Festung, Anfang des 16. und 17. Jahrhunderts schloßähnlich ausgebaut. Spätgotischen Stil zeigen Palas, Frauenhaus, Kapelle und Altbau, darin der 85 Meter tiefe Brunnen mit Hebewerk; das Zeughaus, der sogenannte Casimirsbau mit Rittersaal stammen aus der Renaissance. Für die Besichtigung des schönsten Kleinods auf Burg Breuberg wird man sich einer Führung durch das Museum anschließen. Nur bei dieser Gelegenheit kann man die herrliche Stuckdecke im Casimirsbau besichtigen. Der zu Beginn des 17. Jahrhunderts von einem unbekannten Meister ausgestaltete Saal zeigt eine Vielzahl von Ahnenwappen, Plastiken und allegorischen Figuren aus der römischen und griechischen Mythologie, die im hiesigen Raum ohne Beispiel sind.

Die Wanderung nimmt ihren Anfang am Bahnhof Höchst im Odenwald. Dort steht als Markierung das blaue Kreuz bereit, das uns durch die Bahnhof- sowie die Wilhelmstraße und weiter über die Kreuzung von B 45 und B 426 bis zur Aschaffenburger Straße geleitet. Nach rechts nimmt man hier das rote offene Quadrat auf. Es quert die B 426, dann die Mümling und hält sich nach links wendend entlang einem Sträßchen bis Dusenbach. Hinter dem Dörfchen verschluckt uns kurz der Wald, um so schöner ist danach der Blick über die Weiden eines Gestüts auf Burg Breuberg. Doch die Burg zu „erobern“ kostet Schweiß. Mit neuem Zeichen, dem roten Dreieck, setzt man nach links wieder über die B 426 und folgt dem Zufahrtssträßchen den steilen Burgberg hinauf. Die Serpentinen schneidet das Dreieck zweimal, dann verliert es sich auf dem Parkplatz. Ein ausgeschilderter Fußweg zeigt die letzten Meter bis vor das Burgtor an.

Nach dem Besichtigen des Museums und Ersteigen des Bergfrieds achte man für den Weitermarsch am Parkplatz unterhalb der Burgzufahrt auf ein unscheinbares Pfädchen. Dem roten Andreaskreuz jetzt zu folgen heißt, sich über einen steilen Treppenabgang und durch frühere Weinbergterrassen hinab nach Neustadt führen zu lassen. (Wenn das Zeichen mal vom dichten Bewuchs überwuchert ist, halte man immer leicht rechts auf den Ort zu.) Man kommt an der Durchgangsstraße von Neustadt heraus, zweigt nach links ab, passiert das einzigartige Rechtsdenkmal eines Markkreuzes und verläßt nach rechts durch die Bahnhofstraße den kleinen Ort. Ein letztes Mal geht der Blick zurück auf Burg Breuberg. Dann umfängt uns beim langsamen Steigen luftiger Mischwald.

Am Waldrand wechselt abermals die Markierung, nun nach rechts zum gelben Kreuz. Überraschend offen zeigt sich hier die Landschaft – ein beschwingtes Auf und Ab der Odenwälder Bergwelt breitet sich vor uns aus. Durch immer dichteren Forst gehen wir dann hinunter bis zu einem Wanderparkplatz, wenden uns kurz nach rechts die Straße entlang und schlüpfen gleich wieder unters Blätterdach. Das Wanderfinale hält noch ein echtes „Schmankerl“ bereit. Über Stock und Stein, zwischen Farnen und Sträuchern und immer wieder auf Stegen die Ufer des Bächleins Obrunn wechselnd, laufen wir die gleichnamige Schlucht hinunter bis zu einem Neubauviertel von Höchst. Noch einmal queren wir die B 45, die Mümling und halten uns nach einem Schulzentrum ab dem Gleiskörper mit dem blauen Kreuz rechts zum Bahnhof.

Auf Rodensteins Spuren

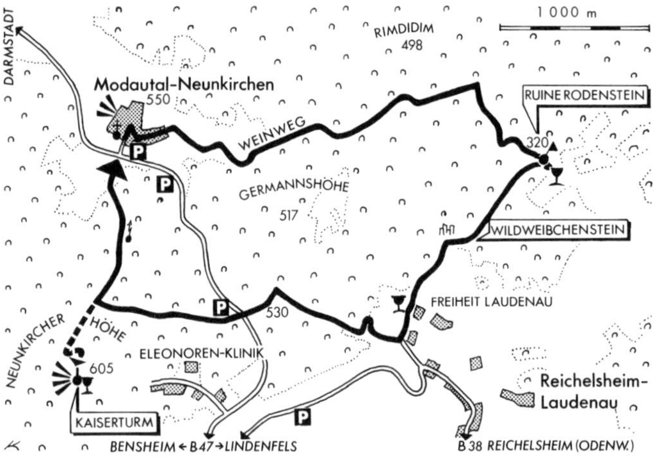

... wandern wir drei Stunden (9 km), mit dem Abstecher zum Aussichtsturm auf der Neunkircher Höhe vier Stunden (11 km), fast nur im Wald. – Beginn und Ende in Modautal-Neunkirchen, dem höchstgelegenen Ort des Odenwaldes, der nicht mit öffentlichen Verkehrsmitteln erreichbar ist. – Für Autofahrer: A 5, Anschlußstelle Pfungstadt/Da.-Eberstadt, B 426 Ober-Ramstadt – Modautal-Neunkirchen. – Einkehrmöglichkeiten unterwegs: 1. Gaststätte Rodenstein (unterhalb der Ruine), am Mittwochnachmittag und Donnerstag geschlossen, 2. in der Freiheit Laudenau und 3. im Kaiserturm, samstags, sonn- und feiertags von 10 bis 17 Uhr geöffnet, von Mai bis Oktober dienstags, mittwochs und donnerstags von 13 bis 17 Uhr.

Geht es nach dem Gesetz der bekanntesten Odenwälder Sage, bleibt der Frieden im Lande bewahrt: Schon seit Jahrzehnten hat man vom sagenhaften Totenheer des Ritters Hans von Rodenstein nichts mehr gehört, der im Jahre 1500 auf einer Pilgerfahrt nach Rom im Alter von 82 Jahren verschied, noch bevor ihm päpstlicher Dispens zuteil geworden war. Allerlei Missetaten, bevorzugt Straßenraub des spät Bußfertigen, blieben ungesühnt. Seitdem, so weiß es die über Jahrhunderte weitergegebene Überlieferung im tiefsten Odenwald um Fränkisch-Crumbach, ist der unerlöste Hans dazu verdammt, von Krieg und Frieden zu künden. Schon mehrmals sei mit lautem Getöse, begleitet vom Pferdegetrappel, Hundebellen, Peitschenknallen, Waffen- und Sporengeklirr, sein apokalyptischer Zug zwischen der Burgruine Schnellerts und dem Rodensteinschen Stammsitz zu Anfang und Ende militärischer Auseinandersetzungen hin und her gedonnert. Schon die erlauchte landgräfliche Regierung von Hessen-Darmstadt ging dem Phänomen in bester aufklärerischer Absicht im 18. Jahrhundert nach. Aber es half nichts – selbst für unser Jahrhundert liegen glaubhafte Aussagen bei beiden Weltkriegen über das „unheimliche Getöse“ vor, das zeitgemäße Assoziationen an eine „in der Nähe abfahrende Dreschmaschine“ weckte. Daß die Rodensteiner Raubritter waren, gehört vermutlich ins Reich der Sage. Victor v. Scheffel hat in seinen „Rodensteiner Liedern“ die historischen Tatsachen mit dichterischer Freiheit verändert. Ein Rodensteiner wird da zum trunk- und rauflustigen Ritter, der seinen ererbten Besitz verpraßt. Die Zusammenfassung aller Rodensteinsagen und ihre Auslegung haben ihre vollendete Form in Werken Bergengruens „Das Buch Rodenstein“ gefunden.

Um dem Stammsitz der Rodensteiner Ritter auf die Spur zu kommen, wollen wir, dem Rodensteiner gewissermaßen entgegenlaufend, von Neunkirchen aus losziehen. Vom höchstgelegenen Ort im Odenwald hat man naturgemäß hervorragende Aussicht. Daß bei klarer Luft die Frankfurter Hochhaussilhouette zum Greifen nahe in der Ebene liegt, überrascht dann aber doch. In der Nahsicht zieht die barocke Kirche Neunkirchens alle Aufmerksamkeit auf sich. Der wuchtige Saalbau des Ober-Ramstädter Pfarrers und Baumeisters Johann Konrad Lichtenberg, Vater des Aphoristikers und Experimental-Physikers Georg Christoph, will nicht so recht zu der Handvoll Häuser des Dörfchens passen, erklärt sich freilich aus dem Umstand, daß die Pfarrei einst bis zu elf Gemeinden mitversorgte. Noch früher, angeblich seit dem vierten nachchristlichen Jahrhundert, soll die markante Erhebung bereits ein weithin bekannter Wallfahrtsort gewesen sein.

Das dem Gründer des Odenwaldklubs (1882), Albrecht Ohly, gesetzte Denkmal mitten auf der einzigen Kreuzung des Ortes nehmen wir zum Ausgangspunkt. Mit der Markierung weißer Strich gehen wir in einem weitgezogenen Rechtsbogen am Fuß eines Skihanges entlang und erreichen rasch den Wald. In munterem Auf und Ab, ständig große Basaltblöcke umkurvend, steuern wir dem Etappenziel zu. Verheißungsvoll ist immer wieder die Gaststätte unterhalb der Burgruine Rodenstein angezeigt, doch erst wenn uns lichter Buchenwald beschirmt und wir an einem Gefälle ins Laufen kommen, sind wir vor dem sagenhaften Platz.

Wie eine Dschungelfeste taucht die Ruine plötzlich zwischen den Bäumen auf. Wir betreten sie quasi durch den Hintereingang. So imposant die Anlage mit ihren Mauern, Türmen, Resten des Palas und dem gut erhaltenen Zwinger erscheint, ihre wahre Größe früherer Tage verrät erst der Plan am Haupttor. Danach muß sie mit Fachwerkaufbauten, Giebeln und verspielten Erkern fast schloßartig ausgesehen haben. Ritter Rudolf von Crumbach begann um 1240 mit dem Burgbau. Nach dem Aussterben der Rodensteiner 1671 verfiel das Gemäuer rasch und diente als „Baustofflager“. Was zu retten war, wird seit gut 100 Jahren gesichert.

Wie gekommen, verlassen wir die Ruine und halten uns links mit der neuen Markierung gelber Strich, ersatzweise gelbe Ziffer eins. Spätestens wenn ein kleiner Wasserfall passiert ist, begleitet uns der Strich kontinuierlich. Die Ziffer verläßt uns auch bald nach links an einer Weggabelung, für uns Zeit, uns auf eine kurze Steigung nach Freiheit Laudenau einzustellen. Vor und nach den wenigen Häusern verlassen wir zum einzigen Mal den Wald. Nur von kurzer Dauer ist das offene Landschaftsbild, nach einem Rechtsknick hat uns der Forst bald wieder umfangen, der sich nach Queren einer Straße etwas auflockert. Am Ende des ebenen Weges haben wir die Wahl: erst noch links dem Hinweis zum aussichtsreichen Kaiserturm auf der Neunkircher Höhe folgen oder gleich nach rechts mit dem roten Strich, vorbei am großen Radar- und Fernmeldeturm, zurück zum Ausgangsort.

Das Barockjuwel Amorbach im Odenwald

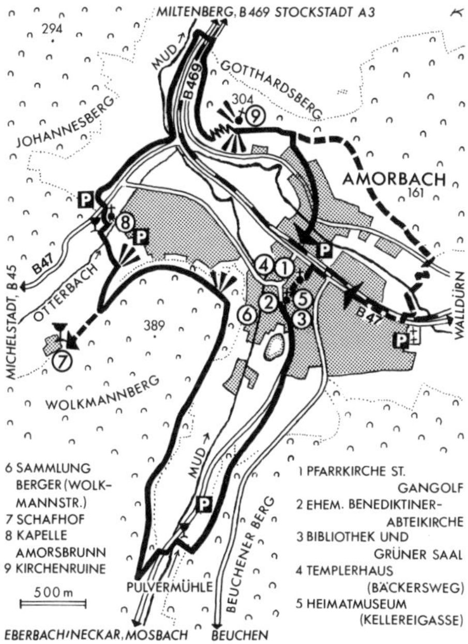

Für Amorbach selbst und das Drumherum muß man sich viel Zeit nehmen, und wenn noch 15 km gewandert werden (etwa 5 Std.), ist der Ausflugstag voll ausgefüllt. – Einkehr unterwegs in der Pulvermühle (Do. Ruhetag) und im Schafhof. – Bahnverbindung besteht mit Miltenberg bzw. Aschaffenburg. – Autofahrer durchqueren mit der B 45 ab Michelstadt den Odenwald oder kommen von der Anschlußstelle der A 3 über die B 469 zum Ausgangsort Amorbach. – Sehenswertes: Führungen in der Abteikirche ab Eingang Schloßplatz, wochentags von 9.20 bis 12, 13.20 bis 17.20 Uhr, sonntags von 11.20 bis 17.20, Dauer 35 Minuten, November bis Februar geschlossen. Führungen im Templerhaus samstags von 11 bis 12, mittwochs von 16.30 bis 17.30 Uhr, Mai bis Oktober. Heimatmuseum, Kellereigasse, Führungen mittwochs und samstags 15 und 16 Uhr, donnerstags 10 und 11 Uhr, April bis Oktober. Neu: Sammlung Berger, Wolkmannstraße, größte Teekannen- und Pepsisammlung Europas und über 200 Werke moderner Künstler.

Welche künstlerischen Kostbarkeiten und landschaftliche Schönheit Amorbach, das barocke Städtchen im bayerischen Odenwald, zu bieten hat, läßt sich bei einem Wanderkurzausflug nur gezielt und auf einem festumrissenen Streifzug annähernd erfassen. Das Herz des Barockjuwels pulsiert noch immer rund um die ehemalige Abteikirche und Klosteranlage des heutigen Schlosses der Fürsten zu Leiningen. Damit Besucher leichter zu den Wurzeln der zwölfhundertjährigen Geschichte Amorbachs vordringen können, legte die Stadtverwaltung einen zur Historie in Bezug stehenden Rundwanderweg an, dem man ganz oder abschnittweise folgen kann.

Wir starten am Bahnhof, unmittelbar an der Bundesstraße 47. Durch die Straßenunterführung, weiter rechtslinks, ist man in der Bahnhofstraße, die zunächst zur katholischen St.-Gangolfs-Kirche bringt. Sie entstand 1753, nur wenige Jahre nach dem grandiosen Bau der barocken Abteikirche, die aus Anlaß des tausendjährigen Klosterbestehens 1734 unter Einbeziehung der romanischen Türme errichtet worden war. Die engen Gassen drängen auf den Markt- und schließlich den Schloßplatz zu, davor liegt in der Kellereigasse das Heimatmuseum im Gebäude der ehemaligen Kurmainzer Kellerei von 1483. Etwas abseits in der Unterstadt (Bäckersweg) steht das Templerhaus, ein Adelshof von 1291, das zu den ältesten Fachwerkhäusern Deutschlands zählt. Und dann der Schloßplatz, Zugang zur Abteikirche mit ihrer kostbaren Rokokoausstattung an Fresken, Altären und der berühmten Stummschen Orgel, auf der jeweils am Ostermontag die alljährliche Konzertreihe eröffnet wird.

Mit der Abteikirche ist die Residenz des Fürsten zu Leiningen zu einer großartigen Architekturgruppe verbunden. Das langgestreckte Gebäude war bis 1803 Kloster. Als Napoleon die Säkularisation einführen, alles Kirchengut zum Staatsgut erklären ließ, die Leininger durch Abtretung des Rheinlandes ihren Besitz in der Pfalz (Altleiningen, Neuleiningen) verloren hatten, wurden sie mit dem Amorbacher Kloster entschädigt. An einer Führung durch die Abteikirche teilzunehmen ist genauso empfehlenswert wie durch den Grünen Saal und die Bibliothek im Schloß.

Vom Schloßplatz fädeln wir uns in den Rundweg nach draußen ein, zunächst vom Café Schloßmühle an der Straße über dem Seegartenpark geradeaus Richtung Kirchzell der Markierung roter Rhombus folgend. Am Ende der Häuser – rechts schon das breite Wiesental der Mud – dreht das Zeichen nach links ab in Richtung Wald. „Pulvermühle" ist da zu lesen. Leicht hinan auf einem Hanggraspfad, dann auf ebenem Grund weiter, und jetzt taucht das für uns maßgebliche Rundwander-Holzschild auf, das man an allen Kreuzungen weiterhin finden wird. Es weist rechts abwärts durch die Wiese zur Pulvermühle, kurz links an der Straße entlang und gegenüber aufwärts zum Wald, dem Splittweg nach. Eine große Rechtskurve, dann halten wir geradeaus im Hochwald wieder auf Amorbach zu, gehen jedoch nicht hinunter. Erst wenn der Weg am Ende des Stadtteils Amorsbrunn ins Otterbachtal einschwenkt, weist der Schilderarm in einer Spitzkehre nach rechts. Hier sind buchstäblich Steine in den Weg gelegt, aber vom Waldrand an geht es grün gepolstert hinab zum Kirchlein Amorsbrunn im Wiesengrund. Im Kircheninneren sprudelt eine Quelle, der Amorsbrunn. An dieser Stelle soll die eigentliche Wiege des Klosters Amorbach gestanden haben. Irische und schottische Mönche ließen sich hier zunächst nieder, wechselten 734 ins breitere Mudbachtal und gründeten dort das Kloster. Es erhielt den Namen des heiligen Amor, des ersten Abtes. Zu seiner Verehrung entstand die Wallfahrtskapelle über „dem heiligen Wasser", das noch heute zur Förderung von Kindersegen getrunken wird.

Wir streben einem weiteren Höhepunkt zu, dem Gotthardsberg. Es geht an der Kirche vorbei den Treppenaufgang hinan zur Straße und auf den Parkplatz gegenüber, dort rechts weiter auf zunächst festem Weg, dann Graspfad, im Abstand zur Straße bis zur Brücke über die Bundesstraße 469, die gotische Kirchenruine auf der Bergkuppe haben wir schon im Blickfeld. Nach der Brücke folgt man dem Sträßchen rechts zum Wald, wo man links in den Gotthardsweg eingewiesen wird. Zunächst leicht steigend, dann den Berg scheinbar eben umrundend, werden wir abrupt auf einem Saumpfad in Serpentinen zur Pfeilerbasilika steil hinangeschickt. Seit 1714, als ein Blitzschlag die Kirche traf, steht sie unverändert. Sie gehörte zu einem Zisterzienserinnenkloster, an der Stelle einer Burg, die Friedrich Barbarossa als Raubritternest hatte schleifen lassen. Das Kloster wurde in den Bauernkriegen zerstört, nur die Kirche ließ der Amorbacher Abt 1628 nochmals aufbauen. Von der Plattform des Turms erfaßt das Auge die sieben auf Amorbach zulaufenden Täler.

Der Abstieg ist kurz, wenn man sich nach wenigen Metern abwärts vom vorgegebenen Rundweg absetzt und rechts dem blauen Rhombus anschließt, der bis in Bahnhofsnähe bringt.

Wer es sich als Autofahrer zeitlich leisten kann, sollte noch einen Abstecher zur südlich der Stadt gelegenen staufischen Wildenburg unternehmen, die in der zweiten Hälfte des 12. Jahrhunderts zum Schutze der Benediktinerabtei erbaut und bis zu ihrer Zerstörung in den Bauernkriegen aufs engste mit Kloster und Stadt verbunden war. Selbst als Ruine lassen sich noch die gewaltigen Ausmaße erkennen; die verbliebenen Säulen, Kapitelle, der mächtige Kamin zeugen vom Prunk staufischer Baukunst. Wolfram von Eschenbach, der hier zeitweise gelebt hat, soll die Wildenburg als Modell für die Gralsburg im Parzival gedient haben.

Man fährt in Richtung Eberbach/Neckar – Mosbach (an der Pulvermühle vorbei) über den Weiler Buch hinaus zum Parkplatz unterhalb der Wildenburg. Von hier ist es noch ein Kilometer Steilstich mit dem Zeichen umgekehrtes T (auch von Buch mit dem roten Rhombus) zu bewältigen. Die Sicht vom Bergfried entschädigt für die Mühe.

Burgruine Schadeck
Ruine Hinterburg
Mittelburg / Vorderburg

Minnelieder erklangen in der Vierburgenstadt

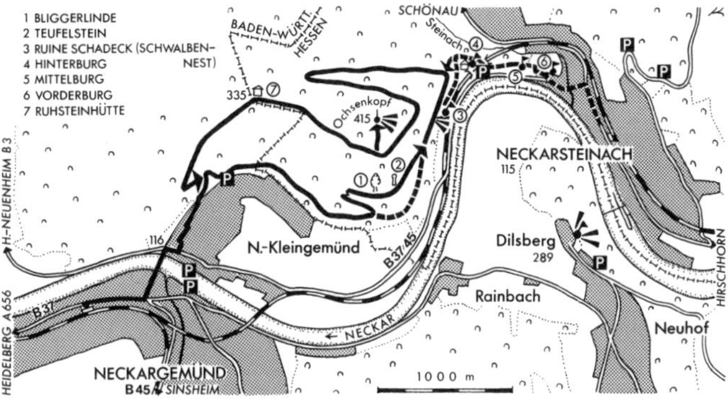

Gleich vier Burgen können auf dieser fünf bis sechs Stunden langen Wanderung (15, mit Verlängerung 18 km) „erobert“ werden. Nur Schadeck und Hinterburg sind frei zugänglich, die beiden anderen bewohnt. – Ausgangsort ist der Bahnhof Neckargemünd, von Heidelberg mit Zug, Bus oder Schiff zu erreichen, für Autofahrer über die B 37 den Neckar entlang. – Einkehr unterwegs erst nach den drei zusätzlichen Kilometern in Neckarsteinach.

Der südlichste Zipfel Hessens reicht in eine der anmutigsten Landschaften, das Neckartal. Wenn der Fluß kurz zur „fließenden“ hessischen Grenze zwischen Neckargemünd und Neckarsteinach wird, hat er seinen 370 Kilometer langen windungsreichen Lauf vom Ostrand des Schwarzwaldes durch die Schwäbische Alb und den Odenwald bis zur Mündung bei Mannheim in den Rhein schon fast beendet. Reizvoll ist sein Weg auf der gesamten Strecke, aber erst am Unterlauf vermag sich der Fluß in seiner ganzen vielgestalteten Schönheit zu entfalten. Hier ist er flankiert von Burgen, mittelalterlichen Städtchen an steil abfallenden Hängen und schmalen Uferzonen. Ein unerschöpfliches Wandergebiet voller Entdeckerfreuden, für uns auf dem Höhenzug zwischen Neckargemünd und Neckarsteinach.

Wie die Straßen zu beiden Seiten folgt auch die Schiene von Heidelberg her dem verschnörkelten Lauf des Flusses durch das enge Tal. In Neckargemünd kommt sie am südlichen Ufer an. Hier am Bahnhof beginnt die Wanderung. Wir halten uns an der Straße kurz nach rechts. Links über die Neckarbrücke sind wir schon auf der Route des blauen Striches. Drüben, jetzt in Kleingemünd, klettert der Weg mit dem Zeichen zwischen den schmalen Häuserzeilen hinauf zum Wald, dort folgen wir einem kurzen Steilstich auf einem Jägerpfad bis zum Einmünden in einen breiten Fahrweg, markiert mit dem roten R. Diesem neuen Zeichen, das direkt auf dem Hangweg durch dichten Buchenhochwald nach Neckarsteinach führt, schließen wir uns über einen Parkplatz hinaus so lange an, bis vor der großen Kehre der Neckargemünder Weg angezeigt steht. Hier wechseln wir, den Linksbogen aufwärts nachvollziehend, zur gelben Ziffer 1 über, gleichfalls auf breitem Holzabfuhrweg. Von ihm geht es nach einer Weile rechts abzweigend über einen Treppenpfad zur nächsthöheren Abteilung im Laubhochwald.

In diesem Abschnitt steht das Naturdenkmal Bligger-Linde. Zur Zeit der Reformationseinführung in Neckarsteinach 1522 gepflanzt, erinnert sie an den erstbekannten Ritter von Steinach, Bligger I., den Erbauer der ältesten (um 1100) von vier zusammengehörenden Burgen der späteren Landschade von Steinach. Der Vorname Bligger, germanisch = Blitzspeer, war von diesem Geschlecht bevorzugt, er erscheint zweiundzwanzigmal innerhalb der fünfhundertjährigen Geschichte. Sein bekanntester Sproß war Bligger II., Minnesänger und großer Meister mittelalterlicher Dichtkunst. Lieder von ihm sind in der Manessischen Handschrift (Heidelberg) überliefert. Die Bligger-Linde ist leicht zu übersehen. Sie steht mehrstämmig etwa 500 Meter nach Einmünden des Pfades in den Forstweg auf der linken Seite. Etwas weiter kommt man zum Teufelstein, einer glatten großen Felsplatte, auf der sich der Odenwaldclub aus Anlaß seines hundertjährigen Bestehens 1987 in Lettern verewigt hat. Es ist eine eindrucksvolle Stelle. Über Hügel, Tal und Wälder hinweg erlaubt sie freien Blick hinüber zu Feste und Ort Dilsberg, dessen beide nadelspitzen Kirchtürme in den Himmel zu wachsen scheinen. Wir ziehen mit der Ziffer 1 weiter und sind, jetzt schon kurz vor der Burg Schadeck, wieder mit dem roten R vereint. Schwalbennest wird sie im Volksmund genannt, und so klebt sie auch am Steilhang. Sie ist die jüngste der vier Burgen (1230), die der Landschade-Steinach-Clan erbaut hat.

Unser Weg zieht fast über der Höhe des Bergfrieds vorbei. Hier auf der Bank kann man sich entscheiden, ob man an Hinter-, Mittel- oder Vorderburg vorbei nach Neckarsteinach absteigen möchte. Von diesen sind zwei bewohnt, die Ruine Hinterburg kann besichtigt werden. In der Burgenkette ist sie die älteste, wahrscheinlich um 1100 erbaut, war Stammsitz der Herren von Steinach und des Minnesängers Bligger II., der mit dem Dichter Gottfried von Straßburg befreundet war. Beeindruckend der 20 Meter hohe, viereckige Bergfried (Aussichtsturm) an der Bergseite der fünfeckigen Anlage, nach dem Neckar zu der frühgotische Palas. Dazu schließt man sich dem roten R, auch der gelben Ziffer 3 an und kommt mit diesen Zeichen wieder herauf (3 Kilometer).

Ohne diesen Abstecher läuft man, von R und 1 sich lösend, geradeaus weiter, trifft auf die gelbe 3 und schließt sich ihr links aufwärts an, jetzt parallel zum Steinachtal. Es sind langgezogene Steigungen durch herrlichen Buchenhochwald, die uns auf die Höhe des Ochsenkopfes (415 Meter) bringen. Oben steht eine Aussichtsplattform (kleiner Abstecher vom Hauptweg) mit weiter Sicht über Dilsberg und den südöstlichen Odenwald. Wieder zurück zur Ziffer 3 geht es jetzt nur noch bergab. Zunächst bis zur Ruhsteinhütte am Hechler-Platz. Hier wechseln wir zu den Ziffern 4, 5 und 6 über, die uns an der Peripherie von Kleingemünd wieder dem blauen Strich zuführen, womit sich der Neckarwanderkreis schließt.

Hirschhorn zu beiden Seiten des Neckars

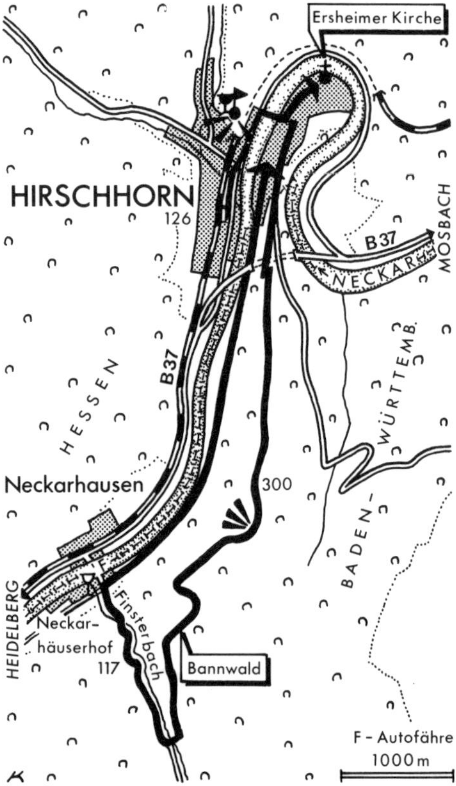

Mit dem Burgenstädtchen und Luftkurort Hirschhorn reicht Hessen bis an den Neckar. Wir beginnen hier am Bahnhof (Strecke Heidelberg – Mosbach), wandern aber auf der baden-württembergischen Seite des Flusses, insgesamt fünf Stunden (16 km). – Einkehr nach der Hälfte im „Grünen Baum" nahe der Fähre. – Zum Ausgangsort zurückgekehrt, lohnt die Naturalien- und Altertümersammlung im Langbein-Museum (Haus des Gastes) einen Besuch, geöffnet von Gründonnerstag bis 31. Oktober, täglich außer Montag und Mittwoch von 14 bis 16 Uhr, Sonntag zusätzlich von 10 bis 12 Uhr. – Nach dem Aufstieg zur Burg Hirschhorn (Einkehr) reicht die Aussicht weit über die „Perle des Neckartales" hinaus.

Wo der Neckar nicht weit von Heidelberg eine seiner bizarrsten Schleifen zieht, schmiegt sich zwischen die Ufer das zweigesichtige alte Städtchen Hirschhorn. Der augenfälligere Teil, mauerumwehrt, mit Burg auf engstem Raum an die steil abfallende Südflanke eines Odenwaldgebirgsstocks gedrückt, der andere, behäbig sich ausbreitend, liegt gegenüber in der Talaue. Es ist das halbinselförmig vom Fluß umschlossene Ersheim; eine neuere Siedlung, die eine Verwaltungsehe mit seinem Gegenüber einging, möchte man meinen. Doch Ersheim ist der ältere Teil, darüber hinaus die Ausgangszelle für die Burg der Herren von Hirschhorn, die vom 12. bis ins 17. Jahrhundert über dem Neckar residierten und von dort aus ihre Macht spielen ließen.

Schauen wir hinüber und herüber. Am Bahnhof Hirschhorn, diesseits des Neckars, setzen wir uns in Bewegung. Die Neckarsteinacher Straße nach links kommen wir in die Altstadt, das sogenannte Hinterstädtel, ein vollkommenes Bild gotischer Stadtplanung, das in dieser rechtwinkligen Gassenführung bereits im 14. Jahrhundert bestand. Zusammen mit dem etwas jüngeren Vorderstädtel klettern die Häuser den Berg hinan zur Burg, durch die Wehrmauer wie zum Schutz vor dem Absturz zusammengehalten.

Ausgangs der Stadt überqueren wir den Neckar auf der Staustufen- und Schleusenmauer. Drüben weist die Ausschilderung „Ersheimer Kapelle“ den Weg. Es geht zur äußersten Spitze der flachen Halbinsel, wo das kleine Gotteshaus inmitten des Friedhofs steht. Sein bereits 773 beurkundetes Bestehen zu Ehren der Heiligen Nazarius und Celsus veranlaßte die Ritter von Hirschhorn, auf dem gegenüberliegenden Bergvorsprung, dem „Horn“, ihre Burg zu bauen. Sie wählten die Kirche zu ihrer Grablege. Unter den zahlreichen Grabmälern findet sich auch das Engelhards I. von Hirschhorn, Stifter der Kirche des 14. Jahrhunderts, einer der bedeutendsten seines Geschlechtes. Mit der hohen Totenleuchte im Freien setzte sich der Wormser Domherr Konrad von Hirschhorn 1412 ein Denkmal. Bedeutende Reste gotischer Wandmalerei wurden 1964 freigelegt.

Wir laufen den gleichen Weg zurück zur Schleuse, Burg und Stadt im mehrfach variierenden Blickwinkel. Von der

Staustufe geht es kurz links und gleich rechts in die Schönbrunner Straße hinauf zum Wald. Etwa fünfzig Meter nach seinem Anfang zweigt halbrechts die Markierung Nr. 5 ab. Kurz danach kommen wir mit einem Links-rechts-Knick auf den eine Etage höher ziehenden Weg Nr. 28 und 6. Es steigt weiter sacht an zwischen Lärchen, Fichten und Laubbäumen. Später befinden wir uns in einem Bannwald oder Reservat, in dem jegliche forstwirtschaftliche Nutzung ruht.

Die Markierung nähert sich dem Finsterbachtal, schwenkt rechts ein auf das schmale, kurvenreiche Sträßchen, das entlang dem munter springenden Bach zwischen Steilhängen hinunter zum Neckar führt. Kurz vorm Gasthaus Zum grünen Baum biegt man rechts in den Uferweg Nr. 24 und 5, das bequemste Stück der Wanderung, völlig eben, im Waldschatten entlang dem Neckar, Hirschhorn mit der Burg voraus. Unter der elegant geschwungenen neuen Neckarbrücke, durch die mit anschließendem Tunnel die Bundesstraße 37 den jährlich wiederkehrenden Überschwemmungen aus dem Wege geht, gelangen wir nach Ersheim zurück.

Um den „Hirschhörnern" auf die Dächer schauen zu können, sollte man den Aufstieg zur Burg nicht scheuen. Nach dem Passieren der Staustufe gehen wir nach links in die Hauptstraße, vorbei an einem der ältesten Fachwerkhäuser (um 1480), bis zur Marktkirche und dem Stadttor von 1391, scharf rechts durch die Klostergasse zum ehemaligen Karmeliterkloster mit Kirche. Im Kapitelsaal große Wandgemälde, vermutlich von Jörg Ratgeb (um 1509). Im Zickzack geht es weiter hinauf zur Burg.

Ins Vorderstädtel zurückgekehrt, sind wir eingeladen, im Langbein-Museum (1806 erbaute Großherzogliche Oberförsterei) „Naturalien und Altertümer", darunter Kunstwerke und einige Funde aus der Burg, zu besichtigen.

Fachwerkpracht und die Götzburg

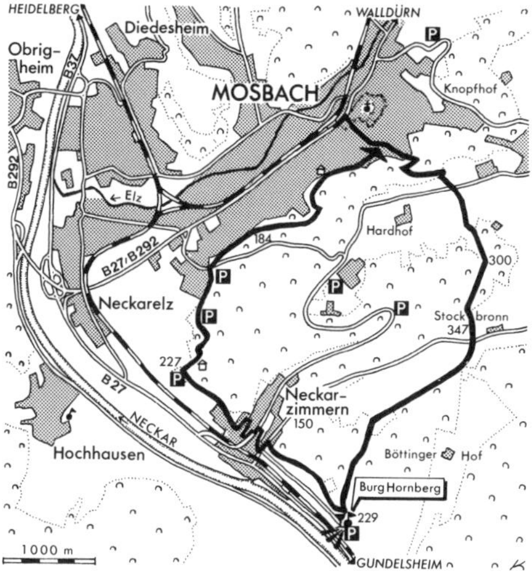

Die „Stadt des Fachwerks" und die Burg des Götz von Berlichingen, das sind die Attraktionen dieses Ausfluges. Am Bahnhof Mosbach beginnt die teils sonnige, teils schattige 14-km-Wanderung (etwa 5 Stunden, ohne Stadtrundgang), ganz in der Nähe beginnt auch die Fachwerkfülle. Von der „Götzburg" (Götzstube, Restaurant, Caféterrasse), prächtige Sicht über das Neckarland. – Das Stadtmuseum Mosbach in der Hospitalgasse ist mittwochs von 15 bis 18 Uhr, freitags von 10 bis 12 Uhr und jeden zweiten und vierten Sonntag im Monat von 15 bis 18 Uhr geöffnet. – Bahnanfahrt über Heidelberg, in Neckarelz umsteigen, nach Mosbach. Autofahrer kommen von Heidelberg über die B 37, ab Nekkarelz auf der B 27/B 282 nach Mosbach.

Als „Stadt des Fachwerks" wird Mosbach, die große Kreisstadt im Raum Neckar–Odenwald, bezeichnet. In ihrer Anlage fürwahr ein unverwechselbares Bild altdeutschen Bürgersinns, als solches selbst im Deutschen Museum München ausschnittweise bei einem Blick aus dem Fenster eines Drukkereizimmers gezeigt. In natura ist Mosbach wesentlich näher, am Neckar gelegen, der Altstadtkern am Nebenflüßchen Elz. Die Fachwerkpracht der zum Teil fünfstöckigen Häuser alemannischen und fränkischen Typs reicht bis ins 15. Jahrhundert zurück. Sie konzentriert sich um den Marktplatz und setzt sich im Gewirr der anschließenden Gassen fort.

Das dominierende steinerne Rathaus von 1554 mit seinem gewaltigen Turm, vorreformatorisches Relikt der Pfarrkirche St. Cäcilia an dieser Stelle, spricht seine eigene Sprache. Ebenso die St.-Juliana- und Stiftskirche gegenüber, die zwar nicht niedergerissen, aber 1708 auf kurfürstlichen Befehl zweigeteilt wurde und noch heute als Simultankirche dient. Residierende Fürstenherrlichkeit gab es in Mosbach nur von 1410 bis 1499, danach förderten Handwerkszünfte die Bedeutung der Stadt über Jahrhunderte, bis der Eisenbahnbau 1862 das Industriezeitalter einläutete. Reminiszenzen an die Hoch-Zeit der Zünfte vermittelt das Stadtmuseum im Kulturzentrum Altes Hospital mit seinen Sammlungen. Dazu gehören auch die Mosbacher Fayencen aus eigener Manufaktur (1770–1838).

Der Bahnhof liegt in unmittelbarer Nachbarschaft zur Altstadt, die als Fußgängerzone ausgewiesen ist. Vor dem Gebäude wendet man sich links, nach wenigen Metern halb rechts in die Hauptstraße, die in die Fußgängerzone übergeht und geradewegs zum Marktplatz bringt. Den Stadtbummel an den Anfang oder das Ende der Wanderung zu legen obliegt der persönlichen Entscheidung. Die Wanderroute beginnt vor Erreichen der Sperrzone rechts ab den Schmelzweg hinan – mehr ein Treppenaufgang – zum weiträumigen Franz-Roser-Platz an der Sankt-Cäcilien-Kirche.

An der großen Tafel des Odenwaldclubs kann man sich über die Wandermöglichkeiten von dieser Stelle aus orientieren. Hier wird das weiße Viereck gewählt, das Burg Hornberg über dem Neckar anpeilt. Es weist, streckenweise im Geleit des roten Andreaskreuzes, die steile Forststraße durch das terrassenförmig angelegte Neubaugebiet steil hinan zum Wald. Ein Blick zurück über die Stadt im Elzbachtal, bevor wir unter das Laubdach schlüpfen.

Nach der großen Spitzkehre ist Achtung geboten: Das Zeichen biegt von der Forststraße links ab in ein schlechtes Wegstück, hält aber die Aufwärtsrichtung bei. Ist die nächste Forststraße gekreuzt, geht es geradeaus noch immer bergan, bis der Waldrand vor der freien Höhe erreicht wird. Jetzt rechts den Grasweg weiter, über die Straße und in den von alten Obstbäumen gesäumten Hardhofweg zwischen Felderbreiten wieder abwärts zum Wald. Von der Talsohle eines Bächleins weist unser weißes Viereck rechts ab abermals bergan auf etwas fordernden Wegen, aber immer im hohen Buchenforst, bis wieder eine landwirtschaftlich genutzte Hochfläche in Erscheinung tritt. Kurz rechts, dann das Schild zur Burg Hornberg, an der sich auch das weiße Viereck orientiert. Zunächst an Feldern entlang, dann wieder im Wald, läuft und läuft es auf dem Asphaltband abwärts bis vor das Eingangstor der Burg.

Als Götzburg wird die Burg Hornberg schlechthin bezeichnet. Die beeindruckende Anlage auf einer Felsnase über dem Neckar erwarb Götz von Berlichingen 1517 und bewohnte sie nach den Wirren des Bauernkriegs mehr oder weniger freiwillig bis zu seinem Tode 1562. Danach erwarben sie die Freiherren von Gemmingen, in deren Besitz sie noch heute ist. Man kann in dem Gemäuer zwischen den beiden Beringen herumklettern, wo es auch ein kleines Museum und eine Götzstube gibt, und vom Restaurant oder der Caféterrasse den Blick über den Neckar genießen. Als ältester Bau ist der Bergfried aus dem 12. Jahrhundert erhalten auf der höchsten Stelle des inneren Burghofes, davor die Kapelle (vor 1470).

Für den Abgang nach Neckarzimmern begibt man sich wieder vor das äußere Eingangstor, hält sich links entlang von Mauer und Bergfried und läuft auf dem Hangweg über dem Fluß im beginnenden Wald abwärts. Dem Zeichen rotes R, das wir anfänglich ignorierten, vertrauen wir uns erst kurz vor Erreichen des Orts an. Beim Einmünden in die Straße weist das Zeichen links abwärts, vor Erreichen des Bahnüberganges rechts in die Ludenbachtalstraße. In kühnen Auf- und Abschwüngen streift der R-Lotse durch die sich am Abhang staffelnde Wohnsiedlung zum Wald. Vom Ende der Häuser folgen wir dem Zeichen, bis es ins freie Feld übergeht und wir in der Nähe der Schutzhütte auf die örtliche Markierung Ziffer 3 treffen. Ihr schließen wir uns nach rechts an.

Panoramaweg wird dieser Strang genannt, der sich fast ausschließlich mit etwas Abstand im Wald über der ausufernden Randsiedlung Mosbachs hinzieht. Mit Erreichen des Zaunes der ersten ganz nah herantretenden Häuser heißt es, nach wenigen Metern rechts einen Durchschlupf zu finden, der Ziffer 3 links und nochmals links zu folgen und sich dann wieder geradeaus einzureihen. Am Waldende folgt man der Straße bis zur Haarnadelkurve und hat damit den Forstweg erreicht, den man Stunden zuvor heraufgekommen ist.

Die „Götzburg" Hornberg

Eine Burg voller Leben

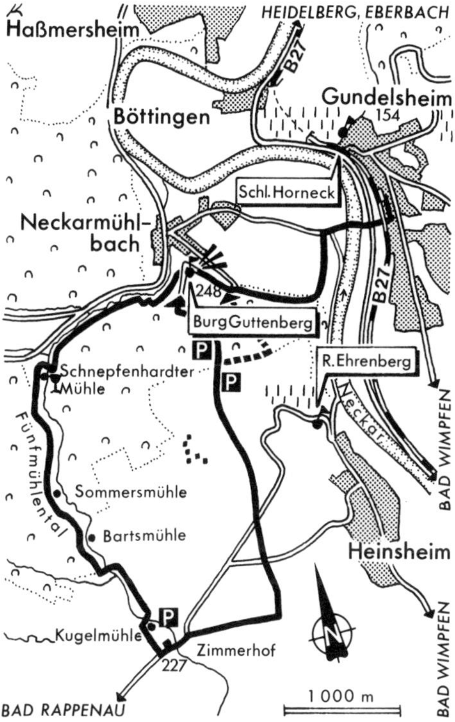

Burg Guttenberg am Neckar gehört zu den wenigen Burgen und Schlössern, die die Jahrhunderte unbeschadet überdauert haben. Nicht nur das, sie ist bewohnt, voller Leben und präsentiert sich gleichzeitig als Museum mit einer Greifenwarte. – Vom Bahnhof Gundelsheim an kann die Guttenberg erklommen werden, durch das romantische Fünfmühlental erfolgt der Abstieg (15 km). – Das Burgmuseum ist täglich von 10 bis 17 Uhr März bis November geöffnet. – Flugvorführungen mit Adlern und Geiern 11 und 15 Uhr. – Es gibt eine Burgschänke. – Autofahrer kommen wie die Zugbenutzer von Heidelberg her, am Neckar entlang (B 37, B 27) bis Gundelsheim.

Wer könnte all die Burgen nennen, die sich an den Ufern des Neckars auf seinem 370 Kilometer langen, verschlungenen Lauf zum Rhein erheben? Sie beleben nicht nur in romantischer Weise das Landschaftsbild, sie stehen auch als beredte Zeugen mittelalterlicher Wehrhaftigkeit und späterer Wohnkultur mit dem, was Kriege, Eroberungen und der Zahn der Zeit von ihnen übrigließen. Zu den wenigen Anlagen, die seit ihrer Erbauung in der Stauferzeit nie zerstört wurden, gehört Burg Guttenberg im Mittelabschnitt des Flusses bei Neckarmühlbach. Gundelsheim, die Bahnstation, liegt gegenüber. Von hier aus wollen wir uns die Burg Guttenberg „erobern".

Vor dem Bahnhofsgebäude in Gundelsheim wendet man sich nach rechts – Autofahrer finden in diesem Bereich ausreichend Parkplätze –, geht bis zum beschrankten Bahnübergang, quert in der Folge eine Straße, die Staustufe des Neckars und eine weitere Straße. An ihr geht's kurz links, dann wieder rechts, und man folgt dem Hinweis „Wanderweg Burg Guttenberg" – schon ist man auf der richtigen Fährte, unterstützt durch die Markierung rotes Andreaskreuz. Unser Weg führt durch Felder aufwärts zum Waldrand, „zur Burg Guttenberg" heißt es da auf einem Schild, und weiter bergauf geht es im Buchenwald, eher am Rand, damit immer wieder Blicke auf den Neckar und zum Schloß Horneck möglich sind. Wir treffen auf die Haarnadelkurve der Zufahrtsstraße von Neckarmühlbach, folgen dem Asphaltband entlang der Burgmauer und treten vom äußeren in den inneren Bezirk ein.

Der Zugang erfolgt durch insgesamt fünf Tore. Die Baulichkeiten der inneren Burg fügen sich an die gewaltige Schildmauer. Diese Steinmasse wird überragt vom 46 Meter hohen Bergfried. Während die Wehranlagen aus dem 12. Jahrhundert stammen, wurden die Wohnbauten, den jeweiligen Bedürfnissen angepaßt, zwischen dem 15. und dem 18. Jahrhundert erstellt, nachdem die Freiherren von Gemmingen die Anlage 1446 erworben hatten. Seitdem ist sie ununterbrochen im Besitz dieses Geschlechtes. Ein Teil der Räumlichkeiten wird als Museum genutzt, das die Geschichte der Burg in Form von Schriften, Rüstungen, Kunstgegenständen vermittelt. Außergewöhnlich ist die Holzbibliothek, die Darstellung aller in diesem Gebiet heimischen Baum- und Straucharten. Vermutlich ein Mönch fertigte um 1770 aus den verschiedenen Hölzern buchförmige Kästchen und legte konservierte Pflanzenteile wie Blätter, Blüten, Früchte, Pollen nebst genauer Beschreibung hinein. Anschaulicher kann Biologieunterricht wohl kaum sein. Ein weiterer Höhepunkt ist die in den Zwingeranlagen heimische Deutsche Greifenwarte des Ornithologen Claus Fentzloff. Und natürlich fehlt die Burgschenke nicht.

Natur pur erwartet uns nach dem Museumsbesuch im Fünfmühlental. Gegenüber dem Eingangstor schlüpfen wir neben dem Fachwerkhaus aus dem Mauerdurchlaß hinaus in den hohen Buchenwald. Von hier kann gleich anfangs ein Abstecher zur gotischen Burgkapelle gemacht werden. Zurück zum Hauptweg geht es den Schloßweg steil abwärts ins Mühlbachtal. Weiterhin mit dem Lotsen rotes Andreaskreuz, dazu die blaue Ziffer 5. Bei Erreichen des Talgrundes weisen die Zeichen links, gleich rechts und folgen nun dem Bachlauf leicht aufwärts im tief eingeschnittenen Waldtal. Von fünf Mühlen, die das Wasser einst in Schwung gehalten hat, kommen wir an vieren vorbei. Nur die erste, die Schnepfenhardter, idyllisch im Wiesengrund eingebettet, hat auf Gastronomie umgestellt. Die letzte, die Kugelmühle, liegt schon außerhalb des Waldes inmitten von Feldern. Vom Parkplatz wird sie nach rechts umrundet, und weiter geht es zum Zimmerhof, Gutskomplex und Weiler. Beim Einmünden in die Durchgangsstraße hält man sich links, biegt rechts in die Sonnenstraße, überquert links den Spielplatz, wo sich das rote Andreaskreuz postiert hat, und zieht mit ihm rechts durch die Felder weiter. Auf der Höhe treffen wir auf die Route des Burgenzeichens, ihm schließen wir uns nach links an. Es ist der direkte Zugang zur Burg Guttenberg. Am Waldrand kann man sich entscheiden, ob man mit einem kleinen Rechtsschlenker der Ziffer 5 auf dem Fußweg zur Burg folgt oder weiter dem Burgenzeichen auf dem Fahrweg. Von oben ist der Rückweg nach Gundelsheim der gleiche wie der Aufstieg.

Kaiserpfalz Wimpfen
Schloß Heinsheim

Die Kaiserpfalz auf der Bergnase

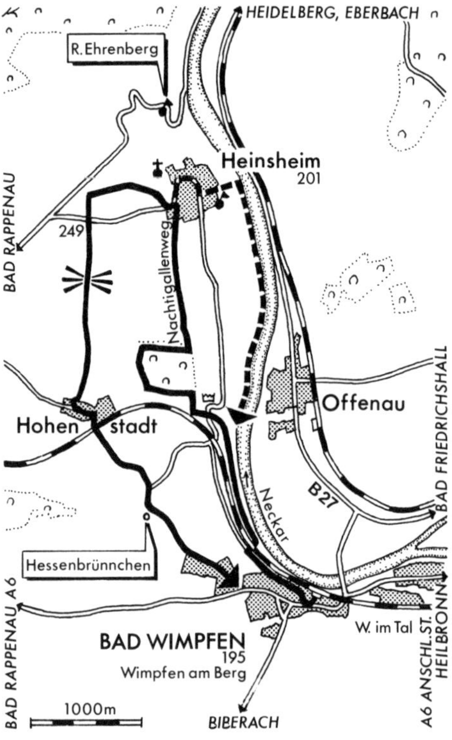

Die Lage hoch oben über dem Neckar ist faszinierend, der Blick von oben herunter nicht minder – Bad Wimpfen mit seiner staufischen Kaiserpfalz, dem Blauen und Roten Turm, den kopfsteingepflasterten Gassen. – Wanderwege gibt es nach allen Himmelsrichtungen. Diese 12 (10) km lange (4 Std.) Wanderung nimmt vorrangig den Neckar als Richtschnur. – Mehr zur Geschichte erfährt man im Museum im Steinhaus, von 10 bis 12 und 14 bis 16.30 Uhr (montags und vom 15. Oktober über Winter geschlossen), ebenso Blauer und Roter Turm. – Das Reichsstädtische Museum hat täglich von 10 bis 12 und 14 bis 17 Uhr geöffnet. – Bad Wimpfen ist mit der Bahn über Heidelberg oder Eberbach/Neckar zu erreichen. – Autofahrer nehmen A 5, Heidelberg, B 37, B 27 oder A 5 Kreuz Walldorf, A 6, Anschlußstelle Bad Rappenau, Bad Wimpfen.

Kaiserpfalzen, in denen einst Kaiser und Könige von den Karolingern bis zu den Staufern im Wechsel hofhielten, erwecken, zumindest im Rhein-Main-Gebiet, leicht die Vorstellung von riesigen befestigten Wohnsitzen ähnlich den Wasserburgen. Gelnhausen und Seligenstadt mit ihren Pfalzrelikten sind Beispiele dafür. Nicht so Wimpfen am Neckar. Obgleich es eine wesentlich ältere Talsiedlung gibt als die spätere Reichsstadt auf dem Berg, entstand eine staufische Kaiserpfalz auf ebendieser Bergnase in 200 Meter Höhe. Wimpfen am Berg, heilklimatischer Kurort und Bad, soll Ausgangspunkt einer Wanderung sein.

Vom Wimpfener Bahnhof geht man die wenigen Schritte bis zu der kleinen Dreiecksanlage, hält nach rechts oberhalb auf das Stadttor zu und schwenkt kurz davor rechts auf einen Treppenpfad neben der hohen Mauer ab. Wir sind auf der Rückseite der staufischen Kaiserpfalz. Klotzig überragt der 23 Meter hohe Rote Turm die Stadtmauer, östlichster Eckpfeiler und letzte Zuflucht für den Kaiser im Falle einer Erstürmung. Der Blaue Turm, das höchste Gebäude der Stadt, begrenzt als westlicher Eckpfeiler die Pfalz. Beide Türme können bestiegen werden und bieten begeisternde Aussicht auf die Talstadt und das Neckartal. Dazwischen stehen die in der Kunst so gerühmten Doppelarkaden des Kaisersaales im Palas, das fünfstöckige Steinhaus, einst Kemenate der Königin, und die Pfalzkapelle. Von der Empore aus wohnten die Stauferkaiser dem Gottesdienst bei, Hofleute und Adelige saßen zu ebener Erde.

Unser Pfad verläuft am bewaldeten Hang auf halber Höhe über dem Neckar weiter. Wir folgen ihm so lange, bis er im Neubaugebiet in die Straße einmündet. Dort, vor zwei großen Kastanienbäumen, nehmen wir die Markierung schwarze Mühle auf, folgen dem rechts abwärts weisenden Pfädchen, unterqueren die Gleise, nehmen noch das gelbe R dazu und ziehen zwar im Laubschatten, aber mit freiem Blick zum Neckar hin voran. Wenn der Wald endet, angesichts des Schwimmbades, biegen wir mit Mühle und R links ab, kreuzen die Straße und treten jenseits halb rechts auf einem Steilpfädchen eine kleine Kletterpartie an, kommen entlang den Gleisen nach wenigen Metern zu einer Bank und knicken hier scharf rechts auf einen als solchen kaum erkennbaren Wiesenpfad ab. Man bleibt links der Obstbaumreihe, dort sind R und Mühle sichtbar, die bald links aufwärts zum Wald weisen. Wiederum links am Wald-Wiesen-Saum zur nächsten Ecke, dann rechts unter alten Eichen leicht abwärts bis zu einem asphaltierten Weg, mit ihm rechts in den hohen Forst. Wir folgen dem Lauf eines kleinen Gewässers, üppiges Feuchtbiotop säumt den Weg. Am Ende des Waldes geht es dagegen links den Nachtigallenweg hoch, die Mühle noch immer voran. Aufgelassene, trockene Weinbergterrassen bestimmen die Vegetation.

Wir kommen nach Heinsheim hinein. Der Nachtigallenweg setzt sich bis an den Rand des alten Ortskerns fort. Beim Hinuntergehen sollte man auf die Hohenstädter Straße achten, in die das Mühlenzeichen für den weiteren Weg abknickt. Wie in einem Nest liegt Schloß Heinsheim aus dem 18. Jahrhundert inmitten seines Parks in der Dorfmitte eingebettet, heute ist es ein Hotel-Restaurant. Zum Eingang kommt man von der Straße Lange Mauer her. Wer das Flußufer dem Gang über die Höhe vorzieht, kann entlang einem Pfad nach Wimpfen zurücklaufen.

Freie Sicht über die Felderhöhen erwartet den, der weiter dem Mühlenzeichen folgt. Die Hohenstädter Straße wird zur Steige, bis sie die Höhe erreicht, dort auf dem Querweg mit dem Burgenzeichen zusammentrifft und gemeinsam mit ihm nach links weiterzieht. Wenn kurz vor Erreichen von Hohenstadt beide Zeichen links abdrehen, gehen wir nach rechts in das Dorf hinein, links abwärts und rechts über die Gleise. Ein Fußweg neben der Straße, am Hessenbrünnchen vorbei – Reminiszenz an die Zeit, als Wimpfen hessische Exklave war (1803–1952) –, bringt uns an den Stadtrand von Bad Wimpfen. In Sichtweite der Kurkliniken gehen wir die Hohenstädter Straße noch abwärts, dann die Garten- oder Mathildenbadstraße, links kommt man in das Burgenviertel mit dem Marktplatz an der evangelischen Pfarrkirche und in die Altstadt.

Beim Bummel durch die verwinkelten Fachwerkgassen sollte man keinesfalls den Bereich unterhalb der Hauptstraße zwischen Heiliggeisthof, auch Spital genannt, heute Museum, und dem Dominikanerkloster auslassen.

Stadt an Main und Tauber

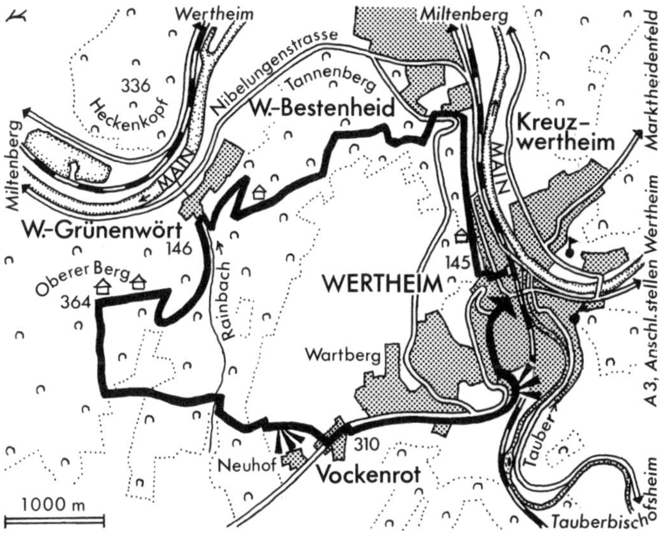

„Ein Gang durchs Mittelalter" erwartet den Besucher in Wertheim, dem altfränkischen Städtchen an Main und Tauber. – Doch auch die Wanderwege des Hinterlandes sind verlockend, hier eine 16 km lange Rundtour über die Höhen. Und zum Schluß der Blick vom mächtigen Bergfried über Stadt und Land und in die hervorragenden Museen. Öffnungszeiten: Historisches Museum in der Hofhaltung, Dienstag bis Freitag 9.30 bis 12 und 14 bis 16.30 Uhr, Samstag, Sonntag, feiertags 14.30 bis 17 Uhr; das Glasmuseum nebenan, Mühlenstraße 24, ist offen vom 1. April bis 31. Oktober Dienstag bis Sonntag 10 bis 12 und 14 bis 16.30 Uhr; zu gleichen Zeiten vom 1. Advent bis 6. Januar. – Anfahrt: A 3, Anschlußstelle Wertheim; Bahnverbindung: Aschaffenburg–Wertheim.

Als 1626 Erich Kieser den Stich von „Wertheim zwischen den Flüssen“ schuf, war das Städtchen schon einige hundert Jahre alt. Dargestellt ist der befestigte Kern, der sich als Dreieck halbinselförmig in den Mündungswinkel zwischen Main und Tauber schiebt, überragt von der Burg des mächtigen Wertheimer Grafengeschlechtes. Bis heute hat sich an diesem Gesamtbild kaum etwas geändert, auch wenn die Burganlage im Dreißigjährigen Krieg zur Ruine wurde. Das Städtchen selbst, eingebunden in Traditionen, konnte den Charme der mittelalterlichen Kleinstadt bewahren, wie nur wenige seinesgleichen. Je eine Brücke über Tauber und Main stellen die Verbindung zu den neuen Trabantenstadtteilen her. Bewaldete Höhen, Wiesen, Äcker und Weinberge umschließen sie. Eine Flußlandschaft, wie sie sich auch der Wanderer wünscht.

Der Bahnhof Wertheim liegt am linksseitigen Tauberufer, unmittelbar vor der Mündung in den Main. Dort schließt man sich den Zeichen blaues M und R an, läuft gegenüber dem Gebäude kurz die Luisenstraße hoch, gleich rechts in die Bismarckstraße und sofort links den Treppenweg hinauf. Man meint zwar, der Weg sei hier zu Ende, da erst beim zweiten Hinsehen ein Pfad sichtbar wird, der nach rechts zwischen Gartenzäunen, Hecken und Holzwänden vorbei aufwärts zum Wald führt, ab dort als gepflegter Weg sich bis zu den oberen Häusern von Bestenheid zieht. Jetzt die Straße hinauf, dann beginnt es jenseits der Bestenheider Höhenstraße kräftig zu steigen. Ein steiniges, trockenes Bachbett wird überquert, kurz darauf ein zweites. Beide Markierungen sind weiterhin absolut zuverlässig zusammen. Nach längerer Waldpassage geht es hinunter an den Rand des kleinen Dorfes Grünenwört. Zur Einkehr im „Grünen Baum“ sind es nur wenige Meter.

Es beginnt wieder der Anstieg. Die Markierungen M und R beschreiben eine enge Schlinge links aufwärts (nicht den M-Talweg einschlagen) über dem gleich einem Wildgewässer tief eingeschnittenen steinigen Rainbach. Nach einem Linksknick kommen wir zur großen Waldarbeiterhütte auf der Höhe, bleiben noch bei den beiden Zeichen bis zur nächsten kleinen, blaugrünen Hütte, biegen aber sofort danach links auf wiederum festem Weg ohne Zeichen ab, eine Querspange zur neuen Markierung gelbes Quadrat. Ist das Zeichen erreicht, folgt man ihm links durch einen Feldstreifen, überquert, wieder im Wald, den Rainbach, um den Forst bald gänzlich hinter sich zu lassen.

Mit Ausblick auf die Waldhöhen des unteren Taubertales hält der Weg auf Vockenrot zu. Am Ortsende wird die Straßenseite gewechselt, unbehelligt vom Verkehr läuft das gelbe Zeichen unterhalb der Straße weiter, später auf dem Bürgersteig. Die Rebenhänge des Tauberweines kündigen den abschließenden Genuß eines individuellen Tropfens in einer der heimeligen fränkischen Weinstuben an.

Von der großen Straßenkurve schwenkt man rechts hinunter in die Stadt, zum Bahnhof, von der Alten Steige in die Neue Steige, Uihleinstraße, Luisenstraße. Der Weg in die Altstadt zweigt am Schulzentrum ab über Hospitalstraße, Tauberbrücke direkt in die Fußgängerzone zum Ensemble der Fachwerkhäuser, voran das Haus zu den Vier Gekrönten, Engelsbrunnen, Rathaus und Stiftskirche, in der die Grafen von Wertheim und ihre Nachfolger in kostbaren Denkmälern verewigt sind. Und von hier aus steigt man auch hinauf zur Burg. Von Wolfram, dem ersten Grafen der Wertheimer begonnen (1097–1140), entwickelte sich unter diesem mächtigen Geschlecht das Bollwerk im Laufe der Jahrhunderte zu einer der größten Steinburgen Süddeutschlands. Und selbst als Ruine kommt ihr noch das Prädikat „schönste“ zu. Vom wuchtigen Bergfried (um 1100) bietet sich ein herrlicher Rundblick über die Altstadt in ihrer altfränkischen Geschlossenheit und das Main-Taubertal.

Barock im „Lieblichen Taubertal"

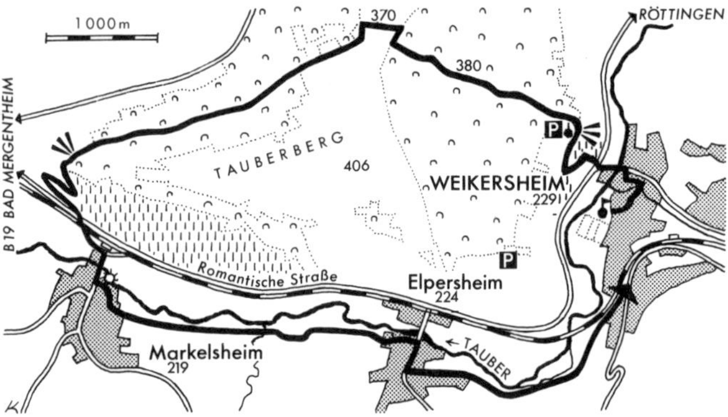

W wie Wein, Wald und Weikersheim, das sind die Charakteristiken dieser fünfstündigen Rundwanderung (16 km), die am Gänsturm in der Altstadt beginnen kann oder an der Tauberbrücke. Das Schloß mit Park, die ehemalige Residenz der Grafen und Fürsten zu Hohenlohe, heute Landesmuseum mit kostbarem Interieur und dem berühmten Rittersaal, lädt zum Besuch ein. Öffnungszeiten: April bis Oktober täglich 9 bis 18 Uhr, November bis März 10 bis 12 und 14 bis 16 Uhr; montags geschlossen. – Anfahrt: A 3, Dreieck Würzburg-West, A 81, Anschlußstelle Tauberbischofsheim, B 290 (Romantische Straße) über Bad Mergentheim und Igersheim zum Ausgangsort.

Wie Perlen einer kostbaren Kette reihen sich im Taubertal die Sehenswürdigkeiten aneinander: Schlösser, Burgen, Kirchen, Klöster, eingebettet in eine gefällige, vom Wein geprägte Landschaft. Nicht von ungefähr folgt die berühmteste deutsche Ferienroute, die Romantische Straße, zwischen Tauberbischofsheim und Rothenburg ob der Tauber dem Flußlauf, der nun auch mit dem Fahrrad auf seiner ganzen Länge begleitet werden kann. Die Beschilderung des Radwegs und die touristische Werbung firmieren länder- und gebietsübergreifend unter dem einladenden Slogan „Liebliches Taubertal". Noch nicht lange ist es her, daß sieben Grenzen den gut 100 Kilometer langen Taubergrund zerschnitten, fast jeder der zehn Hauptorte mit kulturellen und historischen Eigenheiten zu einem anderen Territorium gehörte. Zwei darunter, Wertheim und Weikersheim, waren Stammsitze von Regionalgeschlechtern.

Unsere besondere Aufmerksamkeit gilt Weikersheim, der kleinen, aber feinen einstigen Residenz der Hohenloher. Im Laufe einer großen Schaffensperiode vom Ende des 16. bis zum Beginn des 18. Jahrhunderts wuchsen Schloß, Park und Stadt zu einem architektonischen Gesamtkunstwerk zusammen. Ob dieses vor oder nach der Wanderung näher in Augenschein genommen wird, mag jeder für sich entscheiden. Reizvoll ist es, Weikersheim zunächst als Ganzes aus einiger Entfernung auf sich wirken zu lassen. Dafür muß man aber erst einmal etwas klettern. Die anfänglichen Zeichen führen quer durch den Ort. Man kann den roten Strich, das übereinanderstehende MD oder den Baden-Württemberg-Weg (grüner Baum) in der Altstadt am „Gänsturm" oder spätestens an der Tauberbrücke aufnehmen. Alle drei Zeichen seien hier genannt, da sie unterschiedlich gut angebracht sind. Gemeinsam führen sie über Tauber und Romantische Straße weiter durch Weinberge aufwärts.

Beim Blick zurück auf Weikersheim scheinen tatsächlich Schloß und bürgerliches Gemeinwesen zu einer Einheit verschmolzen zu sein, so dicht sind die Dächer zusammengerückt. Erst spätere Generationen haben aufgelockerter gebaut; großzügig ziehen Neubauviertel die Talhänge hinauf. Von unserem erhöhten Standpunkt am (nicht besteigbaren) Wartturm läßt sich auch gut der dreiseitige Grundriß des Schlosses erkennen. Anders als in den ursprünglichen Planungen vorgesehen, kam aber nur der Südtrakt mit seinen sechs prächtigen Giebeln zur vollständigen Ausführung. Die beiden anderen Flügel blieben in Ansätzen stecken, an der Ostseite wich man auch von der ursprünglichen Idee eines gleichseitigen Dreiecks ab.

Am Wartturm biegen die Zeichen links in den Wald, gewinnen leicht an Höhe, um wieder zu fallen, bis mit einem scharfen Rechts-links-Knick ein großes Feld umgangen wird (dort Hochspannungsleitung). Kurz darauf verlassen uns die Markierungen nach rechts, wir laufen geradeaus wieder in den Forst und eine längere Passage leicht bergab. Erst am Waldrand können wir uns wieder einem Lotsen anvertrauen, der Ziffer 33. Sie hat aber schon bald nach dem Weinbergabstieg hinunter nach Markelsheim ihre Schuldigkeit getan. Wir finden aber auch so über die Tauber in den Ort hinein und links, zunächst vorbei an einem hohen Mühlengebäude, durch den Kitzlesweg wieder hinaus.

Auch wenn der weitere Abschnitt nicht markiert ist und man manchmal an Felsrainen entlangbalancieren muß, die Tauber gibt nun die Richtung bis Elpersheim vor. In dem kleinen Ort halten wir uns rechts und wenden uns dann links in den Fahrradweg „Liebliches Taubertal". Auf befestigtem Weg geht es leichten Schrittes zurück nach Weikersheim. Am Marktplatz läßt man sich gerne von den einen Viertelkreis bildenden Barockgebäuden einladen, das Schloß samt Park zu besichtigen. Das Interieur des 17. und 18. Jahrhunderts blieb fast unverändert erhalten. Seit 1967 ist das Schloß in staatlicher Obhut. Ein Mehrfaches des Kaufpreises wurde in Erhaltungsmaßnahmen gesteckt, damit fürstliche Gemächer, stuckierte Räumlichkeiten, das Spiegelkabinett und der berühmte Rittersaal mit der freitragenden Kassettendecke und lebensgroßen Tierskulpturen an den Wänden noch vielen Generationen Freude bereiten.

Auf zwanzigtausend Eichenpfählen

Gelnhausen als Ausgangspunkt einer Wanderung nehmen, birgt die Versuchung, sich von „unten", der Kaiserpfalz an der Kinzig, nach „oben" durch die in neuem Fachwerkglanz erstandene Altstadt tastend, einfach hängenzubleiben. Trotzdem: auch der Waldgang im beginnenden Vogelsberg zum Wildgatter ist lohnend (16 km), dabei Einkehrmöglichkeit in der Gaststätte Zum weißen Hirsch (dienstags Ruhetag, montags ab 17 Uhr geöffnet). – Gelnhausen liegt an der Bahnstrecke Frankfurt – Fulda und an der A 66. – Öffnungszeiten: Kaiserpfalz täglich außer montags von 10 bis 13 und 14 bis 16.30 Uhr (im Sommerhalbjahr bis 17.30 Uhr); Heimatmuseum täglich von 8 bis 12 und 14 bis 16.30 Uhr, sonntags von 14 bis 16.30 Uhr; Marienkirche täglich außer montags Mai bis September von 9 bis 12 und 14 bis 17 Uhr, Oktober bis April von 10 bis 12 und 14 bis 16 Uhr.

Gelnhausen, die alte Barbarossastadt, ist eine wahre Schatzkammer historischer Kunst- und Baudenkmäler, vor deren Juwelen romanischer und gotischer Architektur der Betrachter voller Bewunderung steht. Wer nach Gelnhausen fährt, bleibt meistens, sich von Sehenswürdigkeit zu Sehenswürdigkeit vorantastend, innerhalb der staufischen Ummauerung hängen.

Eine Wanderung in den nördlich anschließenden Wäldern des Vogelsberges braucht trotzdem nicht zu kurz zu kommen, denn auf dem Weg dorthin, vom Bahnhof unten im Kinzigtal, durchquert man schon die Altstadt am Steilhang. Der Reihe nach: rechts durch die Bahnhofstraße, Im Ziegelhaus, über den Kinzigsteg, Ziegelturm, weiter, die alte B 40 kreuzend, in die Schmidtgasse mit dem Geburtshaus des Jakob Christoffel von Grimmelshausen, Verfasser des „Simplicius Simplicissimus“, des ersten Romans in deutscher Sprache. Es geht weiter zum „hängenden“ Untermarkt, dort steht das Romanische Haus, ältestes Amtshaus Deutschlands. Der Obermarkt, auf dem einst geistliche Orden dominierten, wird beherrscht vom Rathaus, seit dem 15. Jahrhundert Sitz des jeweiligen Stadtoberhauptes. Und auf allen Plätzen, in allen Gassen der neuerstandene Fachwerkglanz.

Am nördlichen Rand des Obermarktes verläßt man durch die Holzgasse, Inneres und Äußeres Holztor den Stadtring. Es folgt ein Steilstich, die Dürich genannt, der alte Holzabfuhrweg der Gelnhäuser. Am Berggasthof Blockhaus nehmen wir die Markierungen weißes Kreuz und weißer Doppelstrich auf, von denen letztere die Führung bis hinunter zu den Gettenbacher Teichen übernimmt. Doch zunächst steigt es noch bis zum Wegekreuz am Zolloch, dort biegen wir links ab und gelangen auf dem Steinigen Weg, einem alten befestigten Verkehrsweg, zum Schulfestplatz.

An der Kuhruh (333 Meter) überschreitet unsere Wanderung ihren Höhepunkt. Ein Wildgattertor klappt hinter uns zu, kurz darauf beginnt die Fährtensuche, hakenschlagend, mit der Markierung über Stock und Stein. Wieder auf festem Weg, treffen wir in großem Bogen im Tal ein, das von sechs Teichen gefüllt ist. Nach links besteht die Möglichkeit zur Einkehr am Rand vom nahen Gettenbach, rechts kennzeichnet der weiße Ring den Weiterweg (Schild Wächtersbach). Als asphaltierte Waldstraße zieht er talaufwärts.

Wenn sich links eine Gruppe prächtiger Alteichen präsentiert, der eine Pumpstation und ein Wasserbehälter folgen, ist auf den nächsten nach rechts abzweigenden Weg zu achten. Mit ihm steigt es, anfangs im Fichtenhochwald ohne Zeichenhilfe, aber risikolos, aus dem Tal. Oben quert man den alleenartig mit Kastanienbäumen gesäumten Brüder-Grimm-Weg, dann geht es wieder bergab. Auf einem freien Platz kreuzen sich neben einem Weiher zwei Wege, wir nehmen den mit roter Ziffer 5 und ziehen neben dem Würgebach weiter talwärts. Nur noch einmal heißt es leicht bergauf.

Gelnhausens Neubaugebiet reicht bis zum Wald heran. Man folgt der Straße Am Friesenborn hinunter, die Alte Leipziger Straße rechts, durch die Untere Haitzer Gasse und steht vor der alles überragenden, fünftürmigen romanisch-gotischen Marienkirche, deren Renovierung vor kurzem abgeschlossen wurde. Vom Untermarkt durch die Schmidtgasse, links in die Barbarossastraße gelangen wir von der Burgstraße zur berühmten Pfalz. Stauferkaiser Friedrich I. Barbarossa erhob im Jahre 1170 seinen Lieblingsort „Geilenhusen" zur Freien Reichsstadt. Einige Jahre später ließ er auf einem Pfahlrost aus 20000 Eichenstämmen, von der Kinzig umflossen, seine Pfalz errichten. Wie auch die anderen, so in Wimpfen (siehe Seite 234) oder Goslar, waren sie Aufenthaltsorte für den reisenden Herrscher und sein Gefolge, dienten also weniger militärischen als vielmehr repräsentativen Zwekken. Das beweist die von allen staufischen Pfalzen am besten erhaltene und künstlerisch am wertvollsten gestaltete hier in Gelnhausen mit den fein ornamentierten romanischen Fensterarkaden im ursprünglich dreistöckigen Palas. Über Jahrhunderte wurde sie häufig, oft für längere Zeit, von Kaisern besucht. Im 15. Jahrhundert begann der Verfall. Die ruinösen Gebäude und Mauern wurden noch bis Anfang 19. Jahrhundert als billiger „Steinbruch" benutzt. Erst um 1850 besann man sich des kulturellen Erbes und rettete, was noch zu retten war.

Im Jugendparadies der Brüder Grimm

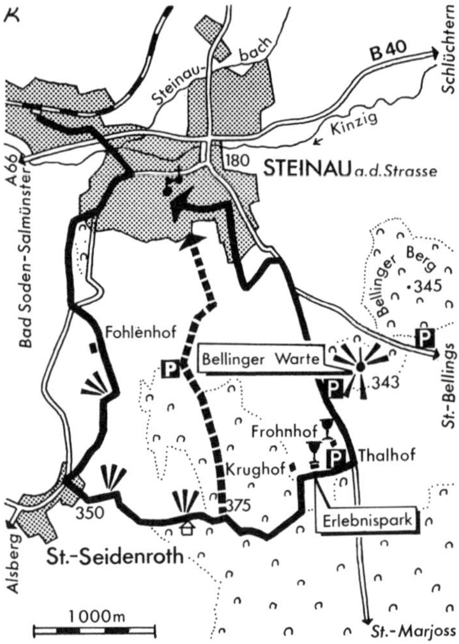

Gemeint ist Steinau, wo am Bahnhof (Strecke Frankfurt–Fulda) die etwa vier Stunden dauernde, aussichtsreiche Wanderung (12 km) beginnt und endet. Am Weg liegen der Erlebnispark Steinau (Einkehr; geöffnet im Sommerhalbjahr von 9 bis 18 Uhr), der Frohnhof (Einkehr; montags geschlossen) und mit kleinem Abstecher die Bellinger Warte. In Steinau selbst sind besuchenswert: das frei zugängliche Schloß, das Schloßmuseum (geöffnet März bis Oktober, Dienstag bis Sonntag von 10 bis 17 Uhr, November bis Februar von 10 bis 16 Uhr), eine Aufführung des Marionettentheaters „Die Holzköppe" (Spielplan variabel) und das Amtshaus – siehe Überschrift –. Auch ein Abstecher zur Teufels-Tropfsteinhöhle kann angeschlossen werden: Besucherzeiten im Sommerhalbjahr samstags von 13 bis 18 Uhr, sonntags von 9 bis 18 Uhr.

Steinau an der Straße hält zu jeder Jahreszeit die Tore offen für Besucher, so wie es das über Jahrhunderte für Kutsch- und Planwagen getan hat, die auf ihrem Weg von Frankfurt nach Leipzig den Ort mittendurch passiert haben. Reichlich eng für Pferdefuhrwerke, muß man heute angesichts der fachwerkgesäumten Gassen sagen. Im Gegensatz dazu steht der großzügig angelegte Kumpen (Marktplatz) mit seinem spätgotischen Rathaus von 1561, daneben die schon 1273 genannte gotische Katharinenkirche und darüber, den Rahmen der doppelten Stadtmauer sprengend, die weiträumige Renaissance-Schloßanlage der Grafen von Hanau.

Steinau aber heißt auch, ins Land der Brüder Grimm fahren. Dort, wo die Märchensammler die schönsten Jahre ihrer Kindheit im 1562 erbauten Amtshaus verbracht haben, wird das Andenken an sie auf vielfältigste Weise gepflegt: im Schloßmuseum und durch „Die Holzköppe“, das traditionsreiche Steinauer Marionettentheater.

Zu Fuß wollen wir die einzelnen Punkte angehen mit einem größeren Bogen ins Hinterland. Wer mit der Bahn kommt, hat zwei Kilometer Weg mehr als die Autofahrer, die ihren Wagen näher am Stadtzentrum abstellen können. Vom Bahnhof also läuft man hinunter zur B 40, jenseits die Bahnhofstraße weiter und hat sich damit schon in die Route des roten Kreuzes Nr. 53 eingefädelt. Gleich eingangs der Stadt geht es rechts ab in die Seidenröther Straße. Sobald diese zu einer scharfen Linkskurve ansetzt, heißt es für uns geradeaus aufwärts. Nach einem kleinen Waldstück und nochmaligem Kreuzen der Straße ziehen wir am Fohlenhof vorbei durch freies Feld. Dabei schweift der Blick zurück über das Kinzigtal zu den Ausläufern des Vogelsberges. Wir kommen zum Dörfchen Seidenroth. An der Durchgangsstraße links informiert eine Wandertafel gegenüber dem Gasthof Linde über den Weiterweg. „Rüllweg, Anschluß E (Eselsweg) 200 Meter“, heißt es da.

An der vorgegebenen Stelle ist der links aufwärts weisende asphaltierte Weg der richtige, mit von der Partie der gelbe Punkt. Jetzt eine Etage höher, zwischen Hutweiden, ist der Aussichtsradius noch größer als zuvor, bis sich der Wald dazwischenschiebt. Dabei kreuzt man auch eine der späteren Rückkehrmöglichkeiten nach Steinau, die mit dem roten Schrägstrich Nr. 77.

Jenseits des Waldes werden drei freistehende Höfe sichtbar. Der Krughof am Waldrand formte vor gut 200 Jahren die Tonkrüge für den schnapsbrennenden Thalhof nebenan, von dem nur noch der Name geblieben ist. Der in den siebziger Jahren auf dem Domänengelände eingerichtete Freizeit-, Botanik- und Tierpark ist vor kurzem aufgelöst worden. Unter neuer Regie ist er vor kurzem als Erlebnispark–Steinau in ähnlicher Form wieder eröffnet worden. Der dritte, der Frohnhof, ist jüngeren Datums, er hält an der Tradition des „Selbstgebrauten" fest. Hier läßt sich's jausen, mit rustikalem Brot, Wurst, Speck und Met.

Für die Rückkehr vom Frohnhof nach Steinau bieten sich zwei Möglichkeiten an: Zurück zum angekündigten Schrägstrich Nr. 77, durch Wald und Flur hinunter zum Schloß oder auf der Straße Steinau-Marjoß. Dabei ergibt sich die Gelegenheit, vom Naturparkplatz einen kleinen Abstecher zum Aussichtsturm Bellinger Warte zu unternehmen, einer der vier Landwarten im äußeren Befestigungsring der Stadt, der sie mit einer undurchdringlichen Dornenhecke, dem Gebück, umzogen hat.

Wir folgen dem Asphaltband bis kurz vor den Ansatz einer scharfen Kurve, hier biegen wir links ab und kommen weg vom Verkehr in die Stadt. Das heißt, am Ende der langen Straße Wolfsgrund links und der Bergstraße folgend zum Schloß, wo gleich von dieser Seite her der Museumseingang zu finden ist. Dabei haben wir den „Hirschgraben" überquert, einen fünf Meter tiefen und 20 Meter breiten Trockengraben, heute eine Grünanlage zum Spazierengehen. Der 35 Meter hohe viereckige Bergfried, letzter Zeuge der alten Burg von 1290, beherrscht die gesamte Schloßanlage. Sie war zeitweise Nebenresidenz von Hanau, später Witwensitz. Auf dem Kirch- oder Schloßvorplatz, dem Kumpen, haben im ehemaligen Marstall von 1588 gegenüber dem Rathaus „Die Holzköppe" ihr Domizil. Nur durch die Brüder-Grimm-Straße getrennt steht das 1562 erbaute Amtshaus. Die fachwerkgesäumte Straße mündet in die Bahnhofstraße. Nördlich von Steinau, Richtung Freiensteinau, ist eine der wenigen Tropfsteinhöhlen Hessens, die Teufelshöhle zu finden. Ein Abstecher ist lohnenswert.

Südländische Schließe im Grüngürtel

Auch Aschaffenburg – reich an Geschichte und Kunst – steckt voller Sehenswürdigkeiten. Etwa zwei Stunden dauert allein der Stadtrundgang, Besichtigungen und Museumsbesuche ein Mehrfaches. Vor- und nachmittags haben die Museen, außer Montag, geöffnet, Stiftsmuseum und Jesuitenkirche sind dienstags geschlossen. – Stündlich und auch häufiger ist der Aschaffenburger Hauptbahnhof als Ausgangspunkt mit der Regionalbahn aus dem Rhein-Main-Raum zu erreichen. Für Autofahrer: über die A 3, Anschlußstelle Aschaffenburg Ost.
Die Stationen der Wanderung rund um das Aschaffenburger Schloß Johannisburg: Schloßmuseum (1); Theoderichstor (2); Pompejanum (3); Saint Germain Terrasse (4); Kapuzinerkloster (5); St. Agatha-Kirche (6); Jesuitenkirche, Städtische Galerie (7); Stadttheater (8); Pfarrkirche „Zu Unserer Lieben Frau“ (9); Stiftskirche und Stiftsmuseum (10); Schönborner Hof, Naturwissenschaftliches Museum (11); Sandkirche (12); Park Schöntal (13); Herstallturm (14); Park Schönbusch (15), zu erreichen über die Kleine Schönbuschallee (Fußweg ab Mainbrücke etwa 20 Minuten).

Sandsteinbalustraden, Agaven in Terrakotta, wer an ihnen auf der Terrasse des Aschaffenburger Schlosses entlanggeht, zudem an einem Tag, wenn der Himmel blau über der Mainlandschaft glänzt, fühlt sich in eine südländische Landschaft versetzt. Das Auge gleitet die Rebzeilen zum Fluß hinunter, findet erhöhte Fixpunkte an Feigen- und Mandelbäumen, Pinien, Libanonzedern und wird schließlich auf ein Bauwerk hingelenkt, um das sich die mediterrane Vegetation vornehmlich konzentriert: das Pompejanum, die architektonische Nachbildung des in Pompeji ausgegrabenen Hauses Castor und Pollux. Ein Geschenk, das König Ludwig I. den Bürgern und sich selbst, dem archäologisch Interessierten, zur Freude machte, nachdem Aschaffenburg 1814 an Bayern gefallen war. Die klassisch-gärtnerische Gestaltung um das Pompejanum ist dabei keineswegs die erste am Mainufer. Sie war praktisch die Schließe im frühen Grüngürtel um die Stadt, dessen Anlage mit dem 170 Hektar großen „schönsten Landschaftsgarten Bayerns", dem Park Schönbusch, unter Kurfürst Friedrich Carl von Erthal um 1780 begann und sich mit Park Schöntal und Fasanerie fortsetzte. – Schauen wir uns ein wenig um in der Stadt, die die Erzbischöfe und späteren Kurfürsten von Mainz über acht Jahrhunderte innehatten und zu ihrer Zweitresidenz erkoren und ausbauten.

Ausgangspunkt ist der Hauptbahnhof Aschaffenburg. Genau gegenüber in der Häuserpassage schlüpfen wir in die Kleberstraße, sie mündet in die Weißenburger Straße. Diese kurz links, die Erthalstraße rechts, die unweigerlich auf Schloß Johannisburg hinzielt. Mit ihrer Fortsetzung, der Ridingerstraße, gedenkt man des Straßburgers Georg Ridinger, des Erbauers „eines der schönsten Schlösser in Teutschland", wie Zedlers Universallexikon schon 1732 vermerkt. Schloß Johannisburg gilt als das Musterbeispiel deutscher Renaissance. Quadratisch, jede Seite 87 Meter lang, dreigeschossig, vier Ecktürme, 52 Meter hoch. Als Reverenz an die Vergangenheit wurde der erhaltene Bergfried einer 1552 zerstörten mittelalterlichen Vorgängerburg miteinbezogen. Im Zweiten Weltkrieg wie die gesamte Stadt größtenteils zerstört, beherbergt das Schloß seit dem Wiederaufbau ein Museum, dessen Schätze eng mit der ehemaligen kurfürstlichen Residenz in

Zusammenhang stehen, so die Gemäldegalerie – die größte Bayerns außerhalb Münchens –, fürstliche Wohnräume mit original klassizistischem Mobiliar. Aus der Dachhaube des Ostturms erklingt täglich (9.05, 12.05 und 17.05 Uhr) das Carillon mit 48 Bronzeglocken.
Auch das Pompejanum blieb von den Kriegseinwirkungen nicht verschont. Nach langjährigen Restaurierungsarbeiten wurde die römische Atriumvilla mit ihren heiteren Ausmalungen erst 1994 der Öffentlichkeit wieder zugänglich gemacht. Man sollte nach der Besichtigung der Saint-Germain-Terrasse noch bis zum Ende weitergehen, um in den vollen Genuß der flammenden Blumenpracht zu gelangen, des Ausblicks über den Mainbogen, zu den Spessartbergen und zum Schloß. Zurück zum Pompejanum geht man vom Vorplatz in das beginnende Waldstück, quert das Holzbrückchen und läuft nach links entlang der hohen Mauer, die das Kapuzinerkloster umschließt, zum Gebäudeareal mit Kirche. Kurfürst Johannes Schweikard von Kronberg hatte im Jahre 1620 Kapuziner, einen 1528 gegründeten Reformzweig der Franziskaner, nach Aschaffenburg berufen, ihn im konfessionellen Glaubensstreit zu unterstützen, und stellte ihnen einen Teil des Schloßgartens zum Bau des Klosters zur Verfügung. Noch heute sind Ordensbrüder dort ansässig.

Die Karlstraße weiter quert man wieder die Erthalstraße, wo sich die St.-Agatha-Kirche aus dem 12. Jahrhundert erhebt, die zweitälteste der Stadt. Mit der Strickergasse kommt man zum Schloßplatzrand, hält auf die Jesuitenkirche (jetzt Galerie) zu und läuft die Pfaffengasse geradeaus durch zum eigentlichen Mittelpunkt der Stadt, der über 1000 Jahre alten Stiftskirche St. Peter und Alexander, die mit ihren Nebenkapellen Romanik, Gotik und Barock unter ihren verschachtelten Dächern vereint und zahlreiche Kunstschätze birgt. Auch der romanische Kreuzgang ist zu besichtigen, und zu Füßen der zweiläufigen Aufgangstreppe das neugestaltete Stiftsmuseum, das die bis ins 10. Jahrhundert zurückreichende Geschichte des Kollegiatsstifts ebenso wiedergibt wie die durch Funde belegte Altertumsgeschichte der Umgebung. Nebenan die wiederaufgebaute und gerade fertiggestellte ehemalige Löwenapotheke, ein Fachwerkbau aus dem

16. Jahrhundert. An ihr vorbei, die Dalbergstraße hinunter, Wermbachstraße querend, geht es drüben in der Fußgängerzone die Sandgasse hinauf zur Sandkirche. Angelehnt am alten Befestigungsturm, entstand sie mit reicher Spätrokokoausstattung 1778 nach einem Pestgelübde der Bürgerschaft.

Gegenüber beginnt Park Schöntal. Über einen Treppenaufgang treten wir in die gepflegte Anlage ein. Spaziergänge lassen sich stundenlang bis in die östlich anschließende Fasanerie fortsetzen. Wir nehmen den nordwestlichen Parkausgang und kommen nach der Straßenunterführung gegenüber etwas rechts versetzt durch die Heinse- und Frohsinnstraße zum Bahnhof zurück.

Das Wasserschloß Mespelbrunn (zu S. 253)

Das Kleinod im Spessart

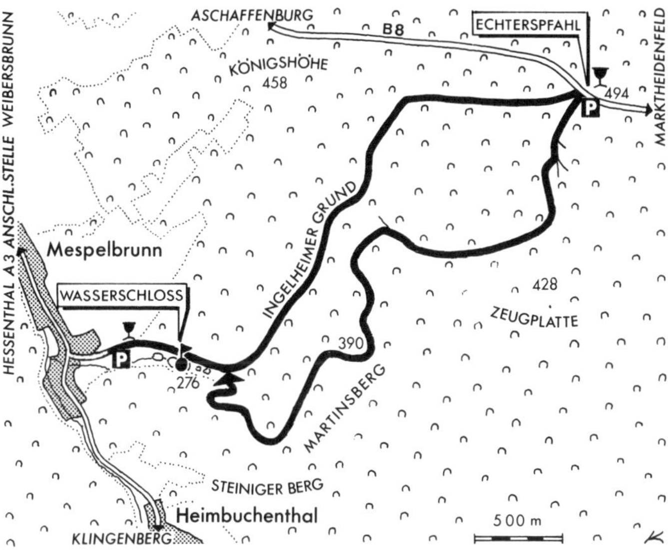

Die Besichtigung des idyllisch gelegenen kleinen Wasserschlosses im Spessart, das in seiner Unversehrtheit nicht seinesgleichen hat, läßt sich gut mit einer dreistündigen schattigen Wanderung (9 km) verbinden. – Einkehr etwa auf der ständig leicht ansteigenden ersten Hälfte im ehemaligen Forsthaus Echterspfahl (Montag Ruhetag). In Mespelbrunn mehrere Einkehrmöglichkeiten. – Das Schloß Mespelbrunn ist täglich geöffnet von 9 bis 12 und 13 bis 17 Uhr, sonntags durchgehend Führungen. – Während der Anfahrt zum Besucherparkplatz (= Wanderbeginn) unterhalb des Schlosses wird ein Zwischenstopp in Hessenthal empfohlen. Die Wallfahrtskirche birgt einen Riemenschneideraltar und eine Kreuzigungsgruppe von Backoffen. – Anfahrt: A 3, Anschlußstelle Weibersbrunn, Ausschilderung Hessenthal (B 8), Mespelbrunn.

Es klingt wie ein Märchen, von einem Schloß zu hören, das sich seit mehr als 400 Jahren in tiefer Waldeinsamkeit im Wasser spiegelt. In Wirklichkeit ein Stein gewordenes Märchen mit Türmen, Erkern, Laubengang und Schwibbogen: Schloß Mespelbrunn im Spessart. Es mußten schon glückliche Umstände zusammentreffen – Abgeschiedenheit und starker Familienverbund beispielsweise –, dieses Kleinod der Nachwelt so zu präsentieren, wie Peter Echter III. und seine Ehefrau Gertraud von Adelsheim die bescheidene Wasserburg der Vorfahren Mitte des 16. Jahrhunderts im Renaissancestil „modernisierten“. Beider Porträts sind am Treppenturm eingemeißelt, dazu das Bekenntnis: „Ehelich Lieb in Gott und stete Treu / Bringt Glück und Segen ohn alle Reu / Mit Ernst und Fleiß haben wir Gott vertraut / Den Unseren zu Gut dies Haus gebaut.“ 1545 kam der zweite Sohn Julius zur Welt, der spätere Fürstbischof von Würzburg, Gründer der Universität und des Juliusspitals, der immer wieder gern in das Vaterhaus zurückkehrte. „Der hochwürdige Fürst und Herr Julius Bischof zu Würzburg uff den Abent mit 40 Pferden allhero ankommen.“ So oder ähnlich schreibt Bruder Adolf Echter häufig in der Familienchronik.

Das Geschlecht der Echter von Mespelbrunn wird auch auf der Wanderung, die wir vom Parkplatz vor dem Schloß beginnen, gegenwärtig sein. Durch eine schattige Allee nähern wir uns dem Wasserschlößchen, mit dem Spiegelbild seiner bizarren Konturen im davor ausgebreiteten Weiher gleich in doppelter Ansicht. Die Sandsteinarchitektur, wie hingetupft in ein schmales Seitental der Elsava, ist eng vom hohen Spessartforst umrahmt, der letztlich ausschlaggebend für die Entstehung dieser Idylle war. Wir haben uns der Markierung roter Querstrich anvertraut, der in Begleitung des roten Fuchses linksseitig am Schloß vorbei durch den Ingelheimer Grund zieht. Anfänglich gerade Platz für den Weg im tiefen Taleinschnitt, geht er unmerklich in hohen, schattigen Laubwald über und hinan auf dem noch abschnittweise gepflasterten einstigen Fuhr- und Kutschweg der Echter und ihrer Nachfolger, der Grafen von Ingelheim, genannt Echter von und zu Mespelbrunn, die noch heute im Schloß ansässig sind.

Nach gut 200 Meter Höhenunterschied nähern wir uns der B 8, an der das Forsthaus Echterspfahl, heute Gasthof, steht. Namensgeber war der längst erneuerte Holzpflock mit drei Eisenringen zum Anzurren von Pferden, dem wir uns am Ende des Kutschwegs, gekennzeichnet durch zwei Sandsteinsäulen, gegenübersehen. Lange bevor Kurfürst Johann von Mainz am 1. Mai 1412 seinem Forstmeister Hermann Echter die Wüstung und Hofstätte am Espelborn – später Mespelbrunn – übereignete, sollen Vorfahren des verdienstvollen Waidmanns hier ansässig gewesen sein. Einer von drei aus dem Odenwald stammenden Brüdern, die ob ihres Raubritterunwesens bei Kaiser Barbarossa in Ungnade gefallen waren, habe sich hier angesiedelt. Heimlicher Treffpunkt der Geächteten war der Echterspfahl.

Der Pferderastplatz Echterspfahl ist Wendepunkt der Wanderung, das heißt weg vom Diagonalstrich, aber noch immer auf der Fährte des roten Fuchses nach rechts. Damit folgt man gleichzeitig dem Eselsweg. Sobald das E-Zeichen links abschwenkt, laufen wir noch geradeaus bis zur Drei-Wege-Gabelung und biegen hier in den rechten Strang ein. Anfänglich noch mit dem Fuchs, verbleiben wir dann weiterhin ohne Zeichen auf dem angenehm zu gehenden Forstweg, der in zahllosen Bogen am Hang des Martinsbergs abwärts schwingt. Wenn sich rechts schon der Einschnitt des Ingelheimer Grunds abzeichnet und ein Weg abzweigt, geben die Warnschilder eines schießenden Jägers und einer Schlange Hilfestellung. Wir wählen die linke Seite, vollziehen weitere Kurven nach und münden schließlich (mit dem roten Punkt) in den Ingelheimer Grund nahe dem Schloß ein.

Eine Schloßführung läßt sich zu Beginn oder Ende der Wanderung einplanen, bei der der Besucher die Kontinuität einer fünfhundertjährigen Familiengeschichte nachvollziehen kann. Rittersaal, Speise- und Ahnensaal, Fürstenzimmer und Chinesischer Salon sind Schatzkammern voller Stilmöbel, Gemälde, Waffen und Jagdtrophäen. Wenn auch die Kapelle mit den gotischen Glasmalereien noch immer benutzt wird, ihre Grablege hatten die Echter in der Wallfahrtskapelle im nahen Hessenthal.

Mittelpunkt kurmainzischer Jagden

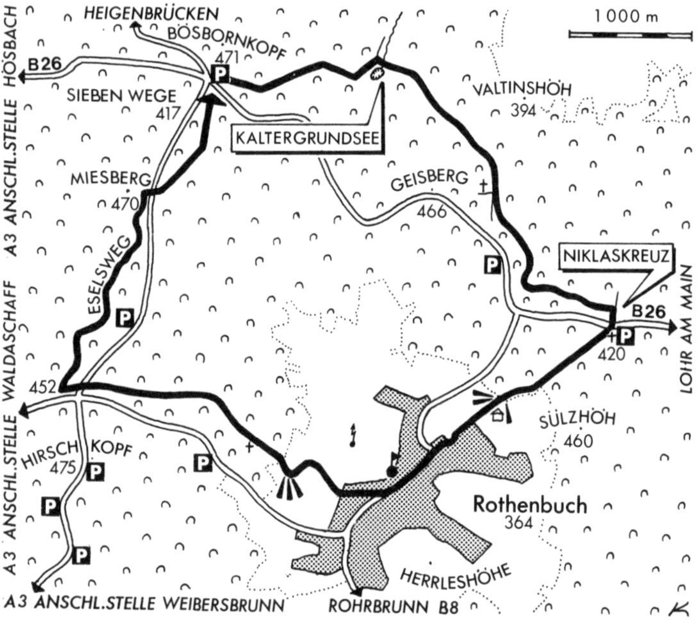

Unsere vierstündigen Wander- und Naturfreuden im Hochspessart beginnen und enden am Naturparkplatz Siebenwege. Während der 13 km geht es munter rauf und runter. Einkehr nach jedermanns Geschmack auf halbem Wege in Rothenbuch. – Anfahrt für Autofahrer: A 3, Anschlußstelle Hösbach, B 26, Ausschilderung Rothenbuch.

Im Hochspessart gibt es noch Ortschaften, die so ganz den Bilderbuchvorstellungen vieler erholungssuchender Städter entsprechen: In Wäldern und Wiesen eingebettet, von klaren Bächen durchzogen, eben die „klassischen" Spessartdörfer im tiefsten Inneren des Gebirges, die ihre Entstehung der Jahrhunderte währenden kurmainzischen Jagdleidenschaft verdanken. Rothenbuch, zwischen Aschaffenburg und Lohr, gehört dazu. Bereits 1318 als „zuo den Roden Boychen" genannt, an der Quelle der Hafenlohr gelegen, war es der ideale Sammelplatz großer mittelalterlicher Jagden. Ein fester Herrensitz entstand, daneben Häuser, Hütten und Stallungen. Erzbischof Daniel Brendel von Homburg, dem diese Unterkunft nicht mehr genügte, ließ schließlich 1567 die noch heute bestehende vierflüglige Schloßanlage als Wasserschloß erbauen mit dazugehöriger Kapelle, die später über 200 Jahre Pfarrkirche der Gemeinde war.

Auch die Wälder kurmainzischer Jagdfreuden um Rothenbuch sind der Nachwelt verblieben, heute von einem Wegenetz für Wanderfreudige durchzogen. Günstiger Ausgangspunkt für den Autofahrer in diesem Bereich ist der Naturparkplatz „Siebenwege" an der Bundesstraße 26. Für den ersten Abschnitt ist die groß an Baumstämme gemalte schwarze 5 auf weißem Viereck unser Lotse. Der geschotterte Weg zieht durch ein tief eingeschnittenes Waldtal steil hinunter in den „Kalten Grund". Wer nur Eichen und Buchen in den Spessartwäldern vermutet, wird überrascht sein, daß uns hier hohe Fichten eskortieren bis fast zu dem in Stille und Einsamkeit ruhenden „Kaltergrundsee", Orientierungspunkt für uns, jetzt mit dem roten Kreuz nach rechts in ein weiteres Waldtal leicht aufwärts einzuschwenken.

Kurz nach einem kleinen Andachtsplatz zweigt das Wanderzeichen halb links vom geschotterten auf einen „echten" Waldweg ab, der am Hang langsam an Höhe gewinnt. Motorengeräusche stören zunehmend die Stille. Noch ein Rechtsknick, und wir überqueren die B 26 hinüber zum Naturparkplatz Niklaskreuz am Sandsteinkruzifix. Eine kurze Pause, ein Blick in die Runde, die sich hier bereithaltenden Zeichen roter Querstrich und roter Ring zu erspähen, die nach einem jetzt beginnenden Steilstich bis eingangs Rothenbuch begleiten. Schließlich öffnet sich der Waldvorhang für die Landschaftsszenerie: In der von sanften Wiesenhängen und Bergkuppen umrahmten Mulde breitet sich Rothenbuch aus; die roten Ziegeldächer der Neubauten leuchten aus kleinen Seitentälern herauf.

Flott geht es den Weidewiesengang hinunter zum Ortseingang. Hier verläßt uns der Ring, wir biegen links in die Schloßstraße ein und kommen in den schmucken alten Siedlungskern um das ehemalige Wasserschloß, seit kurzem Schloßhotel. Nach dem Weggang der Schwestern Maria, die hier im Kinderheim über 100 Jahre segensreiche Arbeit leisteten, wurde der Gebäudekomplex von Grund auf renoviert und seiner neuen Bestimmung übergeben.

Für den Weiterweg setzen wir uns an der Metzgerei mit dem beziehungsreichen Namen Hasenstab, der an die sagenumwobene Gestalt des Erzwilderers Johann Adam Hasenstab erinnert, halb rechts in die Setzbornstraße ab. Unser Wegweiser ist auch weiterhin der rote Strich. Er führt aus dem Erholungsort in großem Bogen einen Wiesenhang hinauf, wieder durch den Wald, dann über eine Straße und wenige Meter nach dem Straßenkreuz zum schwarzen E des Eselswegs, jenes alten Handelswegs, auf dem die Eselskarawanen das Orber Salz über die Spessarthöhen nach Miltenberg am Main trugen.

Bald knickt der rote Strich nach links ab. Wenn auch das E nicht so häufig wie andere Zeichen auftritt, an wichtigen Stellen ist es stets vorhanden, außerdem bleiben wir in Hörweite der Straße (rechts oberhalb von uns) zu den Siebenwegen. Kurz vor Ende überqueren wir sie und den Miesberg, dann geht es stramm hinunter zum Ausgangspunkt.

Stufe um Stufe zur Burg

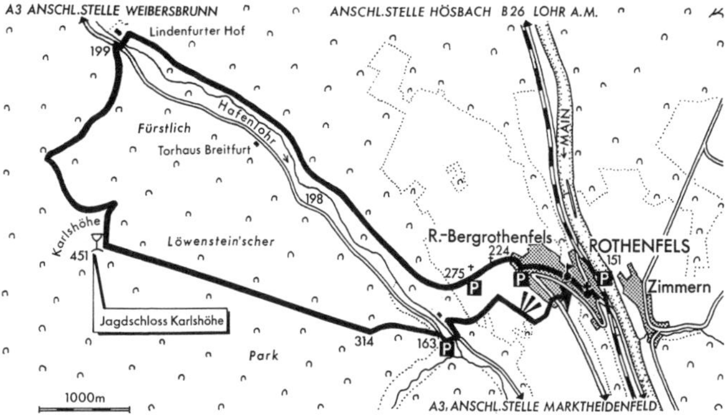

... und weiter zum Jagdschloß Karlshöhe inmitten dichter Spessartwälder. Dort können wir während der 6-Stunden-Tour (18 km) in der Waldgaststätte (montags geschlossen) einkehren. – Über dem Ausgangsort Rothenfels am Main, der kleinsten Stadt Bayerns, mit Fachwerk- und Patrizierhäusern, thront auf hohem Sandsteinfels die Burg. Von der Bushaltestelle Kirche (Wanderbeginn) muß man 337 Stufen zu ihr hinaufsteigen, oder mit dem Auto gleich „oben" in Bergrothenfels parken (auch hier Wanderbeginn). – Mit dem Bus kommt man von Lohr am Main (an der Bahnstrecke Frankfurt–Würzburg), als Autofahrer über die A 3 bis Anschlußstelle Marktheidenfeld.

Was könnte es für den Wanderer Schöneres geben, als stundenlang in geschlossenen Waldregionen seines Weges zu ziehen! Laubwälder sind zwar rar geworden, aber im Spessart noch immer zu finden, hier besonders im südöstlichen, dem Main zugewandten Teil, einem über Jahrhunderte bis heute fürstlichen Jagdrevier.

Von Rothenfels am Main her treten wir ein. Fränkischen Charme auf dem Boden einer knapp tausendjährigen Entwicklungsgeschichte zu Füßen der Burg spürt der Besucher, wenn er von der Bushaltestelle Kirche Stufe um Stufe zur Burg hinaufsteigt. Trotz zweier Brände hat die Feste, die 1148 durch Marquard von Grumbach, Schutzvogt des nahen Klosters Neustadt, ständiger Berater der Kaiser Konrad III. und Friedrich I., erbaut wurde, ihren staufischen Charakter bewahrt. Das gilt vor allem für die Schildmauer und den Bergfried, von dessen Zinnen man einen herrlichen Mainblick hat. Die Ringmauer umgibt den schmalen Hof und wird an der westlichen Angriffsseite zur mächtigen Schildmauer, auf die der Westbau gesetzt ist. Als Faustregel für ungefähre zeitliche Einordnung der Gebäude: Die aus Buckelquadern mit Randschlag stammen aus der Stauferzeit, Bruchsteinmauerwerk aus späteren Jahrhunderten. Der Autofahrer kann mühevolles Treppensteigen umgehen, wenn er oben auf Bergrothenfels parkt (unten sind Parkstreifen am Mainufer). Von der als Jugendherberge beliebten Burg stoßen die „Bergsteiger“ die Hauptstraße entlang an der Infotafel gegenüber dem Parkplatz zu den Autofahrern.

Man nimmt die Markierung roter Strich Nr. 61 auf, wendet sich links zur Straße „Seewiese“ hinaus, zielt auf dem asphaltierten Feldweg zur Anhöhe und zum Wald. Noch ist die Hafenlohr nicht zu sehen, doch bald folgt der rote Strich dem lebendigen Gewässer in Hör- und Sehweite aufwärts mit mehr oder weniger Abstand auf dem Hangweg darüber. Nadelwald dominiert in diesem Teil des Fürstlich Löwensteinschen Parks. Wildgatter versperren einige Male den Weg, müssen geöffnet und wieder geschlossen werden. Fischteiche im Wiesengrund künden den Lindenfurter Hof an, einen ehemaligen Forst- und Verwaltungssitz. Unmittelbar davor weist unser Strich Nr. 61 über Brücke und Straße und drüben halb links in Richtung Karlshöhe weiter. Anfänglich etwas struppig, ist dies der Zubringer zur Forststraße, die einige Male ausholend die erhebliche Steigung zur Karlshöhe (451 m) überwindet.

Jagdschloß Karlshöhe, das sind zwei anspruchslose Häuser. Die einstigen Bahngebäude in der ehemaligen Tschechoslowakei – dort ab- und hier aufgebaut – dienten als Unterkunft fürstlicher Jagdgesellschaften. Wanderer finden in einer Holzbaude Einlaß zu deftiger Jause.

Der rote Strich Nr. 61 tritt von hier den beeindruckenden Rückweg an, zwischen silbrigen Säulen kerzengerader Buchenstämme aller Altersstufen hinunter zur Hafenlohr, wobei das Zeichen im letzten Abschnitt die Kurven der Forststraße über Pfade abkürzt, um unten durch das Wildgatter nach draußen zu schlüpfen. Nach der Hafenlohrbrücke im Wiesengrund weist das Zeichen links-rechts und damit noch einmal einen Steilhang hinauf zur Felderhochfläche von Bergrothenfels. Vom asphaltierten Weg aus werden wir rechts, später links in ausholendem Bogen herangeführt. Sobald die Zufahrtsstraße von Rothenfels her zum Berg erreicht ist, gehen diejenigen, die nach oben zum Parkplatz möchten, links, die anderen nehmen gegenüber den Treppenabgang nach unten wieder ins alte Städtchen, übrigens das kleinste in Bayern, und haben noch Muße, das stattliche Rathaus von 1598, die katholische Pfarrkirche von 1610 mit erst 1750 angebautem Turm auch von innen zu betrachten.

Burg Rothenfels

Zum Klingenberger Roten

Ruine Clingenburg, Aussicht, „Klingenberger Rote“, und das am Anfang! Dennoch sollte man sich nicht von der vielseitigen, etwa vierstündigen Wanderung (12 km) abhalten lassen, zumal unterwegs die „Paradeismühle“ zur Einkehr lockt. Nach getaner „Arbeit“ sind auf der Terrasse der Clingenburg (dienstags Ruhetag) Aussicht und Spätburgunder wohlverdient und nochmal so schön zu genießen. – Der Ausgangsort Klingenberg ist Bahnstation an der Strecke Aschaffenburg–Miltenberg. – Autofahrer kommen über die A 3, A 5 Stockstadt, B 469 nach Klingenberg.

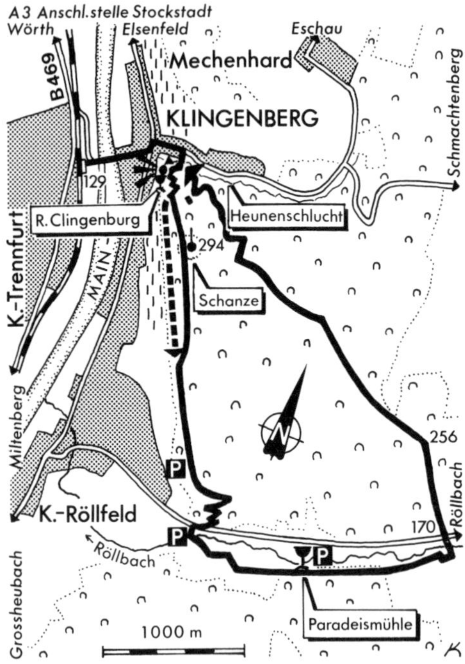

„Klingenberger Wein und Klingenberger Ton, das ganze Städtchen lebt davon“, heißt ein lokales Sprüchlein. Die Zeiten, in denen die hier gewonnene blaue Tonerde zur Herstellung von feuerfesten Schmelztiegeln in alle Welt geschickt wurde, Steuerfreiheit wie bei den Monegassen herrschte, dazu eine jährliche Dividende an jeden Einwohner ging, sind freilich vorbei. Mit dem Aufziehen des Dritten Reichs endeten die finanziellen Privilegien, bei Beginn des Zweiten Weltkrieges die Exporte. Dem „Klingenberger Roten“ dagegen stand außer der Flurbereinigung für noch ergiebigeres Wachstum nichts im Wege.

Über die im Krieg zerstörte, wiederaufgebaute Mainbrücke kommt man vom Bahnhof Klingenberg (im Ortsteil Trennfurt) in die Stadt. Zur aussichtsreichen Wanderung über den Weinbergen gibt der Hinweis Schmachtenberg-Mechenhard erste Orientierungshilfen in die Bergwerkstraße.

Dort stößt man auf die Markierung blaues M und weißes R (gelegentlich rot), biegt mit ihnen rechts in die Clingenburgstraße ab, überquert eine Sandsteinbrücke über die Heunenschlucht, das tief in die Felsen zwischen Hohberg (182 m) und Schloßhöhe (166 m) eingefräste Bett des Seltenbaches. Unsere Zeichen schneiden die Serpentinen der Bergzufahrt, führen den Hang hinauf zur Ruine Clingenburg mit Burgterrasse und gleichnamiger Einkehr. Der „Klingenberger Rote“ reicht an das Gemäuer der einstigen Stauferburg aus dem 13. Jahrhundert heran, später mit der Stadt in kurmainzischem Besitz bis zur Säkularisation 1803. Zerstört wurde das Castrum durch die Franzosen 1683. Der Blick über die Rebhänge hinweg zum Main und Odenwald erfaßt das einstige Territorium.

Wir kehren zu unseren Zeichen M und R am Parkplatz zurück, steigen mit ihnen weiter den Berg in ausholendem Zickzack aufwärts. Für eine Weile trennen sich die beiden Lotsen, man hat die Wahl, mit dem M ebenen Fußes durch einen wahren Wald von Edelkastanien zu ziehen oder mit dem R in noch höhere Regionen zum Aussichtsturm auf der Schanze, einer keltischen Ringwallanlage. R und M führen eine kurze Strecke gemeinsam, bei abermaliger Teilung halten wir uns an das R. Nach einem überraschenden Rechtsknick geht es bergab, dann links unübersichtlich zwischen Bäumen hinunter zu einem Forstweg, der schon vorher sichtbar wird und zur Straße führt, die man kreuzt. Drüben laufen wir auf asphaltiertem Weg durch die Felder weiter, auch dann noch, wenn uns das R nach rechts verläßt. Voraus leuchten die Dächer der Paradeismühle zwischen den Bäumen auf, aber erst im Wald führt eine Abzweigung mit dem inzwischen hinzugekommenen roten Rhombus hinunter.

Auf dem festen Weg geht es am Waldrand weiter, ohne Zeichen ins freie Feld, dort etwa 500 Meter vorbei an Weidezäunen, Hecken und Baumgruppen und nach kurzem Rechts-links-links-Schwenk zur Straße, wo man auf den roten Querstrich trifft. Diesem Zeichen folgen wir geradeaus in den Wald hinauf. Nach einer Freifläche wechseln Pfade und Wege im leichten Hinunter und Hinauf ab. Die Markierung ist gut, dennoch heißt es bei dem häufigen Abbiegen aufpassen. Ist das Schützenhaus erreicht, folgt man der Zufahrtsstraße, die uns bis kurz vor die Clingenburg bringt, wo die Zeichen M und R uns zurückerwarten. Ein Gläschen rubinroter Spätburgunder rundet den Ausflug ab.

Ruine Henneburg (zu S. 265)

Relikte einer großen Vergangenheit

Selbst als Ruine beeindruckt die Henneburg noch in ihrer Monumentalität hoch über dem Main. Sie ist eingebunden in eine 15 km lange fordernde Wanderung ins stark gegliederte Hinterland. Zum Abschluß winkt die Einkehr in der Burgschänke (montags geschlossen). – Der Ausgangsort, das alte Fachwerkstädtchen Stadtprozelten, liegt an der Bahnstrecke Aschaffenburg–Wertheim. – Autofahrer haben die Möglichkeit, über die A 3, Anschlußstelle Stockstadt, B 469 Miltenberg, Freudenberg zu kommen, oder A 3, Anschlußstelle Rohrbrunn, B 8 Richtung Obernburg, Abzweigung Altenbuch, Stadtprozelten.

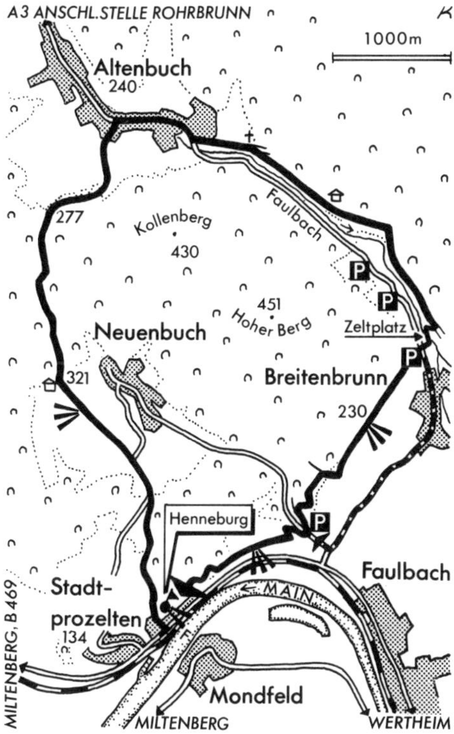

Eigentlich heißt sie Burg Prozelten, die mächtige Wehranlage über Stadtprozelten am südlichen Steilabfall des Spessarts zum Main. Ihre gängige Bezeichnung jedoch ist Henneburg. Beides Namen, die wohl mit der Baugeschichte in Zusammenhang stehen. Waren es die Herren de Bratselde, auf die die Anfänge im 12. Jahrhundert zurückgehen, so steht Graf Georg von Henneberg als letzter Komtur der Komturei Prozelten für den monumentalen gotischen Ausbau unter dem Deutschen Orden, der bis Ende des 15. Jahrhunderts Besitzer war.

Unser Wanderkurs, der in Stadtprozelten beginnt, schließt die grandiose Ruine der Henneburg mit ein. Vom Bahnhof läuft man die wenigen Meter zur Pfarrkirche, sichtet gegenüber die Wandertafel des Spessartbundes, wählt die beiden Markierungen Ring und Kreuz aus und klettert mit ihnen die „Große Steig" hinauf, die zugleich die Auffahrt zur Henneburg ist. Aus der engen Kurve der Steige geht es geradeaus weiter aufwärts, am Waldende ein Stück der Zufahrtsstraße Neuenbuch nach. Hier setzt sich der rote Ring ab, wir folgen dem roten Kreuz ins Nadelgehölz.

Ist endlich wieder freies Land in Sicht, heißt es stramm bergab gen Altenbuch, kurz davor vom asphaltierten Weg halb links abbiegen. Im Erholungsort hat auch das stehende rote Kreuz ausgedient, wir wechseln zum liegenden über, schließen uns ihm nach rechts auf der langen Durchgangsstraße an und biegen am Ortsausgang halblinks in die Kartäuserstraße. Sie teilt sich am Muttergotteshäusle, wir nehmen den rechten asphaltierten Fahrweg ohne Markierung. Wenn nach einem weißen Haus im nahen Faulbachtal auf der gleichen Seite ein blockhausähnlicher, zu einem Zeltplatz gehörender Schuppen kommt, laufen wir hinunter, über das Brückchen, hinauf zum Parkplatz und weiter zum Waldrand, wo uns die Zeichen grüne Tanne, schwarzer Hirschkäfer und Hase erwarten. Ihnen geht es links nach. Doch bald sind bei den Wegemarkierern die Zeichen wohl durcheinandergeraten, der nächste Abschnitt ähnelt deshalb eher einem Suchspiel als einem verläßlich gekennzeichneten Wanderweg.

Biegt der Hase rechts ab, peilen wir mit den beiden anderen abwärts den Wald-Wiesenrand an, folgen ihnen kurz darauf nicht rechts in den Wald, sondern einem überraschend einzeln auftretenden Hirschkäfer gleich am Waldrand nach links auf einen kaum erkennbaren Pfad, der rechts hinunter ins Tal an die Straße (nach Neuenbuch) bringt. Wir laufen unterhalb bachabwärts, münden allmählich in die Straße ein. Nach wenigen Schritten geradeaus knickt scharf rechts ein Weg ab, gekennzeichnet mit schwarzem R, unserem Lotsen zur Henneburg.

Schon ragen voraus die sandsteinroten Türme und Mauern der Henneburg auf. Schließlich schlüpfen wir durch eine Pforte der ehemaligen, mit der Burg verbundenen Stadtbefestigung und kommen an der hohen Wehrmauer entlang zu den Torbauten der Anlage. Seit den Renovierungen in den achtziger Jahren kann man sich frei zwischen den steinernen Relikten einer großen Vergangenheit bewegen. Und eine Burgschänke gibt es auch. Als Betrachtungshilfe für einen Rundgang durch die geräumige Ruine: Es lassen sich zwei Ausbaustufen unterscheiden: Der Stauferzeit sind der mächtige 25 Meter hohe viereckige Bergfried und der östliche Palas zuzurechnen. Zwischen ihm und dem westlichen Palas mit kleinem Bergfried ein langer Innenhof, beide wie auch Türme und Mauerwerk stammen aus gotischer Zeit. Die Henneburg ist wahrscheinlich ohne Feindeinwirkung allmählich zerfallen, 1704 wird sie als Ruine bezeichnet.

Zurück zur Pforte gehen wir die Kastanienallee entlang zum Zickzackpfad, der zwischen winzigen Häusern und Gärtchen steil abwärts nach Stadtprozelten bringt. Links ein Blick auf das historische Rathaus von 1520, rechts, fachwerkhausgesäumt, kommt man zum Bahnhof.

Auf Frankfurts geographisch höchstem Punkt

Das kann man zu jeder Jahres-, fast Tageszeit machen, mit S-Bahn oder Bus in die Ortschaften der Randbezirke Frankfurts fahren, durch Wiesen und Felder streifen, in gemütlicher Runde einen Schoppen trinken oder am lokalen, kulturellen Leben teilhaben. Ein Blick in die örtlichen Museen vermittelt Geschichte und weckt das Interesse für historische Relikte. Hier wurde ein kleiner Bogen gespannt von Bad Vilbel hinauf nach Frankfurt-Bergen. 12, wahlweise 7 km lang. – Die S 6 bringt zum Bad Vilbeler Südbahnhof, von dem aus es durch den Kurpark losgeht. Das Brunnen- und Heimatmuseum in der Wasserburg an der Nidda ist geöffnet an Sonn- und Feiertagen von 10 bis 12 und 14 bis 17 Uhr, auch donnerstags von 19 bis 21 Uhr. Das Heimatmuseum Bergen-Enkheim im Alten Rathaus ist offen sonntags von 15 bis 18 Uhr, donnerstags von 20 bis 21.30 Uhr. Von Bergen-Enkheim kann man auch mit Bus oder U-Bahn zurückfahren.

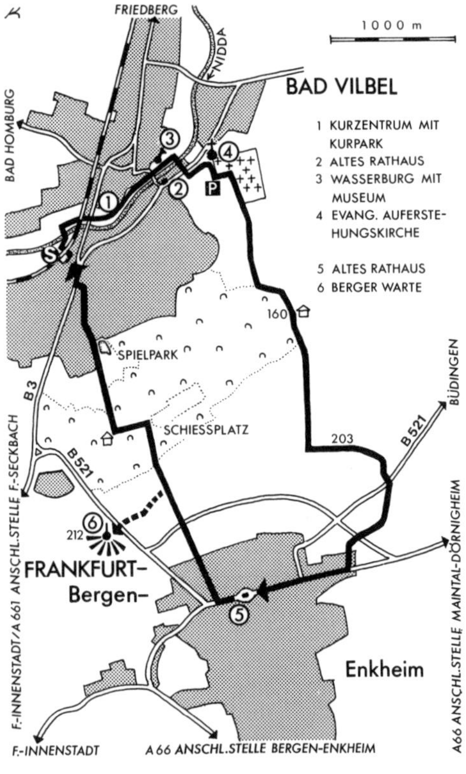

„Bist müd du der Stadt und ihres lärmenden Treibens, / Eile flüchtigen Schritts, wo sich die Aussicht dir dehnt, / Reiner umfängt dich die Luft auf dieser friedlichen Höhe, / Göttlicher lächelt das Blau, lächelt der Himmel dich an. / Ewig bleibt es dir nah, das Schöne, einmal empfunden. / Neige dich heiter ihm zu, gern offenbart es sich dir." Diese Zeilen, die Johann Gottlieb Burckhard niederschrieb, Rat und Amtmann in Bergen von 1752 bis 1776, haben nach 200 Jahren noch immer Geltung.

Starten wir mit einer aussichtsreichen Wanderung und beginnen jenseits der Höhe an der Nidda in Bad Vilbel, am Südbahnhof. Man überquert auf der Hochbrücke die Gleise, läuft drüben wenige Meter zurück, nimmt den Treppenabgang zum Nidda-Fußgängersteg nach rechts und setzt am jenseitigen Ufer unter den beiden Brücken hindurch flußaufwärts den Weg im Kurpark fort, bis die Reste der Vilbeler Wasserburg erreicht sind. Hier lebten oder hausten, je nach Temperament, vom 12. bis ins 16. Jahrhundert die Ritter von Vilbel. Sie hatten einen fränkischen Königshof an dieser Stelle, eine Wildhube des Reichsforstes Dreieich in Besitz genommen und zur befestigten Wehranlage erweitert; ein günstiger Platz, um Frankfurter Kaufleute auszuplündern und gefangen zu halten. So wurde denn auch der verwegenste Raubritter dieses Geschlechts, Bechtram, mit seinen Knechten im Jahre 1420 in Frankfurt hingerichtet, nicht ohne vorher seine Burg einzuäschern. Wieder aufgebaut, ging die Anlage im Siebenjährigen Krieg 1796 endgültig in Flammen auf durch Truppen des französischen Generals Kléber. Die in den Kurpark einbezogene restaurierte Ruine birgt das Brunnen- und Heimatmuseum, im Hof finden alljährlich die Burgfestspiele statt.

Am Burggelände nehmen wir den überdachten Holzsteg über die Nidda an der „Alten Mühle" und steigen in der Altstadt die Lohstraße hinauf zur beherrschenden evangelischen Auferstehungskirche mit mächtigem spätgotischem Westturm. Rechts am Gotteshaus vorbei und an den oberhalb gelegenen Parkplätzen biegen wir vor der Gärtnerei links in den asphaltierten Weg ein, der gleich rechts um die Ecke schwenkt, dann zwischen Schrebergärten steil abwärts fällt.

Wir halten auf den gegenüberliegenden Wald zu. Dort angekommen, orientiert man sich nach links an seinem Rand entlang bis zur Schutzhütte „Am Buchenbaum". Erst jetzt, auf freiem Feld, beginnt die Ausschilderung in verschiedene Richtungen. Für uns gilt Bergen, das heißt zunächst geradeaus zwischen langen Felderfurchen, dann links aufwärts steigend mit freiem Blick in die Runde. Die Bundesstraße wird gekreuzt, wir befinden uns nun auf der Hohen Straße, der alten Völkerstraße, die einst über diesen flachwelligen Höhenrücken zwischen Main und Niddatal nach Thüringen zog. Sie weist hier an den ersten Häusern entlang zur Erlenseer Straße, die abwärts in die Marktstraße mündet, womit wir den alten Ortskern von Bergen erreichen.

An der Historie kommt zunächst niemand vorbei. Sie baut sich viel bewundert in Gestalt des alten Rathauses als liebenswertes Hindernis mitten auf der Durchgangsstraße auf. Selbst ein Spiegelbild sechshundertjähriger Ortsgeschichte, bildet es zugleich den stilvollen Rahmen für das Heimatmuseum, dessen ausgestellte Funde weit zurück über römisches Siedlungsland bis zur Jungsteinzeit reichen. Biegt man vor Erreichen des Rathauses am Michlersbrunnen links ein in die Straße Am Königshof, kommt man leicht abwärts zur evangelischen Kirche, die wie das Hotel gegenüber am äußersten Rand des Höhenrückens steht. Der Name „Zur Schönen Aussicht" beinhaltet ungebrochenen Blick über Frankfurt, die Mainebene bis hin zu den Spessartbergen.

Zurück zur Marktstraße. Man kann von hier mit dem Bus und weiter mit der U-Bahn zur Frankfurter Innenstadt fahren oder nach Bad Vilbel auf kürzerem Weg zurücklaufen. Dazu geht man die Marktstraße abwärts, bis rechts die Straße „Landgraben" abzweigt. Ihr folgt man aufwärts durch das Neubaugebiet geradeaus und ist schon wieder im Freien. Kurz vor Erreichen des Waldes besteht die Möglichkeit für einen kleinen Abstecher zur Berger Warte, errichtet vor 1340 als Geleitwechselstation an der Grenze der Freien Reichsstadt zur Grafschaft Hanau. Mit 212 Metern ist hier der höchste Punkt im heutigen Stadtgebiet.

Das Hinweisschild an der Wegekreuzung zeigt in drei Richtungen. Wir nehmen nach Bad Vilbel den unbezeichneten Weg geradeaus in den Wald. Am Schießplatz schwenkt man links ein und an der bald auftauchenden Schutzhütte rechts abwärts. Der Wald endet, Schrebergärten, ein Spielpark mit Teichen schließen sich an. Wir folgen noch immer dem Landgraben. Er mündet in die kleine Querstraße, diese in die Frankfurter Straße, die zum Südbahnhof bringt.

West- und Ostansicht des Rathauses in Bergen und sein „Fratzenstein", der „Schelm von Bergen"

Etappenort der Mainzer Erzbischöfe

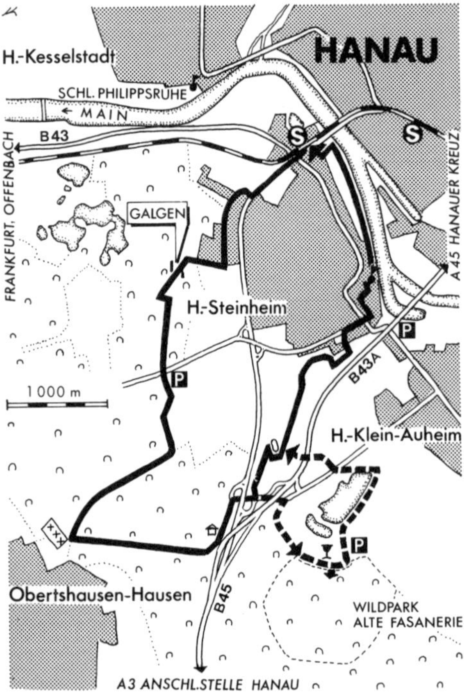

Vom Hanauer Stadtteil Steinheim durch Wald und Feld auf ebenen Wegen wandern und gegen Ende die Altstadt und das Schloßmuseum besichtigen, das macht knapp vier Stunden (11 km). Eine Stunde mehr (14 km), dann wäre der Besuch des Wildparks Alte Fasanerie eingeschlossen, die 15 km Wege zwischen den Tiergehegen allerdings nicht mitgerechnet. Die Gaststätte Jagdhaus am Eingang hat montags Ruhetag. Das Museum Schloß Steinheim ist donnerstags bis sonntags von 10 bis 12 und 14 bis 17 Uhr geöffnet. – Der Ausgangspunkt Bahnhof Hanau-Steinheim hat S-Bahn-Verbindung mit dem Hauptbahnhof Frankfurt und Hanau.

Daß Steinheim früher an einer viel benutzten Mainfurt lag, ist noch heute trotz Schiffbarmachung und Kanalisation des Flusses zu erkennen. Das Ufer läuft dort flach aus, an dieser Stelle bildet sich bei Frost zuerst Eis. Die Furt lag im beherrschenden Blickfeld der auf einem Basaltblock stehenden Burg Steinheim. Bei ihrer ersten Nennung 1222 gehörte sie den Herren von Eppstein. Gut 200 Jahre später kam die Anlage auf dem Verkaufsweg an die Mainzer Erzbischöfe, die sich damit einen hervorragenden Etappenort zwischen ihren Besitzungen im Rheingau und Spessart einhandelten.

Kurmainz machte sich auch sofort daran, das seit 1320 mit Stadtrechten ausgestattete Steinheim seiner neu gewonnenen Bedeutung gemäß baulich aufzuwerten. Die Eppsteiner Burg wurde erweitert. Der heute noch stehende Bergfried mit seinen vier Erkertürmchen und bekrönender Steinpyramide wurde damals errichtet, ebenso die Stadtmauer, in die auch der zinnenbewehrte Westturm der Pfarrkirche St. Johann Baptist einbezogen war. Im Schutze dieses festungsartigen Ortes prosperierten Handel und Handwerk, entstanden schmucke Bürgerhäuser, die fast lückenlos erhalten sind. Daß der Schloßturm deutliche Ähnlichkeit mit dem Eschenheimer Tor(turm) in Frankfurt hat, ist kein Zufall. Von Schülern des Frankfurter Baumeisters soll der Steinheimer Turm stammen. Hier wie dort trifft die Scherzfrage zu: „Was hat fünf Spitzen und sticht nicht?“

Den Bummel durch die Altstadt wollen wir uns für den Schluß aufsparen. Der Wanderbeginn liegt im neuen Teil Steinheims, am S-Bahnhof. Ein Treppenabsatz, und wir stehen an der B 45. Hier an der Kreuzung nehmen wir das blaue M als Zeichen des Mainwanderwegs auf (Richtung Dieburg). Einige hundert Meter hinter der Kreuzung zweigt es nach rechts und gleich nach links durch ein Gewerbegebiet ab. Kaum ist auch noch ein Möbelhaus passiert, wenden wir uns nach rechts, der Wald rückt näher.

Auf den ebenen, für das Untermaingebiet so typischen Flugsandböden dominiert die Kiefer. Zahlreiche Hügelgräber wurden zwischen und in den Dünen entdeckt, deren Bestattungsbeigaben teilweise im Museum des Steinheimer Schlosses gezeigt werden.

Ein Baudenkmal besonderer Art verblieb mitten im Wald. Links und rechts des Weges stehen zwei fünf Meter hohe Säulen, einst der Steinheimer Galgen, über dessen Geschichte allerdings nur wenig bekannt ist. Nach einer alten Gemarkungskarte stand er schon 1579, aus dem Jahre 1734 weiß man von der Hinrichtung eines Diebes.

Bald nach dem Galgen achten wir auf einen Zeichenwechsel. Das blaue M wird gegen das schon zuvor sichtbar werdende weiße offene Quadrat eingetauscht. Am Wege- und Waldcharakter ändert sich nichts – Kiefern und breite Schneisen, soweit das Auge reicht. Kurz nach dem Queren einer Straße taucht eine größere Rodungsfläche auf. Dort schwenkt das Quadrat nach rechts und führt weiter geradeaus bis zum Friedhof am Rande von Hausen. Scharf nach links übernimmt jetzt das rote Andreaskreuz die Führung. Es zielt genau auf die B 45, bekommt aber kurz davor nach links die Kurve und geleitet uns nach rechts gefahrlos unter der Schnellstraße hindurch. Dahinter stellt sich die Frage, gleich das Sträßchen in Richtung Hanau-Steinheim zu nehmen oder dem Andreaskreuz für einen Abstecher zum Wildpark Alte Fasanerie zu folgen, bereits 1710 von Erzbischof Lothar-Franz zur Bereicherung seiner Schloßküche in Steinheim angelegt. Zum heutigen Tierreich mit seinen 15 Kilometer langen ausgewiesenen Spazierwegen zwischen den Gehegen nimmt man nach dem Verlassen den blauen Punkt auf, umläuft nach rechts den vorgelagerten See, kreuzt zwei Straßen und überschreitet schließlich das Rinnsal des Hellenbachs. Dort fädeln sich auch die Kürzergehenden ein, nachdem sie unterhalb des Vereinsheimes „Germania“ nach rechts abzweigend, vorbei am Sportplatz, den blauen Punkt gefunden haben. Links einer breiten Wiesenaue laufen wir auf Steinheim zu und steuern durch die Von-Eiff- und Darmstädter Straße direkt in die Altstadt.

Welche Straßen und Gassen man auch wählt, sie zielen zum Schloß und seinem sehenswerten Museum. Herausragend ist die prähistorische Abteilung. Unterhalb des Schloßplatzes schlüpfen wir durch das alte Maintor und laufen flußabwärts bis zur Steinheimer S-Bahn-Station.

Schloß Wilhelmsbad
Schloß Philippsruhe

Es winkt der Apfelweinbembel im Hanauer Land

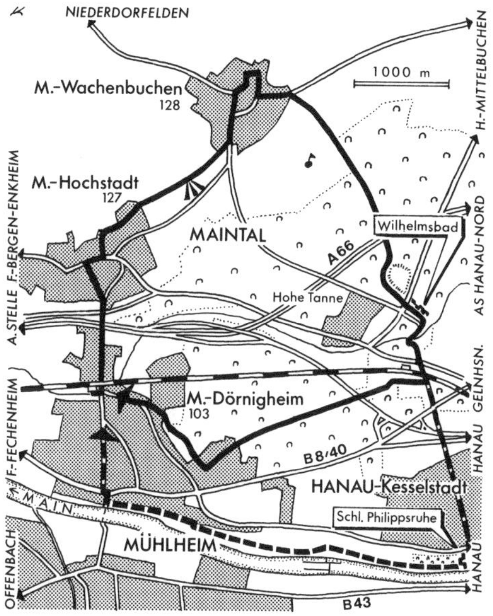

Auf Umwegen zu Schlössern, oder vom Noch-Ländlichen zum Fürst-Herrschaftlichen könnte man bei dieser 14 (16) km langen Wanderung von Maintal-Dörnigheim nach Hanau-Wilhelmsbad und Schloß Philippsruhe sagen. Ein weitgespannter Bogen von landschaftlich und künstlerisch Sehenswertem. – Maintal-Dörnigheim liegt an der Bahnstrecke Frankfurt–Aschaffenburg. – Öffnungszeiten: Hessisches Puppenmuseum Wilhelmsbad Dienstag bis Sonntag von 10 bis 12 und 14 bis 17 Uhr; Museum Schloß Philippsruhe Dienstag bis Sonntag von 11 bis 18 Uhr.

Auf einer Apfelweinstraße entlang zu gehen oder zu fahren, wo vor den Toren der Stadt der Ebbelwei wächst, das hätte schon Friedrich Stoltze gefreut, denn für den Frankfurter Mundartdichter galt stets die Devise: „Wer nix uffs Stöffche hält, da daud aam laad. Nix so uff dare'e Welt mecht aam su Fraad." Die Route der Apfelwein-Gastlichkeit, die in Frankfurt-Sachsenhausen beginnt, über Bergen-Enkheim und Maintal nach Hanau-Steinheim zieht, bietet genügend Gelegenheit, „Fraad" in gemütlicher Bembelrunde zu haben. Wir steigen mitten hinein in einen kleinen Abschnitt der Apfelweinstraße im Gebiet um die Hochburg Maintal-Hochstadt, das zauberhafte Fachwerkkleinod.

Am Bahnhof Maintal-Dörnigheim geht es los. Die lange Bahnhofstraße verbindet die beiden Stadtteile miteinander. Ihrem gradlinigen Verlauf folgt man, beginnend mit der Gleisunterführung, später die Autobahn überquerend, bis nach Hochstadt hinein. Als Gäßchen mündet die Bahnhofstraße in die Hauptstraße, in das Herzstück des alten, mauerumwehrten Stadtkerns. Als erstes fällt das Auge auf das zierliche Fachwerk-Rathaus über offener Steinhalle. Für die Verwaltung längst zu klein geworden, hat heute hier ein Apfelweinwirt das Sagen. Steil steigt die kopfsteingepflasterte Straße hinan zum Obertor, flankiert von der geranienüberquellenden Fachwerkparade der auf hohen Steinsockeln mit Freitreppen ruhenden Häuser. Erhaben blickt vom höchsten Punkt die ehemalige St.-Kilians-Kirche – jetzt evangelische Stadtkirche – inmitten eines Wehrfriedhofs herab.

Durch das Obertor treten wir hinaus in das Neubaugebiet, biegen links ab in die Straße Am Felsenkeller, weiter steigend, bis es rechts abgeht in den Bücherweg. Gleichzeitig heißt es auf einem Schild „Wachenbuchen 2,6 km". Schon in der Stadt hat man die Embleme der historischen Apfelweinstraße gesichtet: ein Bembel mit Rillenglas. Nicht nur die größte Apfelweinkelterei Deutschlands keltert in diesem Raum das „Stöffche", hier dehnt sich auch das größte zusammenhängende Streuobstwiesengelände aus. Durch freies landwirtschaftliches Gelände mit Blick ins Maintal und zum fernen Spessart nähern wir uns Wachenbuchen, einem ebenso alten Ort wie Hochstadt in der einstigen Stammlandschaft der Grafen von Hanau.

Wachenbuchen hat außerhalb der kleinen Ringmauer aus dem 14. Jahrhundert nach Süden, Osten und Westen expandiert. Von Westen kommen wir hinein. Beim Einmünden in die Hanauer Landstraße folgen wir ihr nach links, bis rechts die Gasse Alt Wachenbuchen abzweigt, die geradewegs auf den baulich gedrängten Mittelpunkt mit Rathaus (1555) und einstiger Wehrkirche (1416) zuhält. Die Gasse knickt vor der Doppelanlage rechtwinklig ab, gesäumt von alten Bauernhöfen, und endet an der Mittelbucher Straße. Ihr folgen wir nach links aus dem Dorf hinaus.

Ist die letzte Häuserzeile erreicht, laufen wir geradeaus den Splittweg zwischen ausgedehnten Weiden weiter, an einem großen Gerätehaus vorbei auf den Wald zu. Bevor man ihn erreicht, wird rechts im Wiesengrund ein erhöht stehendes Baumrund sichtbar. Darin finden sich Spuren einer Burg der im 12. Jahrhundert nachweisbaren Herren von Buchen. Unser Weg führt schnurgerade in den hohen Forst hinein, setzt zum Schwung über die Autobahn an, ändert drüben seinen Kurs, um in einem Rechtsbogen ehemalige Steinbrüche zu umgehen und verliert sich schließlich nach Überqueren der Straße in den Parkanlagen von Wilhelmsbad.

Die Anlage verdankt ihre Entstehung der Bauleidenschaft des kurhessischen Erbprinzen Wilhelm IX. von Hessen-Kassel, regierender Graf von Hanau. Er erteilte 1777 den Auftrag, nach barockem französischen Vorbild einen Kurort an der zuvor aufgespürten Heilquelle zu schaffen. Dazu gehörte ein weitläufiger Landschaftspark mit seinen dem Zeitgeist entsprechenden Baulichkeiten zur Unterhaltung der Gäste. Die gesamt erhaltene Anlage stellt noch heute ein einzigartiges Beispiel des Kur- und Badebetriebes im 18. Jahrhundert dar. In diesem wundervollen Ambiente hat das Hessische Puppenmuseum mit seinen unschätzbaren Raritäten von der Antike bis zur Neuzeit seinen Platz. Dazu kommen die verschiedensten Sonderausstellungen.

Über ein Brückchen gelangt man zur anderen Seite des gestauten Braubachs, vorbei an künstlicher Ruine und Pyramide zur Burgallee, dem südlichen Zugang des Parks. Unmittelbar nach Überqueren des beschrankten Bahnübergangs biegen wir rechts vor dem Sportplatz ab. Er wird nach links halb umrundet, dann braucht man nur noch der Waldschneise zu folgen, die als Wilhelmsbader Weg Dörnigheim mit dem einstigen Badeort verbindet. Bevor er als Wilhelmsbader Straße ins Zentrum strebt, biegen wir im Neubaugebiet rechts ab in die Eichendorffstraße, folgen ihr und ihrer Verlängerung wiederum durch Wald, und erst am Ende der

Sportplätze weist es links zur Berliner Straße, auf der man rechts zum Bahnhof Dörnigheim zurückkommt.

Wer die Wanderung verlängern möchte, geht die Burgallee weiter durch die Hanauer Vorstadt Kesselstadt. Mit Schloß Philippsruhe setzte sich Graf Philipp von Hanau (1664–1712) als Lust- und Sommerschloß neben der Stadtresidenz ein repräsentatives Denkmal. Es war das letzte Bauwerk dieses mächtigen Geschlechts, das mit dem Tod Johann Reinhards III., dem Bruder des Erbauers, 1736 ausstarb. Die Innenräume, wie sie sich heute dem Besucher mit prachtvollen Stuckdecken, reichen Holzschnitzereien und kunstvollen Schmiedearbeiten darstellen, datieren nach dem Umbau bereits in die preußisch-hessische Zeit um 1880. In diesem Stil wurde das Schloß auch wieder aufgebaut, nachdem es 1984 zum Teil in Flammen aufgegangen war. Im anschließenden Schloßpark, neuerdings auch Skulpturenpark genannt, sind Objekte namhafter Künstler aufgestellt.

Am Mainufer entlang kommen wir nach Dörnigheim zurück, biegen an der Fähre in die Mühlheimer Straße ein, jenseits der B 8/40 geradeaus durch den Backesweg zum Bahnhof.

Ruine Steckelburg (zu S. 279)

Ruine Steckelburg
Schloß Ramholz

Durchs Huttener Land

Gut drei Stunden (10 km) dauert der Streifzug durchs Huttener Land auf sehr abwechslungsreichen, mehrmals ansteigenden Wegen. Ziele sind die Ruine Steckelburg, die frei zugänglich ist, und Schloß Ramholz, das nicht von innen besichtigt werden kann, doch der Schloßpark steht jedermann offen, das Schloßcafé hat montags Ruhetag. – Der Ausgangsort Sinntal-Sterbfritz hat Zugverbindung mit Flieden an der Bahnstrecke Frankfurt–Fulda. – Mit dem Auto: A 66 bis Anschlußstelle Schlüchtern-Nord, B 40, Schlüchtern, Herolz, Sannerz, Sterbfritz.

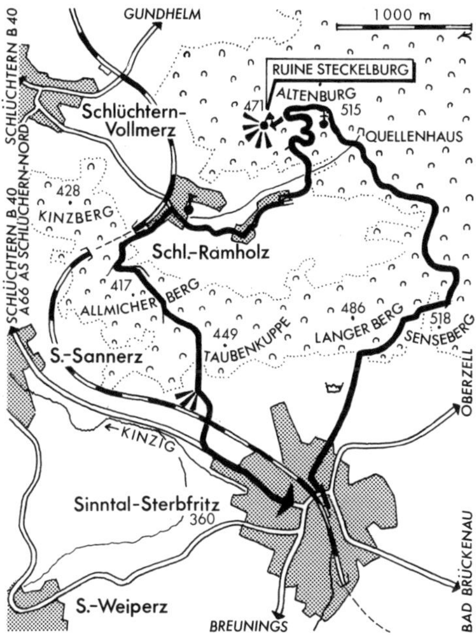

Weshalb der Bergwinkel, ein ganzer Landstrich um Schlüchtern, Bergwinkel heißt, wird immer wieder gefragt. Die Antwort ist ganz einfach und stets gleichlautend: Weil er im Winkel zwischen Rhön, Spessart und Vogelsberg liegt. Aber auch die Bezeichnung Huttener Land ist durchaus gebräuchlich nach dem regionalen Dynastengeschlecht, dem

1388 das Erbe der Herren von Steckelburg zufiel, die gleichnamige, wenn auch damals bereits zerstörte Burg, mit der keine nennenswerten Machtbefugnisse verbunden waren. Weder ausdauernde Fehden und Eroberungszüge noch der zweimalige Wiederaufbau der Steckelburg im Laufe der Jahrhunderte hätten wohl den Namen Hutten in den Geschichtsannalen festgeschrieben, wäre nicht Ulrich IV. von Hutten als bedeutendster Sproß aus diesem Geschlecht hervorgegangen. Der Reichsritter, Humanist, Dichter, Mitstreiter von Reuchlin, Franz von Sickingen und Luther wurde 1488 auf der Steckelburg geboren.

Zur Geburtsburg Ulrich von Huttens geht die Wanderung von Sterbfritz aus. Am Bahnhof wendet man sich links, überquert die Durchgangsstraße am ampelgeregelten Fußgängerüberweg, hat drüben nur wenige Schritte links bis zur Einmündung der Icastraße, wo erstmals die örtliche Markierung weiße 4 auf blauem Grund auftaucht, die uns auf der gesamten Rundwanderung begleiten wird. Sie schickt uns gleich rechts in den Seemeweg, auf dem wir an Schwimmbad und Tennisplatz vorbei schnell den Wald erreichen. Ein paar Treppenstufen hinan, nach rechts leicht aufwärts kommt man zu einem freien Platz, von dem nach einem Links-rechts-Knick ein nur kurz abwärts führender Pfad die Verbindung zum nächsten wieder festen Untergrund herstellt. Diese Art Wechsel der Wegebeschaffenheit bestimmt den gesamten Verlauf, lockert ihn auf, ebenso wie der Waldcharakter sich stetig neu in Szene setzt.

In leichtem Bergauf und Bergab läuft die Ziffer 4, nun gemeinsam mit dem gelben Tropfen-Zeichen, durch den Forst. Es ist der Drei-Burgen-Weg, der die ehemals markantesten Stützpunkte der Herren von Steckelburg, die Burgen Brandenstein, Steckelburg und Schwarzenfels miteinander verbindet. Ist die aus Felsblöcken errichtete Quellenkammer erreicht und kurz darauf die Waldkapelle mit der Grablege der Familie von Kühlmann-Stumm mit Sitz in Schloß Ramholz, ist auch die Ruine Steckelburg nicht mehr weit. Sie tritt erst in den Gesichtskreis von einer Kreuzung mit kleinem Waldplatz und Sitzgruppe. Wenn hier unser Vierer-Weg zu einer engen Schlinge ansetzt, stehen wir direkt unterhalb der

Ruine. Ein kurzer Steilstich ohne Zeichen führt zu ihr hinauf.

Daß die Anlage nicht gänzlich dem Verfall preisgegeben wurde, ist Hugo von Stumm zu verdanken, der sie seit 1883 zusammen mit dem Huttenschlößchen, dem späteren Wohnsitz in Ramholz, erwarb und sichern ließ. Erhalten werden konnten die rechteckige Umfassungsmauer, Teile des Wohnbaues und ein Batterieturm, von dessen Plattform sich eine herrliche Sicht über die abwechslungsreiche Landschaft des Bergwinkels, alias Huttener Land, bietet. Gedenkplatten aus Anlaß der 500. Wiederkehr Ulrich von Huttens Geburtstags am 21. April 1988 geben einen kurzen Abriß der Burggeschichte.

Wir laufen wieder hinunter zur Wegeschlinge und halten uns weiter abwärts in Serpentinen und ausholenden Bogen an die Ziffer 4. Die Schilder „Parkwald“ zeigen an, daß wir schon im Gebiet des Schlosses sind. An den ersten Häusern weist der Zahlenlotse zum Parktor hinaus auf die Straße rechts hinunter zum Schloß Ramholz, das der Großindustrielle Hugo von Stumm 1883–1885 nach Stil und Ausmaßen eines englischen Landsitzes erbauen ließ, wobei das Huttenschlößchen seitlich in den Neorenaissancebau einbezogen wurde. – Der Park im engen Seitental der Kinzig mit seinem alten Baumbestand und den von Rokokoputten gesäumten Wegen ist jedermann zugänglich. Auch ein Schloßcafé gibt es.

Die Ziffer 4 haben wir an der Försterei vor dem Schloß verlassen. Nach dem Parkbesuch kehren wir zu ihr zurück und folgen durch Wiesen und Felder hinauf zum Wald. Nach wenigen Minuten ist darauf zu achten, daß die Markierung unvermittelt vom Hauptweg rechts auf einen kaum erkennbaren Hangpfad abzweigt, der über den Allmicherberg hinwegzieht und wieder in einen „normalen“ Weg mündet, mit dem das Waldende erreicht wird. Kurz durch Weidewiesen hält man abwärts auf den Ausgangsort Sterbfritz zu.

Register

Die mit * gekennzeichneten Ortsnamen sind Ausgangs- oder Endpunkte von Ausflügen.